문제로 개념 잡는 초등 영문법

Grammar,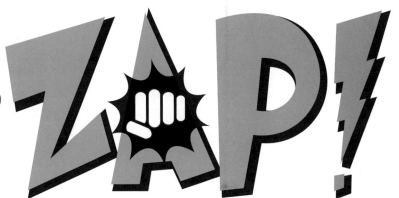

기본 **3**

구성과 특징

- 짜임새 있게 구성된 커리큘럼
- 쉬운 설명과 재미있는 만화로 개념 쏙쏙
- 단계별 연습 문제를 통한 정확한 이해
- 간단한 문장 쓰기로 완성

① Grammar Cartoon

- 본격적인 학습에 앞서 Unit 학습 내용과 관련된 기본 개념들을 만화를 통해 제시합니다. 주인공인 혁이, 우리, 마루가 문법 개념을 흥미롭고 재미있게 접할 수 있도록 도와줍니다.

② Grammar Point

- 레슨별로 문법 개념을 다양한 예시문과 함께 쉽게 풀어서 설명하고, 만화 주인공인 혁이, 우리, 마루가 어려운 문법 용어에 대해서도 쉽게 말해 줍니다.

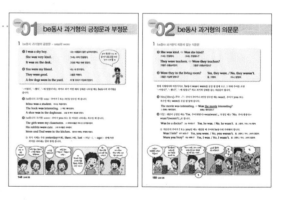

③ Grammar Walk

- 레슨별 학습 내용을 잘 이해했는지 확인하는 문제입니다. 연습 문제 가운데 가장 기초적인 단계로 단어 쓰기, 2지 선택형, 배합형(match)과 같은 유형으로 구성하였습니다.

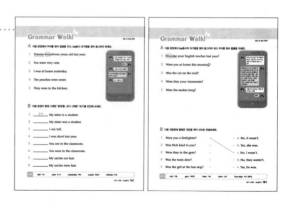

④ Grammar Run/Jump/Fly

- 학습한 내용을 본격적으로 적용하고, 응용해 볼 수 있는 다양한 유형의 연습 문제입니다.
- 단계별 연습 문제를 통해 개념을 정확하게 이해하고, 간단한 문장을 완성할 수 있도록 구성하였습니다.

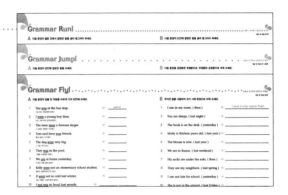

⑤ Review

- Unit이 끝날 때마다 제시되는 마무리 테스트입니다. 객관식, 주관식 등의 문제를 풀면서 응용력을 키우고 시험 유형에 대비할 수 있도록 하였습니다.

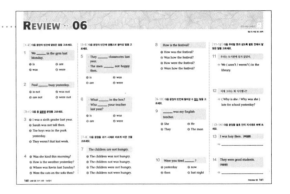

⑥ Wrap Up

- Unit을 마무리하면서 만화를 보고, 학습한 내용을 복습할 수 있습니다.

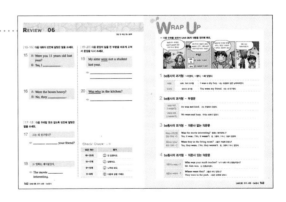

⑦ 단어장

- 각 Unit의 본문에 나오는 단어를 유닛별로 30개씩 정리하였습니다. 간단하게 테스트할 수 있도록, 영어를 한글로 옮기는 문제, 한글을 영어로 옮기는 문제도 구성하였습니다.

활용방법

Book	Month	Week	Day	Unit	
1	1	1	1~2	1. 문장의 구성	Review 01
		2	1~2	2. 셀 수 있는 명사	Review 02
		3	1~2	3. 셀 수 없는 명사	Review 03
		4	1~2	4. 관사	Review 04
	2	1	1~2	5. 대명사 (1)	Review 05
		2	1~2	6. 대명사 (2)	Review 06
		3	1~2	7. be동사의 현재 시제 (1)	Review 07
		4	1~2	8. be동사의 현재 시제 (2)	Review 08
2	3	1	1~2	1. 일반동사의 현재 시제	Review 01
		2	1~2	2. 일반동사의 부정문과 의문문	Review 02
		3	1~2	3. 형용사	Review 03
		4	1~2	4. some과 any, every와 all	Review 04
	4	1	1~2	5. 수량을 나타내는 말	Review 05
		2	1~2	6. 부사	Review 06
		3	1~2	7. 현재 진행 시제	Review 07
		4	1~2	8. 전치사	Review 08

Grammar, Zap!

기본 단계는 총 4권 구성으로 권당 8주, 총 8개월(권당 2개월)에 걸쳐 학습할 수 있도록 구성하였습니다. 하루 50분씩, 주 2일 학습 기준입니다.

Book	Month	Week	Day	Unit	
3	5	1	1~2	1. 조동사 (1)	Review 01
		2	1~2	2. 조동사 (2)	Review 02
		3	1~2	3. there, it	Review 03
		4	1~2	4. 의문사 (1)	Review 04
	6	1	1~2	5. 의문사 (2)	Review 05
		2	1~2	6. 과거 시제 – be동사	Review 06
		3	1~2	7. 과거 시제 – 일반동사	Review 07
		4	1~2	8. 명령문과 감탄문	Review 08
4	7	1	1~2	1. 과거 진행 시제	Review 01
		2	1~2	2. 미래 시제 will	Review 02
		3	1~2	3. 미래 시제 be going to	Review 03
		4	1~2	4. 비교 – 비교급	Review 04
	8	1	1~2	5. 비교 – 최상급	Review 05
		2	1~2	6. 접속사	Review 06
		3	1~2	7. 부가 의문문	Review 07
		4	1~2	8. 여러 가지 동사	Review 08

Contents

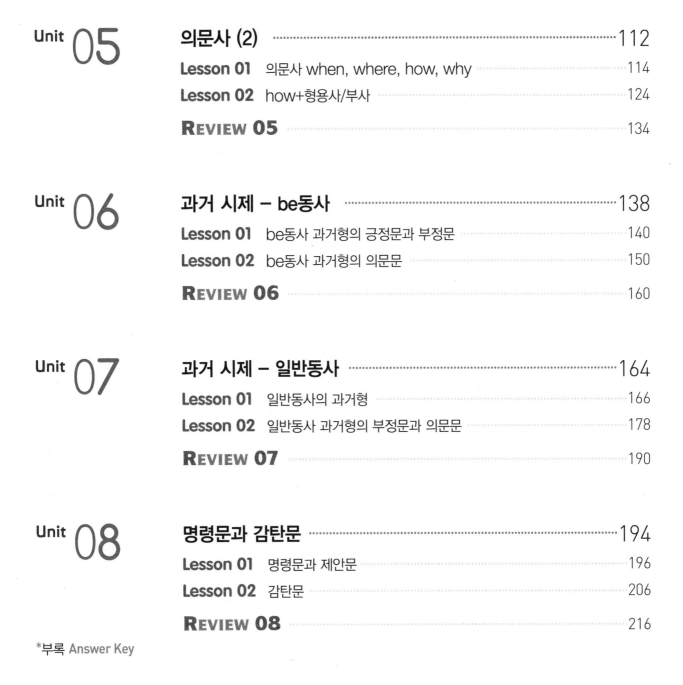

조동사 (1)

- 조동사 can의 쓰임과 의미를 이해하고 활용할 수 있어요.
- be able to의 쓰임과 의미를 이해하고 활용할 수 있어요.

동사는 사람이나 사물의 움직임이나 상태를 나타내는 말이야. 조동사는 이러한 동사에 '~할 수 있다', '~해야 한다' 등의 의미를 더해 주는 말인데, 혼자서는 올 수 없고 반드시 동사와 함께 와야 해. 그럼 지금부터 조동사 can의 의미와 쓰임에 대해 함께 공부해 보자.

조동사 can

1 조동사 can의 긍정문과 부정문

❶ I **can swim**. 나는 수영을 할 수 있다.

He **can ride** a bicycle. 그는 자전거를 탈 수 있다.

They **can carry** the boxes. 그들은 그 상자들을 나를 수 있다.

❷ I **cannot swim**. 나는 수영을 못한다.

He **can't ride** a bicycle. 그는 자전거를 타지 못한다.

They **can't carry** the boxes. 그들은 그 상자들을 못 나른다.

조동사는 동사원형과 함께 써서 동사를 도와 그 의미를 더해 주는 말입니다.

❶ **can + 동사원형** : can은 '~할 수 있다'라는 뜻으로 동사에 능력이나 가능의 의미를 더해 줍니다. 주어에 관계없이 항상 can으로 쓰고, 뒤에는 동사원형을 씁니다.

Emily **plays** the violin. ➡ Emily **can play** the violin.
에밀리는 바이올린을 켠다. 에밀리는 바이올린을 켤 수 있다.

❷ **cannot + 동사원형** : '~할 수 없다', '~하지 못한다', '~할 줄 모른다'라고 말할 때는 can 뒤에 not을 써서 cannot 또는 can't를 쓰면 됩니다.

My mother **can drive** a car. ➡ My mother **cannot(=can't) drive** a car.
우리 어머니는 운전을 하실 수 있다. 우리 어머니는 운전을 못하신다.

Grammar Walk!

정답 및 해설 2쪽

A 다음 문장에서 조동사 **can**을 찾아 동그라미 하고 동사원형을 찾아 밑줄을 치세요.

1 Tom (can) <u>fly</u> a kite.

2 My sister can play the cello.

3 Horses can swim in the river.

4 Jimmy can play baseball.

5 They can dance well.

B 다음 문장을 부정문으로 바꿔 쓸 때 빈칸에 알맞은 말을 쓰세요.

1 I can speak Chinese.
　➡ I ___can't[cannot]___ speak Chinese.

2 The player can throw a ball high.
　➡ The player _____ throw a ball high.

3 Annie can climb the mountain.
　➡ Annie _____ climb the mountain.

4 We can run fast.
　➡ We _____ run fast.

5 The bird can fly in the sky.
　➡ The bird _____ fly in the sky.

WORDS　· cello 첼로　· river 강　· Chinese 중국어　· throw 던지다　· climb 오르다, 올라가다

2 조동사 can의 의문문

❶ **Can you fly?**　　　　　　　　너는 날 수 있니?

Can she jump high?　　　　그녀는 높이 점프할 수 있니?

❷ **Can you catch** balls?　　　**Yes, I can. / No, I can't.**
너는 공을 받을 수 있니?　　　　응, 할 수 있어.　　　아니, 못해.

Can the birds speak?　　　**Yes, they can. / No, they can't.**
그 새들은 말할 수 있니?　　　　응, 할 수 있어.　　　　아니, 못해.

❶ **Can + 주어 + 동사원형 ~?** : can을 주어 앞으로 보내면 '~할 수 있니?' 하고 물어보는 의문문이 됩니다.

Johnny can make a sandwich. ➡ **Can Johnny make** a sandwich?
조니는 샌드위치를 만들 수 있다.　　　　조니는 샌드위치를 만들 수 있니?

❷ **can 의문문에 대한 대답** : 할 수 있으면 「Yes, 주어(대명사)+can.」,
할 수 없으면 「No, 주어(대명사)+can't.」로 대답합니다.

> 의문문에 대한 대답은 주어를 대명사로 바꿔서 해야 한다는 걸 잊지 마!

Can Mina play baseball?　　　**Yes, she can. / No, she can't.**
미나가 야구를 할 수 있니?　　　　응, 할 수 있어.　　　아니, 못해.

◉ 의문문의 주어가 3인칭 단수이면서 여성이면 she, 남성이면 he, 사람이 아니면
it으로 대답합니다.

Grammar Walk!

정답 및 해설 2쪽

A 다음 문장을 의문문으로 바꿔 쓸 때 빈칸에 알맞은 말을 쓰세요.

1 She can drive a car.

   ➡ __Can__ __she__ drive a car?

2 They can ride bicycles.

   ➡ _____ _____ ride bicycles?

3 Bill can take pictures.

   ➡ _____ Bill _____ pictures?

4 Mr. Brown can fix roofs.

   ➡ _____ Mr. Brown _____ roofs?

5 The girls can dance well.

   ➡ _____ the girls _____ well?

일반동사 의문문은 do나 does를 사용하면 되잖아.

응.

그럼 조동사 can은? do나 does 같은 다른 말이 필요해?

아니. 조동사가 있으면 그냥 조동사를 주어 앞으로 보내면 돼.

아하! She can jump.에서 can을 she 앞으로 보내서 Can she jump?, 이렇게?

바로 그거야.

B 다음 의문문에 알맞은 대답을 찾아 선으로 연결하세요.

1 Can they swim?   a. Yes, they can.

2 Can Melanie read Korean?   b. No, we can't.

3 Can the cat catch mice?   c. Yes, he can.

4 Can you sing English songs?   d. Yes, it can.

5 Can he play the piano?   e. No, she can't.

WORDS ·take a picture 사진을 찍다   ·fix 고치다, 수리하다   ·roof 지붕   ·catch 잡다   ·mouse 쥐, 생쥐

Grammar Run! ....

A 다음 문장의 괄호 안에서 알맞은 말을 골라 동그라미 하세요.

1   Peter (can play / play can) badminton.

2   My cats (can swims / can swim).

3   I (can fix / can fixing) a bicycle.

4   They (read can / can read) English books.

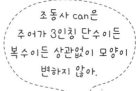

조동사 can은 주어가 3인칭 단수이든 복수이든 상관없이 모양이 변하지 않아.

5   Her aunt (can ride / cans ride) a motorbike.

6   Kelly (can't lifts / can't lift) the box.

7   Brad's dogs (can't catch / can't catching) balls.

8   You and Luna cannot (solves / solve) the math problems.

9   He (cannot drive / doesn't can drive) a bus.

10   She can (carry / carries) the heavy bag.

11   Ostriches (don't can / cannot) fly.

12   My grandma can (use / using) the Internet.

13   I (cannot play / don't can play) the flute.

14   The little boy can (brush / brushes) his teeth.

15   We (not can / cannot) write letters in English.

WORDS   · motorbike 오토바이   · lift 들어 올리다   · solve 풀다, 해결하다   · problem 문제   · ostrich 타조

B 다음 문장 또는 대화의 빈칸에 알맞은 말을 골라 동그라미 하세요.

1 _____ play the violin? ❶ You cans ②Can you

2 Can _____ Korean? ❶ Kelly speak ❷ Kelly speaks

3 Can _____ fish in the sea? ❶ catch he ❷ he catch

4 _____ see well in the dark? ❶ Can dogs ❷ Do dogs can

5 _____ run fast? ❶ Can your sister ❷ Cans your sister

6 _____ jump the fence? ❶ Do they can ❷ Can they

7 Can _____ a pumpkin pie? ❶ your mom bakes ❷ your mom bake

8 Can _____ a diary in English? ❶ you keep ❷ do you keep

9 Can squirrels fly? / No, they _____. ❶ don't ❷ can't

10 Can Ms. Kent dance well? / Yes, _____ can. ❶ he ❷ she

11 Can rabbits climb up trees? / No, they _____. ❶ can ❷ can't

12 Can your brothers play tennis? / Yes, _____ can. ❶ he ❷ they

13 Can the baby walk? / No, he _____. ❶ don't ❷ can't

14 Can Harry ride a roller coaster? / Yes, he _____. ❶ can ❷ can't

15 Can your dad skate well? / No, he _____. ❶ doesn't ❷ can't

WORDS · sea 바다 · dark 어둠 · fence 울타리 · pumpkin 호박 · in English 영어로

Grammar Jump!

A 다음 문장의 우리말 뜻을 완성하세요.

1 I can fix the door. ➡ 나는 그 문을 ___고칠 수 있다___.

2 Spiders cannot fly. ➡ 거미는 _____.

3 Can you write English stories? ➡ 너는 영어 이야기를 _____?

4 My father can dive into the sea. ➡ 우리 아버지는 바다로 _____.

5 Amy cannot get up early. ➡ 에이미는 일찍 _____.

6 Can Billy jump over the chair? ➡ 빌리는 그 의자를 _____?

7 They can play basketball well. ➡ 그들은 농구를 잘 _____.

8 We cannot open this bottle. ➡ 우리는 이 병을 _____.

9 Can you answer the question? ➡ 너는 그 질문에 _____?

10 She can tie her shoelace. ➡ 그녀는 자기 신발끈을 _____.

11 I cannot swim well. ➡ 나는 수영을 잘 _____.

12 Can a bird speak? ➡ 새는 _____?

13 Laura cannot touch a cat. ➡ 로라는 고양이를 _____.

14 Jimmy can wash the dishes. ➡ 지미는 _____.

15 Can you walk on a rope? ➡ 너는 로프 위를 _____?

> can은 동사에 '~할 수 있다'라는 뜻을 더해 주는 조동사라고 했어.

B 다음 문장의 빈칸에 알맞은 말을 쓰세요.

1 I _____ can _____ make a sandwich.
나는 샌드위치를 만들 수 있다.

2 Sam _____ eat gimchi.
샘은 김치를 먹지 못한다.

3 _____ _____ jump over that bar?
너는 저 봉을 뛰어넘을 수 있니?

4 _____ _____ write his name in Korean.
그는 자기 이름을 한국어로 쓸 수 있다.

5 My sister _____ climb up the ladder.
내 여동생은 사다리를 올라가지 못한다.

6 _____ Jamie do taekwondo?
제이미는 태권도를 할 수 있니?

7 Turtles _____ jump.
거북이는 점프하지 못한다.

8 _____ _____ play the guitar.
그녀는 기타를 치지 못한다.

9 _____ you and Minsu ride a roller coaster?
너와 민수는 롤러코스터를 탈 수 있니?

10 The birds _____ catch worms.
그 새들은 벌레를 잡을 수 있다.

11 I _____ touch butterflies.
나는 나비를 만지지 못한다.

12 _____ _____ ski?
그는 스키를 탈 수 있니?

13 They _____ hear low sounds.
그들은 작은 소리를 들을 수 있다.

14 The boy _____ _____ milk.
그 남자아이는 우유를 마시지 못한다.

15 _____ _____ read Japanese?
너는 일본어를 읽을 수 있니?

할 수 있으면 can,
하지 못하면
cannot이나 can't!

WORDS ·bar 막대기, 봉 ·worm 벌레 ·butterfly 나비 ·low 작은[적은] ·sound 소리

조동사 (1) **17**

Grammar Fly! ·

A 다음 문장 또는 대화의 밑줄 친 부분을 바르게 고쳐 빈칸에 쓰세요.

1 They can <u>speaks</u> English well. ➡ _____speak_____
그들은 영어를 잘 말할 수 있다.

2 The police officer <u>cans</u> run very fast. ➡ _____
그 경찰관은 매우 빨리 달릴 수 있다.

3 <u>Do can</u> you swim across the river? ➡ _____
너는 그 강을 가로질러 수영할 수 있니?

4 He <u>not can</u> lift the rock. ➡ _____
그는 그 바위를 들어 올리지 못한다.

5 Dad <u>doesn't can</u> cook chicken soup. ➡ _____
아빠는 닭고기 수프를 요리하지 못하신다.

6 We cannot <u>seeing</u> wind. ➡ _____
우리는 바람을 볼 수 없다.

7 Snakes <u>don't can</u> hear. ➡ _____
뱀은 듣지 못한다.

8 She <u>make can</u> a kite. ➡ _____ _____
그녀는 연을 만들 수 있다.

9 The little girl <u>can feeds</u> the cow. ➡ _____ _____
그 어린 여자아이는 그 소에게 먹이를 줄 수 있다.

10 <u>Are you can</u> read a map? ➡ _____ _____
너는 지도를 읽을 수 있니?

11 My brother <u>can go not</u> to school alone. ➡ _____ _____
내 남동생은 학교에 혼자 다니지 못한다.

12 Koalas <u>can live not</u> in the jungle. ➡ _____ _____
코알라는 정글에서 살지 못한다.

13 Can Tom ride a bike? / No, <u>Tom can.</u> ➡ _____
톰은 자전거를 탈 수 있니?   아니, 못해.

14 Can Ms. Sawyer use chopsticks? / Yes, she <u>do.</u> ➡ _____
소여 씨는 젓가락을 사용할 수 있니?   응, 할 수 있어.

15 Can you fix the bell? / Yes, I <u>am.</u> ➡ _____
너는 그 종을 고칠 수 있니?   응, 할 수 있어.

WORDS ·rock 바위 ·wind 바람 ·alone 혼자 ·jungle 밀림, 정글 ·chopstick 젓가락 (한 짝)

B can과 주어진 말을 사용하여 다음 문장을 완성하세요.

1 We _____can_____ _____ski_____ in winter. (ski)
우리는 겨울에 스키를 탈 수 있다.

2 Mr. Page _____ _____ the drums. (not, play)
페이지 씨는 드럼을 못 친다.

3 _____ _____ _____ well? (you, draw)
너는 그림을 잘 그릴 수 있니?

4 Adam _____ _____ the snakes. (touch)
아담은 그 뱀들을 만질 수 있다.

5 Gorillas _____ _____. (not, swim)
고릴라는 수영을 못한다.

> '할 수 없다', '못한다'
> 고 말할 땐 어떻게 했더라?
> 맞아! can 뒤에 not을 써서
> cannot 또는 can't.

6 _____ _____ _____ this table? (she, move)
그녀가 이 탁자를 옮길 수 있니?

7 Many spiders _____ _____ webs. (make)
많은 거미들이 거미집을 만들 수 있다.

8 I _____ _____ spaghetti. (cook)
나는 스파게티를 요리할 수 있다.

9 _____ _____ _____ Korean? (he, speak)
그는 한국어를 말할 수 있니?

10 My dog _____ _____ a ball. (catch)
우리 개는 공을 잡을 수 있다.

11 They _____ _____ a model airplane. (not, fly)
그들은 모형 비행기를 날리지 못한다.

12 _____ _____ _____ basketball? (you, play)
너희는 농구를 할 수 있니?

13 He _____ _____ taekwondo. (teach)
그는 태권도를 가르칠 수 있다.

14 My father _____ _____ the computer. (not, fix)
우리 아버지는 그 컴퓨터를 못 고치신다.

15 _____ _____ _____ cucumbers? (they, eat)
그들은 오이를 먹을 수 있니?

WORDS ·move 옮기다, 움직이다   ·web 거미집   ·model 모형   ·cucumber 오이

02 be able to

1 be able to의 긍정문과 부정문

❶ I'm able to swim.   나는 수영을 할 수 있다.

He's able to skate.   그는 스케이트를 탈 수 있다.

They're able to catch fish.   그들은 물고기를 잡을 수 있다.

❷ I'm not able to swim.   나는 수영을 못한다.

He's not able to skate. = He isn't able to skate.   그는 스케이트를 못 탄다.

They're not able to catch fish. = They aren't able to catch fish.
그들은 물고기를 못 잡는다.

be able to는 '~할 수 있다'는 뜻으로 can을 대신할 수 있습니다.

❶ **be able to + 동사원형** : can과 달리 be able to는 주어에 따라 be동사를 am, are, is로 바꿔 씁니다. to 뒤에는 동사원형이 옵니다.

Eric **is able to play** chess. = Eric **can play** chess.   에릭은 체스를 둘 수 있다.

Penguins **are able to dive**. = Penguins **can dive**.   펭귄은 다이빙을 할 수 있다.

❷ **be not able to + 동사원형** : '~할 수 없다'라는 의미인 부정문은 be동사 뒤에 not을 씁니다. 대명사 주어와 be동사 또는 be동사와 not은 줄여 쓸 수 있습니다.

She's **not able to play** soccer. = She **isn't able to play** soccer.   그녀는 축구를 못한다.

They're **not able to fly**. = They **aren't able to fly**.   그들은 날 수 없다.

Grammar Walk!

A 다음 문장에서 '할 수 있다'라는 의미를 나타내는 말을 찾아 동그라미 하세요.

1 I (am able to) run fast.

2 You are able to ski.

3 A bear is able to catch fish.

4 We are able to draw a map.

5 Snakes are able to climb trees.

B 다음 두 문장이 같은 뜻이 되도록 빈칸에 알맞은 말을 쓰세요.

1 I can read Chinese.

➡ I _____am_____ able to read Chinese.

2 John can't use the washing machine.

➡ John _____ _____ able to use the washing machine.

3 The puppies can climb the stairs.

➡ The puppies _____ able to climb the stairs.

4 She can't make pancakes.

➡ She _____ _____ able to make pancakes.

5 We can play soccer.

➡ We _____ able to play soccer.

WORDS · map 지도 · Chinese 중국어 · washing machine 세탁기 · stairs 계단 · pancake 팬케이크

2 be able to의 의문문

❶ **Are you able to ride** a bicycle?   너는 자전거를 탈 수 있니?

Is she able to knit?   그녀는 뜨개질을 할 수 있니?

Are they able to play the piano?   그들은 피아노를 칠 수 있니?

❷ **Are** you **able to draw** that bear?   **Yes, I am.** / **No, I'm not.**
너는 저 곰을 그릴 수 있니?   응, 할 수 있어.   아니, 못해.

Are they **able to jump** rope?   **Yes, they are.** / **No, they aren't.**
그들은 줄넘기를 할 수 있니?   응, 할 수 있어.   아니, 못해.

❶ be동사 + 주어 + able to + 동사원형 ~? : '~할 수 있니?' 하고 묻는 be able to의 의문문은 be동사가 있는 의문문처럼 be동사를 주어 앞으로 보내 만듭니다.

    Minho is able to do taekwondo.   민호는 태권도를 할 수 있다.

  ➡ **Is Minho able to do** taekwondo?   민호가 태권도를 할 수 있니?

❷ 의문문에 대한 대답 : 할 수 있으면 「Yes, 주어(대명사)+be동사.」, 할 수 없으면 「No, 주어(대명사)+be동사+not.」으로 합니다.

    Is that man able to cut down the tree?   **Yes, he is.** / **No, he isn't.**
    저 남자가 그 나무를 벨 수 있니?   응, 할 수 있어.   아니, 못해.

    Are the girls able to skate?   **Yes, they are.** / **No, they aren't.**
    그 여자아이들은 스케이트를 탈 수 있니?   응, 할 수 있어.   아니, 못해.

Grammar Walk!

정답 및 해설 4쪽

A 다음 문장을 의문문으로 바꿔 쓸 때 빈칸에 알맞은 말을 쓰세요.

1 She is able to swim.

➡ ____Is____ ____she____ able to swim?

2 Andy is able to drive a car.

➡ _____ _____ able to drive a car?

3 They are able to jump over the bar.

➡ _____ _____ able to jump over the bar?

4 Tigers are able to climb up trees.

➡ _____ _____ able to climb up trees?

5 That girl is able to catch my ball.

➡ _____ _____ _____ able to catch my ball?

> 주어와 be동사의 위치를 바꾼 다음에 문장 끝에 물음표를 쓰면 의문문이 되는 거지?
>
> 응.
>
> 그런데 '~할 수 있니?' 하고 물어볼 땐 be동사를 어떻게 써야 할지 좀 헷갈려.
>
> 의문문에서는 be동사 뒤에 있는 말이 주어잖아.
>
> 아, 맞다. 뒤에 나오는 주어에 맞게 be동사를 쓰면 되겠구나? tigers가 뒤에 나오면 Are tigers able to ~?, 이렇게!

B 다음 의문문에 알맞은 대답을 찾아 선으로 연결하세요.

1 Is a horse able to fly?   a. Yes, he is.

2 Are they able to walk fast?   b. No, it isn't.

3 Is Tom able to play tennis?   c. No, I'm not.

4 Is she able to make fried eggs?   d. Yes, she is.

5 Are you able to write stories?   e. No, they aren't.

WORDS ·bar 봉, 막대기   ·catch 잡다[받다]   ·horse 말   ·fried egg 달걀 프라이

Grammar Run! ....

A 다음 문장의 괄호 안에서 알맞은 말을 골라 동그라미 하세요.

1   I (is / (am)) able to open the box.

2   You (is / are) able to carry the bucket.

3   She (is / can) able to teach English.

4   We (be / are) able to climb over the wall.

5   They (can / are) able to drive a truck.

6   A frog is able to (catch / catches) flies.

7   Kevin and Nancy are able to (skate / skating) well.

8   Tom is able (touch / to touch) his toes.

9   The bird (isn't / aren't) able to fly high.

10   They (isn't / aren't) able to bathe their puppy.

11   Susie (doesn't / isn't) able to hit my ball.

12   We (cannot / aren't) able to dive.

13   Those boys (don't / aren't) able to play chess.

14   The old man (is not / not is) able to run fast.

15   A seal (cannot / is not) able to sing.

be동사는 만능 열쇠야.
문장에 be동사만 있으면
be동사를 이용해서 부정문도 만들고
의문문도 만들 수 있거든.
한 가지 주의할 게 있다면 주어에 따라
be동사 모양이 바뀐다는 거!

WORDS　· bucket 양동이　　· climb over ~ 위를 타고 넘다　　· fly 파리　　· bathe 목욕시키다　　· seal 물개

B 다음 문장의 빈칸에 알맞은 말을 골라 동그라미 하세요.

1 _____ you able to make a snowman?   ❶ Can   ❷Are

2 _____ she able to play the piano?   ❶ Can   ❷ Is

3 _____ they able to paint the wall?   ❶ Are   ❷ Do

4 Are _____ to read the alphabet?   ❶ able you ❷ you able

5 Is she _____ catch his ball?   ❶ can   ❷ able to

6 Are dolphins _____ clap?   ❶ able   ❷ able to

7 Is he able _____ a computer?   ❶ use   ❷ to use

8 Are they able _____ on water?   ❶ to walk ❷ walking

9 Are they able to swim? / Yes, they _____.   ❶ are   ❷ aren't

10 Are they able to play golf? / No, they _____.   ❶ are   ❷ aren't

11 Is Jack able to ride a bike? / Yes, he _____.   ❶ is   ❷ does

12 Are you able to wink? / No, _____.   ❶ I can't ❷ I'm not

13 Is Paul able to jump high? / Yes, he _____.   ❶ is   ❷ does

14 Is she able to touch the calf? / No, _____.   ❶ she is ❷ she isn't

15 Is he able to tie a necktie? / Yes, _____.   ❶ he can ❷ he is

WORDS · paint 페인트칠하다   · clap 박수를 치다   · wink 윙크하다   · calf 송아지

Grammar Jump!

A 다음 문장에서 밑줄 친 부분의 우리말 뜻을 빈칸에 쓰세요.

1 James <u>is able to fix</u> a car. → 제임스는 자동차를 <u>고칠 수 있다</u>.

2 They <u>are able to speak</u> French. → 그들은 프랑스 어를 _____.

3 Fred <u>isn't able to bake</u> cookies. → 프레드는 쿠키를 _____.

4 We <u>aren't able to play</u> volleyball. → 우리는 배구를 _____.

5 I <u>am able to draw</u> a map. → 나는 지도를 _____.

6 She <u>is able to open</u> the door. → 그녀는 그 문을 _____.

7 <u>Are</u> you <u>able to write</u> your name? → 너는 네 이름을 _____?

8 Is a chicken <u>able to fly</u> high? → 닭이 높이 _____?

9 Whales <u>are not able to live</u> on land. → 고래는 육지에서 _____.

10 They <u>are not able to row</u> the boat. → 그들은 배를 _____.

11 <u>Is</u> Paul <u>able to lift</u> the rock? → 폴은 그 바위를 _____?

12 The player <u>is able to run</u> very fast. → 그 운동선수는 무척 빨리 _____.

13 <u>Are</u> the girls <u>able to dance well</u>? → 그 여자아이들은 _____?

14 Fish <u>are not able to walk</u>. → 물고기는 _____.

15 <u>Is</u> he <u>able to ride</u> a horse? → 그는 말을 _____?

WORDS · volleyball 배구   · whale 고래   · on land 육지에서   · row (배를) 젓다

B 다음 문장의 빈칸에 알맞은 말을 쓰세요.

1 I ___am___ able to play chess.
나는 체스를 둘 수 있다.

2 Grasshoppers _____ able to jump high.
메뚜기는 높이 점프할 수 있다.

3 My uncle is _____ to ride a motorbike.
우리 삼촌은 오토바이를 타실 수 있다.

4 Scott is _____ able to dance well.
스코트는 춤을 잘 추지 못한다.

5 Bears _____ able to catch fish.
곰은 물고기를 잡을 수 있다.

6 My mother is able _____ knit mittens.
우리 어머니는 벙어리장갑을 뜨실 수 있다.

7 Monkeys are _____ _____ climb up trees.
원숭이는 나무에 올라갈 수 있다.

8 My grandpa _____ not _____ to use a computer.
우리 할아버지는 컴퓨터를 사용하지 못하신다.

9 The baby is _____ _____ to walk.
그 아기는 걷지 못한다.

10 We're _____ _____ _____ cross the river.
우리는 그 강을 건널 수 없다.

11 _____ _____ able to make pizza? / Yes, he is.
그는 피자를 만들 수 있니?   응, 할 수 있어.

12 _____ you able to move the bookcase? / No, I'm not.
너는 그 책장을 옮길 수 있니?   아니, 못해.

13 _____ they able _____ play baseball? / No, _____ _____.
그들은 야구를 할 수 있니?   아니, 못해.

14 _____ your sister _____ to read the book? / Yes, _____ _____.
네 여동생은 그 책을 읽을 수 있니?   응, 할 수 있어.

15 Are the robots _____ _____ talk? / Yes, _____ _____.
그 로봇들은 말을 할 수 있니?   응, 할 수 있어.

> can처럼 '할 수 있다'라고 말할 때 사용하는 말은 be able to야. '할 수 없다'고 할 때는 be동사 뒤에 not, 의문문을 만들 때 be동사를 주어 앞으로!

WORDS ·grasshopper 메뚜기   ·knit (실로) 뜨다, 짜다   ·cross 건너다   ·bookcase 책장, 책꽂이

Grammar Fly! •

A 다음 문장 또는 대화의 밑줄 친 부분을 바르게 고쳐 빈칸에 쓰세요.

1 I <u>can</u> able to swim in the sea. ➡ <u> am </u>

2 He is able <u>play</u> the violin. ➡ _____

3 I <u>cannot</u> able to boil an egg. ➡ _____

4 She <u>able is</u> to play the guitar. ➡ _____

5 Dad <u>does not</u> able to drink coffee. ➡ _____

6 Helen <u>able</u> to ride a skateboard. ➡ _____

7 Amy is able <u>to making</u> a pinwheel. ➡ _____

8 A fish <u>does</u> not able to close its eyes. ➡ _____

9 My dog is able to <u>opens</u> the door. ➡ _____

10 The girls <u>isn't</u> able to go up the ladder. ➡ _____

11 **A:** Is <u>able Eric</u> to draw a horse? **B:** Yes, he is. ➡ _____ _____

12 **A:** <u>Do</u> you able to count salt? **B:** No, I'm not. ➡ _____

13 **A:** <u>Can</u> Sally able to speak French? **B:** No, she isn't. ➡ _____

14 **A:** <u>Be</u> they able to play tennis? **B:** No, they aren't. ➡ _____

15 **A:** <u>Do</u> you able to jump the fence? **B:** Yes, I am. ➡ _____

WORDS · boil 삶다, 끓이다   · skateboard 스케이트보드   · pinwheel 바람개비   · count 수를 세다   · salt 소금

B be able to와 주어진 말을 사용하여 다음 문장을 완성하세요.

1 Hans _____is able to solve_____ the problem. (solve)

2 She _____ down the tree. (not, cut)

3 _____ you _____? (knit)

4 The boy _____ an orange. (peel)

5 I _____ computer games. (not, play)

6 _____ she _____ yoga? (teach)

7 My sister _____ gimchi. (make)

8 My grandfather _____ a car. (not, drive)

9 _____ you _____ his ball? (catch)

10 Chris _____ a sandcastle. (build)

11 Dogs _____ up trees. (not, climb)

12 _____ they _____ pictures? (take)

13 The elephant _____ the apple. (pick)

14 Kelly _____ Korean. (not, read)

15 _____ the parrot _____? (talk)

'~할 수 있다'면
「be able to + 동사원형」으로,
'~할 수 없다'면
「be not able to + 동사원형」으로,
'~할 수 있니?'면
「be동사 + 주어 + able to
+ 동사원형 ~?」
으로 써야 해.

WORDS ·peel 껍질을 벗기다[깎다] ·build 짓다, 건설하다 ·sandcastle 모래성 ·pick 따다 ·parrot 앵무새

REVIEW ∽ 01

1 다음 중 밑줄 친 부분이 잘못된 것을 고르세요.

❶ I can <u>play</u> basketball.

❷ He can <u>jumps</u> high.

❸ Can she <u>speak</u> English?

❹ Kevin cannot <u>carry</u> the box.

[2-3] 다음 문장의 빈칸에 알맞은 말을 고르세요.

2

I _____ able to play the piano.

❶ be   ❷ do

❸ am   ❹ can

3

Sandy _____ able to run fast.

❶ can't   ❷ isn't

❸ doesn't   ❹ aren't

4 다음 문장의 빈칸에 공통으로 알맞은 말을 고르세요.

• They _____ reading books.

• _____ you able to move the chair?

❶ is[Is]   ❷ are[Are]

❸ can[Can]   ❹ do[Do]

[5-6] 다음 중 올바른 문장을 고르세요.

5 ❶ He can lifts the rock.

❷ She can speaks Korean.

❸ Can you jump high?

❹ We don't can make a sandwich.

6 ❶ I'm able use chopsticks.

❷ Do you able to cook steak?

❸ Emily is able to washing the dishes.

❹ They're not able to ski.

7 다음 중 짝지어진 대화가 어색한 것을 고르세요.

❶ A: Can you do taekwondo?
B: Yes, we can.

❷ A: Is Bill able to skate?
B: No, he isn't.

❸ A: Can the boy sing English songs?
B: No, he can't.

❹ A: Is Sally able to ride a bicycle?
B: Yes, she cans.

8 다음 두 문장이 같은 뜻이 되도록 빈칸에 알맞은 말을 고르세요.

> She is able to speak French.
>
> = She _____ speak French.

❶ can   ❷ is

❸ do   ❹ can't

[9-10] 다음 의문문에 알맞은 대답을 고르세요.

9 Can you dive?

❶ Yes, I am.

❷ No, I don't.

❸ Yes, I can't.

❹ No, I can't.

10 Is she able to open the bottle?

❶ Yes, it can.

❷ No, she doesn't.

❸ Yes, she is.

❹ No, it can't.

[11-12] 다음 우리말 뜻과 같도록 괄호 안에서 알맞은 말을 고르세요.

11 폴은 스케이트보드를 탈 수 있다.

➡ Paul (can / is) ride a skateboard.

12 개가 나무를 올라갈 수 있니?

➡ (Are / Be) dogs able to climb up trees?

[13-14] 다음 대화의 빈칸에 알맞은 말을 쓰세요.

13 A: Can Ms. Miller swim in the sea?

B: No, _____ _____.

14 A: Are bears able to catch fish?

B: Yes, _____ _____.

정답 및 해설 5~7쪽

15 다음 두 문장이 같은 뜻이 되도록 빈칸에 알맞은 말을 쓰세요.

> We can ski in winter.
>
> = We _____ _____ _____
>   ski in winter.

[16-17] 다음 우리말 뜻과 같도록 빈칸에 알맞은 말을 쓰세요.

16 내 남동생은 자기 이름을 못 쓴다.

➡ My brother _____ write his name.

17 네 어머니는 그 문을 고치실 수 있니?

➡ _____ your mother able to fix the door?

[18-19] 다음 밑줄 친 부분을 바르게 고쳐 문장을 다시 쓰세요.

18 Jenny <u>can ties</u> her shoelace.

➡ _____

19 Are <u>able you</u> to draw a map?

➡ _____

20 주어진 말을 순서대로 배열하여 문장을 쓰세요.

> are / able to / count salt
> / you / ?

➡ _____
너는 소금을 셀 수 있니?

Check! Check!. ●●

맞은 개수	평가
18~20개	😄 참 잘했어요.
15~17개	🙂 잘했어요.
9~14개	😐 노력해 봐요.
0~8개	🙁 다음에 잘할 거예요.

WRAP UP

● 다음 만화를 보면서 **Unit 01**의 내용을 정리해 봐요.

1 can+동사원형 : ∼할 수 있다

긍정문	can+동사원형	He **can ride** a bicycle. 그는 자전거를 탈 수 있다. We **can swim**. 우리는 수영을 할 수 있다.	
부정문	cannot+동사원형	She **cannot(=can't) fly**. 그녀는 날 수 없다. They **cannot(=can't) speak** English. 그들은 영어를 말하지 못한다.	
의문문	Can+주어 +동사원형 ∼? Yes, 주어+can. No, 주어+can't.	**Can** you **climb** the mountain? 너는 그 산에 오를 수 있니? **Can** dogs **talk**? 개는 말을 할 수 있니?	**Yes, I can.** 응, 할 수 있어. **No, they can't.** 아니, 못해.

2 be able to+동사원형 : ∼할 수 있다

긍정문	be able to+동사원형	I **am able to fly** a kite. 나는 연을 날릴 수 있다. Sam **is able to play** the piano. 샘은 피아노를 칠 수 있다. They **are able to skate**. 그들은 스케이트를 탈 수 있다.	
부정문	be not able to+동사원형	I **am not able to make** spaghetti. 나는 스파게티를 못 만든다. He **is not able to drive** a truck. 그는 트럭을 운전하지 못한다.	
의문문	be동사+주어+able to +동사원형 ∼? Yes, 주어+be동사. No, 주어+be동사+not.	**Is** she **able to knit**? 그녀는 뜨개질을 할 수 있니? **Are** they **able to sing** the song? 그들은 그 노래를 부를 수 있니?	**Yes, she is.** 응, 할 수 있어. **No, they aren't.** 아니, 못해.

조동사 (2)

- 조동사 must와 have to의 쓰임과 의미를 이해하고 활용할 수 있어요.
- 조동사 should와 had better의 쓰임과 의미를 이해하고 활용할 수 있어요.

조동사는 동사를 도와주는 말이야. 동사 하나만으로는 '~해야 한다', '~하는 것이 좋겠다' 등의 의미를 나타낼 수 없거든. 그래서 다른 동사의 도움을 받아야 하는데 그게 바로 조동사야. 그럼 지금부터 조동사 must와 should의 의미와 쓰임에 대해 알아보고, have to와 had better에 대해서도 함께 공부해 보자.

Lesson 01 must와 have to

1 의무를 나타내는 must와 have to

❶ I **must do** my homework.　　나는 숙제를 해야 한다.

You **must speak** English in class.　　너는 수업 시간에 영어로 말해야 한다.

He **must study** hard.　　그는 공부를 열심히 해야 한다.

❷ I **have to close** the door.　　나는 문을 닫아야 한다.

You **have to get up** early.　　너는 일찍 일어나야 한다.

She **has to help** her mother.　　그녀는 자기 어머니를 도와 드려야 한다.

❶ must + 동사원형 : 조동사 **must**는 동사에 '~해야 한다'는 '의무/책임'의 의미를 더해 줍니다.

Kate **must arrive** before six.　케이트는 6시 전에 도착해야 한다.

They **must clean** the floor.　그들은 바닥을 청소해야 한다.

❷ have to + 동사원형 : **have to**는 조동사 **must**와 마찬가지로 동사에
'~해야 한다'는 의미를 더해 주는데, 주어가 **3**인칭 단수일 때는 **has to**를 씁니다.

Tommy **has to wash** his hands.　토미는 손을 씻어야 한다.

They **have to wear** school uniforms.　그들은 교복을 입어야 한다.

일상 회화에서는
must보다 have to를
자주 써.

Grammar Walk!

정답 및 해설 7쪽

A 다음 문장에서 조동사 **must**를 찾아 동그라미 하고, 동사원형을 찾아 밑줄을 치세요.

1 I (must) <u>brush</u> my teeth now.

2 You must call your mother.

3 He must clean his room.

4 They must go to school.

5 We must leave at eight.

대화:
- 동사에 '~해야 한다'는 의미를 더해 주는 말이 must 말고 또 있구나?
- 응, 맞아. have to가 있지.
- 그럼 must처럼 have to 뒤에도 동사원형이 와야 하는 거야?
- 응. 그런데 have to는 주어에 따라 모양이 달라져.
- 주어가 3인칭 단수일 땐 have to 대신 has to를 써야 한다는 거?

B 다음 문장을 **have to**를 사용하여 바꿔 쓸 때 빈칸에 알맞은 말을 쓰세요.

1 I must go to bed.

 ➡ I ____have____ ____to____ go to bed.

2 My sister must feed her puppy.

 ➡ My sister _____ _____ feed her puppy.

3 Peter must water the plants.

 ➡ Peter _____ _____ water the plants.

4 We must keep a diary.

 ➡ We _____ _____ keep a diary.

5 My parents must wash their cars.

 ➡ My parents _____ _____ wash their cars.

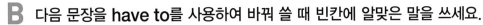

WORDS			
·call 전화하다	·leave 떠나다	·feed 먹이를 주다	·water 물을 주다

2 must와 have to의 부정문

❶ I **must not be** late for class.   나는 수업에 늦으면 안 된다.

You **must not go** to bed late.   너는 늦게 잠자리에 들면 안 된다.

We **must not eat** too many sweets.   우리는 단것을 너무 많이 먹으면 안 된다.

❷ I **don't have to get up** early.   나는 일찍 일어나지 않아도 된다.

She **doesn't have to wear** a school uniform.   그녀는 교복을 입지 않아도 된다.

They **don't have to learn** Chinese.   그들은 중국어를 배우지 않아도 된다.

---

❶ must not + 동사원형 : '~하면 안 된다'라는 뜻으로, 동사에 '금지'의 의미를 더해 줍니다.
must not은 mustn't로 줄여 쓸 수 있습니다.

You **must not(=mustn't) swim** here.   여기에서 수영하면 안 된다.

Students **must not(=mustn't) sleep** in class.
학생들은 수업 중에 자면 안 된다.

must와 have to는
뜻이 같지만, must not과
don't have to는
뜻이 달라.

❷ don't[doesn't] have to + 동사원형 : '~할 필요 없다', '~하지 않아도 된다'라는
뜻입니다. 주어가 3인칭 단수일 때는 doesn't have to로 씁니다.

Jane **doesn't have to clean** her room.   제인은 자기 방을 청소하지 않아도 된다.

We **don't have to go** to school today.   우리는 오늘 학교에 가지 않아도 된다.

Grammar Walk!

정답 및 해설 7쪽

A 다음 문장에서 동사에 '금지'의 의미를 더해 주는 말을 찾아 동그라미 하세요.

1 You (must not) make noise.

2 She must not wear a hat.

3 We must not walk on the grass.

4 You must not close the door.

5 They must not eat ice cream.

must not과 don't have to는 의미가 다르다는 거지?

응. must는 '~해서는 안 된다'는 금지의 뜻이고 don't have to는 '~할 필요 없다'는 뜻이야.

긍정일 때는 같은 의미지만 부정일 땐 다른 의미니까 조심해야겠다.

그리고 또 조심해야 할 게 있어. must not과 달리 주어가 3인칭 단수일 땐 doesn't have to를 써야 한다는 거.

B 다음 문장에서 밑줄 친 부분의 알맞은 의미를 찾아 선으로 연결하세요.

1 She <u>has to</u> do her homework.

2 I <u>don't have to</u> go to school early.   •   **a.** ~해야 한다

3 They <u>have to</u> clean the garden.   •

4 Brad <u>doesn't have to</u> meet Andy.   •   **b.** ~할 필요 없다

5 We <u>don't have to</u> buy new pens.   •

WORDS · make noise 떠들다   · wear 입다   · grass 풀, 잔디   · garden 정원   · meet 만나다

Grammar Run! ....

A 다음 문장의 괄호 안에서 알맞은 말을 골라 동그라미 하세요.

1 I (**must** / has to) clean my room.
나는 내 방을 청소해야 한다.

2 Cathy (have to / has to) close the door.
캐시는 그 문을 닫아야 한다.

3 We (have to / don't have to) go to bed early tonight.
우리는 오늘 밤에 일찍 자지 않아도 된다.

4 They (must / mustn't) enter the room.
그들은 그 방에 들어가면 안 된다.

5 Firefighters (have to / has to) be brave.
소방관들은 용감해야 한다.

6 Students (must / must not) listen to their teachers.
학생들은 선생님 말씀에 귀를 기울여야 한다.

7 Tommy (must / doesn't have to) finish his homework.
토미는 숙제를 끝내야 한다.

8 We (have to / must not) brush our teeth.
우리는 양치질을 해야 한다.

9 You (must / must not) be late for school.
너는 학교에 지각하면 안 된다.

10 He (don't have to / doesn't have to) take a bus.
그는 버스를 타지 않아도 된다.

11 We (must not / don't have to) touch the paintings.
우리는 그 그림들을 만지면 안 된다.

12 They (must / don't have to) stand in line.
그들은 줄을 서야 한다.

13 You (must not / don't have to) run in the classroom.
너희는 교실에서 뛰어서는 안 된다.

14 Julia (has to / doesn't have to) buy new shoes.
줄리아는 새 신발을 사야 한다.

15 They (must not / don't have to) wear their coats.
그들은 외투를 입을 필요가 없다.

조동사의 의미를 잘 생각해 봐. must와 have to의 의미는 비슷하지만, must not과 don't have to의 의미는 완전히 달라.

must와 must not은 주어가 달라져도 모양이 변하지 않지만, have to와 don't have to는 모양이 바뀌어.

WORDS · tonight 오늘 밤에 · enter 들어가다[오다] · finish 끝내다, 마치다 · stand in line 줄 서다

40 Unit 02

B 다음 문장의 빈칸에 알맞은 말을 골라 동그라미 하세요.

1 We must _____ quiet in the library. **①** be   **②** are

2 Anne has to _____ every day.   **①** exercise   **②** exercises

3 I must _____ lots of vegetables.   **①** eat   **②** eating

4 They have _____ hard.   **①** study   **②** to study

5 Kelly has _____ a helmet.   **①** wear   **②** to wear

6 I _____ to come home early.   **①** must   **②** have

7 You _____ clear your desk.   **①** must   **②** have

8 She _____ to wash her hands.   **①** have   **②** has

9 You must not _____ photos here.   **①** take   **②** to take

10 Paul _____ go to school today.   **①** has not to **②** doesn't have to

11 He _____ park here.   **①** don't must **②** must not

12 They don't have _____ in English.   **①** speak   **②** to speak

13 I must _____ watch too much TV.   **①** don't   **②** not

14 You _____ have to take a shower.   **①** don't   **②** doesn't

15 We _____ not tell a lie.   **①** have to   **②** must

WORDS ·exercise 운동하다   ·helmet 헬멧   ·clear 치우다   ·park 주차하다   ·tell a lie 거짓말하다

Grammar Jump!

A 다음 문장에서 밑줄 친 부분의 우리말 뜻을 빈칸에 쓰세요.

1 You <u>must lock</u> the door. ➡ 너는 그 문을 ___잠가야 한다___.

2 Jenny <u>has to go</u> home now. ➡ 제니는 지금 집에 _____.

3 We <u>must not waste</u> water. ➡ 우리는 물을 _____.

4 They <u>don't have to clean</u> the kitchen. ➡ 그들은 부엌을 _____.

5 Phil <u>must take care of</u> his brother. ➡ 필은 자기 남동생을 _____.

6 I <u>have to buy</u> some notebooks. ➡ 나는 공책 몇 권을 _____.

7 We <u>must wait for</u> the bus. ➡ 우리는 그 버스를 _____.

8 You <u>must not pick</u> flowers. ➡ 너는 꽃을 _____.

9 She <u>has to sit</u> behind Ted. ➡ 그녀는 테드 뒤에 _____.

10 We <u>must practice</u> taekwondo. ➡ 우리는 태권도를 _____.

11 They <u>don't have to wear</u> skirts. ➡ 그들은 치마를 _____.

12 Children <u>must not play</u> on the street. ➡ 어린이들은 길에서 _____.

13 Students <u>have to do</u> their homework. ➡ 학생들은 숙제를 _____.

14 Tom <u>must wash the dishes</u> today. ➡ 톰은 오늘 _____.

15 I <u>don't have to keep</u> a diary. ➡ 나는 일기를 _____.

WORDS · lock 잠그다 · waste 낭비하다 · take care of ~을 돌보다 · wait for ~을 기다리다 · pick 꺾다, 따다

B 다음 문장의 빈칸에 알맞은 말을 쓰세요.

'~해야 한다'는
must와 have[has] to,
'~하면 안 된다'는
must not, '~하지 않아도
된다'는 don't[doesn't]
have to라고 했어.

1   I ____must____ help my mother.
나는 우리 어머니를 도와 드려야 한다.

2   Sue _____ _____ leave now.
수는 지금 출발해야 한다.

3   You _____ _____ touch the vase.
네[너희]는 그 꽃병을 만지면 안 된다.

4   We _____ _____ _____ take off our shoes.
우리는 신발을 벗지 않아도 된다.

5   John _____ visit his grandparents.
존은 자신의 조부모님을 찾아뵈어야 한다.

6   We _____ _____ clean the park.
우리는 공원을 청소해야 한다.

7   You _____ _____ ride a skateboard on the street.
네[너희]는 길에서 스케이트보드를 타면 안 된다.

8   Judy _____ _____ _____ bring an umbrella.
주디는 우산을 가져오지 않아도 된다.

9   I _____ be nice to my sister.
나는 내 여동생에게 잘해 줘야 한다.

10 They _____ _____ stay home today.
그들은 오늘 집에 있어야 한다.

11 You _____ _____ jump on the stairs.
네[너희]는 계단에서 점프해서는 안 된다.

12 She _____ _____ _____ run fast.
그녀는 빨리 달리지 않아도 된다.

13 I _____ read a lot of books.
나는 책을 많이 읽어야 한다.

14 He _____ _____ eat too much chocolate.
그는 초콜릿을 너무 많이 먹으면 안 된다.

15 We _____ _____ _____ speak English in class.
우리는 수업 중에 영어로 말하지 않아도 된다.

WORDS ·take off 벗다   ·street 거리, 도로   ·bring 가져오다, 데려오다   ·stay 계속[그대로] 있다, 머무르다

Grammar Fly! ·····················

A 다음 문장의 밑줄 친 부분을 바르게 고쳐 빈칸에 쓰세요.

1 Tommy must <u>arrives</u> in time. ➡ <u>arrive</u>

2 Minho <u>have</u> to practice taekwondo. ➡ _____

3 We must not <u>wastes</u> paper. ➡ _____

4 They <u>have not</u> to turn on the light. ➡ _____ _____

5 James <u>musts</u> wash his hair every day. ➡ _____

6 You have <u>send</u> e-mail to Laura. ➡ _____ _____

7 We don't have <u>get</u> up early on Sunday. ➡ _____ _____

8 You must <u>don't use</u> chopsticks. ➡ _____ _____

9 I have to <u>fixing</u> my chair. ➡ _____

10 You must <u>to bring</u> your books. ➡ _____

11 George <u>don't</u> have to wear sunglasses. ➡ _____

12 They must <u>don't</u> eat too much fast food. ➡ _____

13 People must <u>not runs</u> at the pool. ➡ _____ _____

14 I have <u>brush</u> my teeth before bed. ➡ _____ _____

15 I don't <u>must</u> to do my homework today. ➡ _____

| WORDS | ·arrive 도착하다 | ·in time 제시간에 | ·turn on 켜다 | ·light 전깃불, 전등 | ·sunglasses 선글라스 |

44 Unit 02

B 주어진 말을 사용하여 다음 문장을 완성하세요.

1 We ___must___ ___not___ ___tease___ animals. (not, tease, must)

2 She _____ _____ _____ her yellow socks. (wash, have to)

3 You _____ _____ your bedroom. (tidy, must)

4 Mom _____ _____ _____ _____. (not, run, have to)

5 They _____ _____ _____ in the river. (not, swim, must)

6 Paul _____ _____ _____ in bed. (stay, have to)

7 The boy _____ _____ a card for his grandpa. (buy, must)

8 We _____ _____ _____ the plants. (water, have to)

9 You _____ _____ _____ pictures here. (not, take, must)

10 My father _____ _____ _____ the car. (wash, have to)

11 They _____ _____ care of their pets. (take, must)

12 Tom _____ _____ _____ _____ it. (buy, have to, not)

13 You _____ _____ _____ food in the car. (not, eat, must)

14 We _____ _____ _____ _____ there. (walk, have to, not)

15 Harry _____ _____ _____ noise. (not, make, must)

WORDS ·tease 못살게 굴다[괴롭히다]   ·tidy 정돈[정리]하다   ·make noise 떠들다, 소란을 피우다

02 should와 had better

1 충고를 나타내는 should

❶ I'm thirsty. I **should drink** some water.

나는 목이 마르다. 나는 물을 좀 마시는 것이 좋겠다.

❷ You **shouldn't eat** chocolate. It's bad for your teeth.

너는 초콜릿을 먹지 않는 것이 좋겠다. 그것은 네 이에 나쁘다.

A: They are always late for school.　　　　그들은 항상 학교에 지각한다.

B: They **shouldn't get up** late.　　　　그들은 늦게 일어나지 않는 것이 좋겠다.

---

❶ should + 동사원형 : should는 '~하는 것이 좋겠다'라는 뜻으로, 동사에 '충고'의 의미를 더해 줍니다.

It is cold today. You **should wear** your coat.　오늘은 날씨가 춥다. 너는 외투를 입는 것이 좋겠다.

Children **should read** a lot of books.　아이들은 책을 많이 읽는 것이 좋겠다.

❷ should not + 동사원형 : '~하지 않는 것이 좋겠다'라는 뜻으로, 동사에 '충고'의 의미를 더해 줍니다. should not은 shouldn't로 줄여 쓸 수 있습니다.

It's raining now. You **shouldn't play** outside.　지금 비가 내리고 있다. 너는 밖에서 놀지 않는 것이 좋겠다.

They **shouldn't forget** their homework.　그들은 숙제를 잊지 않는 것이 좋겠다.

Grammar Walk!

정답 및 해설 9쪽

A 다음 문장에서 동사에 '충고'의 의미를 더해 주는 말을 찾아 동그라미 하세요.

1 Tom's hands are dirty. He (should) wash his hands.

2 **A:** I have a toothache. **B:** You shouldn't eat sweets.

3 She is hungry. She should eat some food.

4 You shouldn't play soccer here. There are many cars.

5 It's late. We should go home now.

충고의 의미라는 게 뭐야?

'~하는 게 좋겠다', '~하지 않는 게 좋겠다'라고 충고나 조언을 해 주는 거지.

그게 should야?

응. '~하는 게 좋겠다'는 should, '~하지 않는 게 좋겠다'는 should not. 둘 다 뒤에는 동사원형이 와. should가 조동사니까.

B 다음 문장에서 밑줄 친 부분의 알맞은 의미를 찾아 선으로 연결하세요.

1 I <u>should</u> turn on the light.

2 You <u>should not</u> stay up late.

3 We <u>should</u> pick up trash.

4 He <u>should not</u> drive too fast.

5 They <u>should not</u> use plastic bags.

a. ~하는 것이 좋겠다

b. ~하지 않는 것이 좋겠다

WORDS ·toothache 치통 ·stay up late 늦게까지 자지 않고 있다 ·pick up ~을 집다 ·plastic bag 비닐봉지

02 should와 had better

2 충고를 나타내는 had better

❶ This is a library. You **had better be** quiet.

여기는 도서관이다. 너는 조용히 하는 것이 좋겠다.

A: We're late.   우리는 늦었다.

B: We **had better take** a taxi.   우리는 택시를 타는 것이 좋겠다.

❷ A: I have a toothache.   나는 이가 아프다.

B: You **had better not drink** cold water.   너는 찬물을 마시지 않는 것이 좋겠다.

A: It's cold outside.   밖이 춥다.

B: We **had better not swim** in the sea.   우리는 바다에서 수영하지 않는 것이 좋겠다.

❶ had better + 동사원형 : should와 마찬가지로 '~하는 것이 좋겠다'라는 뜻이지만, 그렇게 하지 않으면 안 좋은 일이 생길 것이라는 '경고'의 의미를 담고 있습니다.

You look sick. You **had better go** home now.   너는 아파 보인다. 너는 지금 집에 가는 것이 좋겠다.

❷ had better not + 동사원형 : had better의 부정으로, '~하지 않는 것이 좋겠다'라는 뜻입니다.

It's snowing. They **had better not ride** bicycles.

눈이 오고 있다. 그들은 자전거를 타지 않는 것이 좋겠다.

Grammar Walk!

정답 및 해설 9쪽

A 다음 문장에서 동사에 '~하는 것이 좋겠다'라는 뜻을 더해 주는 말을 찾아 동그라미 하세요.

1 You (had better) get up now.

2 We had better invite Mr. Anderson.

3 Susie had better do her homework now.

4 They had better have breakfast.

5 I had better go to the dentist.

B 다음 문장에서 **not**이 들어가기에 알맞은 위치를 찾아 동그라미 하세요.

1 I ❶ had ❷ better ⦿ walk ❹ to school.

2 You ❶ had ❷ better ❸ go out ❹ today.

3 We ❶ had ❷ better ❸ waste ❹ water.

4 She ❶ had ❷ better ❸ drink ❹ too much cola.

5 They ❶ had ❷ better ❸ jump ❹ down the stairs.

WORDS · invite 초대하다   · go to the dentist 치과에 가다   · go out 외출하다[나가다]   · cola 콜라

Grammar Run! ....

A 다음 문장의 괄호 안에서 알맞은 말을 골라 동그라미 하세요.

1 You (should / had) eat many vegetables.

2 They (have better / had better) do their homework now.

3 Mom (should not / don't should) drink too much coffee.

4 We (had better / have better) cross the street now.

5 Bob (has better / had better) go to see a doctor. He has a fever.

6 I (should / have) wear sunglasses. It's too bright.

7 He (should / shoulds) use paper bags.

8 They (shouldn't / don't should) be rude to Sarah. She is nice.

9 You (had better / should better) take a rest.

10 Sandy (has better not / had better not) make noise in class.

11 You (not should / had better not) eat food at night.

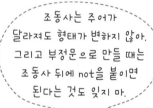

조동사는 주어가
달라져도 형태가 변하지 않아.
그리고 부정문으로 만들 때는
조동사 뒤에 not을 붙이면
된다는 것도 잊지 마.

12 I (should / had) read a book every day.

13 He (should not / doesn't should) watch too much TV.

14 We (doesn't had better / had better not) tease the dog.

15 She (not had better / had better not) drive too fast.

B 다음 문장의 빈칸에 알맞은 말을 골라 동그라미 하세요.

1 We should _____ a lot of books.   ① read   ② reading

2 You had better _____ your umbrella.   ① bring   ② to bring

3 They had better _____ to school now.   ① going   ② go

4 She should _____ his e-mail.   ① to answer   ② answer

5 Melissa had better _____ her hair.   ① brush   ② brushing

6 You should _____ on the wall.   ① draw not   ② not draw

7 Tom had better _____ ice cream.   ① eat not   ② not eat

8 He should not _____ away trash.   ① throw   ② to throw

9 We should _____ off the light.   ① turning   ② turn

10 They had better _____ in the museum.   ① not shout   ② not to shout

11 Mike should not _____ late for class.   ① be   ② being

12 You should _____ the club.   ① join   ② joins

13 We had better _____ a bus.   ① take   ② taking

14 You should _____ the knife.   ① use not   ② not use

15 John had better _____ the box.   ① not opening   ② not open

WORDS ·throw away 버리다   ·trash 쓰레기   ·turn off (전기 등을) 끄다   ·join 가입하다   ·club 클럽, 동아리

Grammar Jump!

A 다음 문장에서 밑줄 친 부분의 우리말 뜻을 빈칸에 쓰세요.

1 We <u>should eat</u> a lot of fruit. ➡ 우리는 과일을 많이 ___먹는 것이 좋겠다___ .

2 Emily <u>had better take a rest</u>. ➡ 에밀리는 _____ .

3 Barry <u>should clear</u> his desk. ➡ 배리는 자기 책상을 _____ .

4 They <u>had better water</u> the plants. ➡ 그들은 그 식물들에 _____ .

5 He <u>should not drink</u> cold water. ➡ 그는 찬물을 _____ .

6 You <u>had better not tease</u> your cat. ➡ 너는 네 고양이를 _____ .

7 She <u>should be kind</u> to others. ➡ 그녀는 다른 사람들에게 _____ .

8 You <u>had better not play</u> on the street. ➡ 너는 길에서 _____ .

9 They <u>should drink</u> lots of milk. ➡ 그들은 우유를 많이 _____ .

10 Tom <u>had better exercise</u> regularly. ➡ 톰은 규칙적으로 _____ .

11 You <u>should not sleep</u> on the floor. ➡ 너는 바닥에서 _____ .

12 He <u>had better wear</u> his gloves. ➡ 그는 장갑을 _____ .

13 We <u>had better not pick</u> flowers. ➡ 우리는 꽃을 _____ .

14 I <u>should take</u> a paper bag. ➡ 나는 종이 봉지를 _____ .

15 I <u>had better ride</u> a bicycle. ➡ 나는 자전거를 _____ .

WORDS · others 다른 사람들   · regularly 규칙적으로   · floor (방의) 바닥   · take 가지고 가다

B 다음 문장의 빈칸에 알맞은 말을 쓰세요.

1 You ___should___ wear a scarf.
너는 스카프를 매는 것이 좋겠다.

2 We _____ _____ start now.
우리는 지금 출발하는 것이 좋겠다.

3 He _____ _____ watch TV at night.
그는 밤에 TV를 보지 않는 것이 좋겠다.

4 You _____ _____ _____ eat sweets.
너는 단것을 먹지 않는 것이 좋겠다.

5 John _____ wash his face.
존은 세수를 하는 것이 좋겠다.

6 Dad _____ _____ _____ drive today.
아빠는 오늘 운전을 하시지 않는 것이 좋겠다.

7 You _____ lose some weight.
너는 살을 좀 빼는 것이 좋겠다.

8 We _____ _____ take a taxi.
우리는 택시를 타는 것이 좋겠다.

9 She _____ _____ drink some warm water.
그녀는 따뜻한 물을 조금 마시는 것이 좋겠다.

10 He _____ _____ drink coffee.
그는 커피를 마시지 않는 것이 좋겠다.

11 Nancy _____ _____ go to the concert.
낸시는 그 콘서트에 가지 않는 것이 좋겠다.

12 You _____ _____ _____ drink the milk.
너는 그 우유를 마시지 않는 것이 좋겠다.

13 We _____ plant some trees.
우리는 나무를 좀 심는 것이 좋겠다.

14 They _____ _____ _____ swim in the river.
그들은 그 강에서 수영을 하지 않는 것이 좋겠다.

15 We _____ help her.
우리는 그녀를 돕는 것이 좋겠다.

WORDS ·start 시작[출발]하다   ·lose weight 체중을 줄이다   ·plant (나무·씨앗 등을) 심다   ·river 강

Grammar Fly! ·····················

A 다음 문장의 밑줄 친 부분을 바르게 고쳐 빈칸에 쓰세요.

1 I <u>have</u> better tidy my bedroom. ➡ ___had___

2 He has a fever. He should <u>stays</u> in bed. ➡ _____

3 We had better <u>to wear</u> helmets. ➡ _____

4 Justin should not <u>turning</u> on the TV. ➡ _____

5 We should <u>to stand</u> in line. ➡ _____

6 Ms. Miller had better <u>locking</u> the door. ➡ _____

7 We had better not <u>to chew</u> gum in class. ➡ _____

8 You should <u>getting</u> up early. ➡ _____

9 We should not <u>to climb</u> the mountain. ➡ _____

10 She should <u>better leave</u> before nine. ➡ _____

11 They had better <u>fixing</u> their cars now. ➡ _____

12 Susie <u>has better</u> ask her mother first. ➡ _____ _____

13 You <u>don't should</u> fish in this river. ➡ _____ _____

14 You <u>don't had better</u> touch them. ➡ _____ _____ _____

15 They <u>had not better</u> make noise. ➡ _____ _____ _____

| WORDS | ·chew 씹다 | ·gum 껌 | ·first 우선, 맨 먼저 | ·fish 낚시하다 |

B 주어진 말을 사용하여 다음 대화를 완성하세요.

1 **A:** I have a cold.
B: You ___had___ ___better___ ___not___ ___go___ skiing. (go, had, better, not)

2 **A:** I miss my grandparents.
B: You _____ _____ them this weekend. (visit, should)

3 **A:** This fish smells bad.
B: We _____ _____ _____ _____ it. (not, eat, had, better)

4 **A:** Jenny has a math test tomorrow.
B: She _____ _____ _____ math now. (study, better, had)

5 **A:** The sea is very cold.
B: They _____ _____ _____ _____. (not, swim, better, had)

6 **A:** Where is Andy? I can't find him.
B: You _____ _____ him. (call, should)

7 **A:** I often wake up at night.
B: You _____ _____ _____ too much water. (not, drink, should)

8 **A:** The floor is wet.
B: We _____ _____ _____ careful. (be, better, had)

9 **A:** Danny always looks tired.
B: He _____ _____ _____ to bed late. (not, go, should)

10 **A:** Ms. Milton's car is too dirty.
B: She _____ _____ her car. (wash, should)

WORDS · smell ~한 냄새가 나다 · test 시험, 테스트 · find 찾다, 발견하다 · wake up (잠에서) 깨다 · wet 젖은

REVIEW ⌣ 02

[1-2] 다음 중 밑줄 친 부분이 잘못된 것을 고르세요.

1
❶ Mina <u>can speak</u> Chinese.
❷ We <u>must clean</u> the house.
❸ He <u>have to exercise</u> regularly.
❹ You <u>should have</u> breakfast.

2
❶ She is <u>not able to</u> jump high.
❷ I <u>had not better</u> go to bed late.
❸ We <u>must not</u> waste water.
❹ You <u>should not</u> eat many sweets.

[3-4] 다음 중 올바른 문장을 고르세요.

3
❶ She must wears a school uniform.
❷ You should take a rest.
❸ Bill have to do his homework.
❹ You have better get up early.

4
❶ You should eats some salt.
❷ Jane has not to buy books.
❸ Phil doesn't had better watch too much TV.
❹ They must not run there.

[5-6] 다음 두 문장의 뜻이 같도록 빈칸에 알맞은 말을 고르세요.

5

She must clean her room.

= She _____ clean her room.

❶ can
❷ do
❸ shouldn't
❹ has to

6

You should walk to school.

= You _____ walk to school.

❶ can
❷ had better
❸ must not
❹ are able to

[7-8] 다음 대화의 빈칸에 알맞은 말을 고르세요.

7

A: I have a stomachache.
B: You _____ see a doctor.

❶ do
❷ cannot
❸ should
❹ shouldn't

8

A: I can't sleep well at night.
B: You _____ better not drink coffee.

❶ must
❷ had
❸ should
❹ can

9 다음 문장의 빈칸에 들어갈 말이 순서대로 바르게 짝지어진 것을 고르세요.

> · We _____ turn on the light.
> 우리는 불을 켜는 것이 좋겠다.
>
> · You _____ touch the paintings. 너는 그 그림들을 만지면 안 된다.

❶ must – should

❷ should – must not

❸ should – must

❹ shouldn't – must

10 다음 문장의 빈칸에 공통으로 알맞은 말을 고르세요.

> · We _____ have to go to school on Sunday.
>
> · I _____ like vegetables.

❶ can
❷ must
❸ should
❹ don't

11 다음 문장의 빈칸에 들어갈 수 <u>없는</u> 말을 고르세요.

> She _____ stand in line.

❶ must
❷ should
❸ have to
❹ had better

12 다음 중 짝지어진 대화가 <u>어색한</u> 것을 고르세요.

❶ A: I'm cold.
B: You had better not wear a scarf.

❷ A: He looks sick.
B: He had better go home now.

❸ A: Maria is carrying some chairs.
B: We should help her.

❹ A: They have to get up early.
B: They shouldn't go to bed late.

[13-14] 다음 문장을 부정문으로 바꿔 쓰세요.

13 We had better jump down the stairs.

➡ _____

_____

14 She has to bring her umbrella.

➡ _____

_____

정답 및 해설 11~12쪽

[15-16] 다음 우리말 뜻과 같도록 빈칸에 알맞은 말을 쓰세요.

15 우리는 8시 전에 떠나야 한다.

➡ We _____ leave before eight.

16 여기에서 놀지 않는 것이 좋겠다.

➡ You _____ _____ play here.

[17-18] 다음 밑줄 친 부분을 바르게 고쳐서 문장을 다시 쓰세요.

17 Emily <u>have</u> to take care of her puppy.

➡ _____
_____

18 You <u>had not better</u> be late for class.

➡ _____
_____

[19-20] 주어진 말을 순서대로 배열하여 문장을 쓰세요.

19 must / take pictures / we / not / here / .

➡ _____
우리는 여기에서 사진을 찍으면 안 된다.

20 don't / take off your shoes / have to / you / in the room / .

➡ _____
너는 방에서 신발을 벗지 않아도 된다.

Check! Check!

맞은 개수	평가
18~20개	😄 참 잘했어요.
15~17개	🙂 잘했어요.
9~14개	😐 노력해 봐요.
0~8개	😟 다음에 잘할 거예요.

● 다음 만화를 보면서 Unit 02의 내용을 정리해 봐요.

1 must : ～해야 한다

긍정문	must+동사원형	I **must do** my homework. 나는 숙제를 해야 한다.
부정문	must not+동사원형 (～하면 안 된다)	You **must not swim** in this river. 너는 이 강에서 수영하면 안 된다. He **must not be** late for class. 그는 수업에 늦으면 안 된다.

2 have to : ～해야 한다

긍정문	have[has] to+동사원형	You **have to get up** early. 너는 일찍 일어나야 한다. She **has to help** her mother. 그녀는 자기 어머니를 도와 드려야 한다.
부정문	don't[doesn't] have to +동사원형 (～하지 않아도 된다)	She **doesn't have to leave** early. 그녀는 일찍 떠나지 않아도 된다. They **don't have to learn** Chinese. 그들은 중국어를 배우지 않아도 된다.

3 should : ～하는 것이 좋겠다

긍정문	should+동사원형	You **should see** a doctor. 너는 병원에 가는 것이 좋겠다.
부정문	should not+동사원형 (～하지 않는 것이 좋겠다)	They **shouldn't stay** up late. 그들은 늦게까지 깨어 있지 않는 것이 좋겠다.

4 had better : ～하는 것이 좋겠다

긍정문	had better+동사원형	You **had better eat** some food. 너는 음식을 조금 먹는 것이 좋겠다.
부정문	had better not+동사원형 (～하지 않는 것이 좋겠다)	We **had better not go** out. 우리는 외출하지 않는 것이 좋겠다.

there, it

- 「There is/are ~.」 표현의 쓰임과 의미를 이해하고 활용할 수 있어요.
- 비인칭 주어 it의 쓰임과 의미를 이해하고 활용할 수 있어요.

'~이 있다'라고 말할 때는 there is와 there are 뒤에 명사를 쓰면 되는데, 그 명사에 따라 is와 are가 바뀌어. 이러한 there is/are에 '무엇이 어디에 있다'는 의미를 덧붙이려면 어떻게 해야 할지 알아보자. 그리고 '그것'이란 의미의 it이 시간이나 날씨, 요일 등을 나타낼 때 문장에서 어떤 역할을 하는지 함께 살펴보자.

There is/are ~.

1 There is/are + 주어 + 장소.

❶ There is a clock on the desk.   책상 위에 시계가 한 개 있다.

There is some milk in the bottle.   병에 우유가 조금 있다.

❷ There are three lions in the zoo.   그 동물원에 사자 세 마리가 있다.

There are some students on the playground.   운동장에 학생들이 몇 명 있다.

'~이 있다'고 말할 때 주어 자리에 **there**를 써서 표현하기도 합니다. 이때 be동사 뒤에 나오는 명사가 실제 주어이고 **there**는 해석하지 않습니다.

> 셀 수 없는 명사는 there is와 함께 써.

❶ There is + 주어(단수명사) + 장소. : '~이 있다'라는 뜻으로 사물이나 사람이 하나 있다고 말할 때는 be동사 is 뒤에 단수명사를 씁니다. 뒤에는 보통 장소를 나타내는 표현이 옵니다.

There's a mirror in the room.   방에 거울이 하나 있다.
There's lots of bread on the table.   식탁 위에 빵이 많이 있다.

❷ There are + 주어(복수명사) + 장소. : '~이 있다'라는 뜻으로 사물이나 사람이 여럿 있다고 말할 때는 be동사 are 뒤에 복수명사를 씁니다.

There are two computers on the desk.   책상 위에 컴퓨터가 두 대 있다.
There are a lot of apples in the box.   상자에 사과가 많이 있다.

> there is는 there's로 줄여 쓸 수 있지만, there are는 줄여 쓰지 않아.

Grammar Walk!

정답 및 해설 12쪽

A 다음 문장에서 「there+be동사」를 찾아 동그라미 하고 주어를 찾아 밑줄을 치세요.

1 (There is) <u>a cat</u> under the sofa.

2 There are two chairs in the room.

3 There is a bee on the flower.

4 There are green tomatoes in the basket.

5 There is a big cabbage on the table.

동사 앞에 오는 말이 주어라고 했잖아. 그럼 there가 주어야?

아니. 「There is/are ~.」 문장에서는 is/are 뒤에 오는 명사가 실제 주어야.

그렇구나. 그래서 be동사가 is였다 are였다 하고 바뀌는 거구나?

맞아. be동사 뒤에 오는 명사가 단수면 is, 복수면 are를 쓰는 거지.

B 다음 문장에서 장소나 위치를 나타내는 말을 찾아 동그라미 하세요.

1 There is a cup (in the cupboard).

2 There are four tables in the room.

3 There is a kettle behind the basket.

4 There are some books in his bag.

5 There is a doghouse in the garden.

| WORDS | ·bee 벌 | ·cabbage 양배추 | ·cupboard 찬장 | ·kettle 주전자 | ·doghouse 개집 |

2 Is/Are there ~?

❶ **There is a TV** in the classroom.   교실에 TV가 한 대 있다.

➡ **Is there a TV** in the classroom?   교실에 TV가 한 대 있니?

❷ **Is there a ruler** in the pencil case?   **Yes, there is. / No, there isn't.**
그 필통 안에 자가 있니?   응, 있어.   아니, 없어.

Are there many trees in the garden?   **Yes, there are. / No, there aren't.**
정원에 나무가 많이 있니?   응, 많이 있어.   아니, 많이 없어.

❶ Is/Are there + 주어 ~? : '~이 있니?'라고 물어볼 때는 be동사를 맨 앞에 쓰고 뒤에
there와 주어를 씁니다. there 뒤의 주어가 단수이면 Is를, 복수이면 Are를 씁니다.

Is there a teddy bear on the bed?   침대 위에 곰 인형이 있니?
Are there any apples in the box?   상자에 사과가 있니?

❷ 대답 : '응, 있어.'라고 말할 때는 「Yes, there is[are].」로, '아니, 없어.'라고 말할 때는
「No, there isn't[aren't].」로 합니다.

Is there a cap under the bench?   **Yes, there is. / No, there isn't.**
벤치 밑에 모자가 있니?   응, 있어.   아니, 없어.

Are there three eggs in the basket?   **Yes, there are. / No, there aren't.**
바구니 안에 달걀 세 개가 있니?   응, 있어.   아니, 없어.

의문문	긍정의 대답	부정의 대답
Is there ~?	Yes, there is.	No, there isn't.
Are there ~?	Yes, there are.	No, there aren't.

Grammar Walk!

정답 및 해설 12~13쪽

A 다음 문장에서 「be동사+there」를 찾아 동그라미 하고 주어를 찾아 밑줄을 치세요.

1 (Is there) <u>a ladybug</u> on the window?

2 Are there two turtles in the pond?

3 Is there a bat next to the bench?

4 Are there chopsticks on the napkin?

5 Is there a dog under the slide?

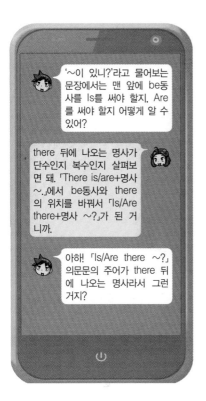

'~이 있니?'라고 물어보는 문장에서는 맨 앞에 be동사를 Is를 써야 할지, Are를 써야 할지 어떻게 알 수 있어?

there 뒤에 나오는 명사가 단수인지 복수인지 살펴보면 돼. 「There is/are+명사 ~.」에서 be동사와 there의 위치를 바꿔서 「Is/Are there+명사 ~?」가 된 거니까.

아하! 「Is/Are there ~?」 의문문의 주어가 there 뒤에 나오는 명사라서 그런 거지?

B 다음 의문문에 알맞은 대답을 찾아 선으로 연결하세요.

1 Is there a knife on the tray?

2 Are there three tomatoes in the basket?   •   **a.** Yes, there is.

3 Is there a pumpkin next to the cabbage?   •

4 Are there two bananas in the basket?   •   • **b.** Yes, there are.

5 Is there a waste basket under the table?   •

WORDS   · ladybug 무당벌레   · napkin 냅킨   · slide 미끄럼틀   · tray 쟁반   · waste basket 쓰레기통

Grammar Run! ·······························

A 다음 문장의 괄호 안에서 알맞은 말을 골라 동그라미 하세요.

1   There (**is** / are) a bird on the roof.

2   There (is / are) two windows in the classroom.

3   There (is / are) a ball under the seesaw.

4   There (is / are) three oranges on the tray.

5   There (is / are) some milk in the glass.

6   There (is / are) a butterfly on the rose.

7   There (is / are) a lot of pencils in the pencil case.

8   There is (a teddy bear / two teddy bears) in the box.

9   There is (a bed / two beds) in the bedroom.

10   There are (a kitten / three kittens) on the cushion.

11   There is (a mirror / two mirrors) next to the table.

12   There are (an onion / some onions) in the basket.

13   There is (a picture / four pictures) on the wall.

14   There are (a belt / five belts) in the drawer.

15   There is (a squirrel / some squirrels) in the tree.

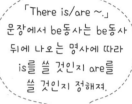

「There is/are ~.」 문장에서 be동사는 be동사 뒤에 나오는 명사에 따라 is를 쓸 것인지 are를 쓸 것인지 정해져.

B 다음 대화의 빈칸에 알맞은 말을 쓰세요.

1   **A:** Is there a house on the farm?   **B:** Yes, there ___is___.

2   **A:** Are there five goats on the farm?   **B:** Yes, there _____.

3   **A:** Is there a tiger on the farm?   **B:** No, there _____.

4   **A:** Are there many monkeys on the farm?   **B:** No, there _____.

5   **A:** _____ there a slide on the playground?   **B:** Yes, there is.

6   **A:** _____ there two swings on the playground?   **B:** Yes, there are.

7   **A:** _____ there a roller coaster on the playground?   **B:** No, there isn't.

8   **A:** _____ there any cars on the playground?   **B:** No, there aren't.

9   **A:** _____ there toothbrushes in the bathroom?   **B:** Yes, there are.

10   **A:** _____ there a toilet in the bathroom?   **B:** Yes, there is.

11   **A:** Are _____ two flower pots in the bathroom?   **B:** No, there aren't.

12   **A:** Is _____ a book in the bathroom?   **B:** No, there isn't.

13   **A:** Is _____ a doghouse in the yard?   **B:** No, there isn't.

14   **A:** Are there two bicycles in the yard?   **B:** Yes, _____ are.

15   **A:** Is there a hose in the yard?   **B:** Yes, _____ is.

WORDS　·swing 그네　·playground 놀이터, 운동장　·toothbrush 칫솔　·toilet 변기　·hose (물 주는) 호스

Grammar Jump!

A there와 be동사를 사용하여 다음 문장 또는 대화를 완성하세요.

1   __There__ __is__ an apple in the refrigerator.

빈칸 뒤에 나온 주어가 단수인지 복수인지 살펴보고 is를 써야 할지 are를 써야 할지 결정해야겠네?

2   _____ _____ a bed next to the desk.

3   _____ _____ two pictures on the wall.

4   _____ _____ lots of cars on the road.

5   _____ _____ a nest in the tree.

6   _____ _____ a frog on the rock.

7   _____ _____ three ants under the flower.

8   _____ _____ a boy in the classroom? / Yes, there _____.

9   _____ _____ many flowers in the store? / No, there _____.

10   _____ _____ two cats under the table? / Yes, there _____.

11   _____ _____ any beans on the dish? / Yes, _____ _____.

12   _____ _____ a dog under the bed? / No, _____ _____.

13   _____ _____ a bird on the roof? / Yes, _____ _____.

14   _____ _____ a dictionary on the chair? / No, _____ _____.

15   _____ _____ any flour in the bowl? / No, _____ _____.

WORDS   ·refrigerator 냉장고   ·nest (새의) 둥지   ·bean 콩   ·roof 지붕   ·dictionary 사전

B 다음 문장을 평서문은 의문문으로, 의문문은 평서문으로 바꿔 쓰세요.

1 There is a river near the farm.

➡ _____Is there a river near the farm?_____

2 There are two trees next to the river.

➡ _____

3 There are five chicks in the nest.

➡ _____

4 There are two rocks next to the tree.

➡ _____

5 There is a snake between the rocks.

➡ _____

6 There is an ant on the rock.

➡ _____

7 Is there a pencil case on the desk?

➡ _____

8 Is there a waste basket under the desk?

➡ _____

9 Are there two lamps next to the bed?

➡ _____

10 Are there two buttons in the bottle?

➡ _____

WORDS · near ~에서 가까이   · next to ~ 옆에   · chick 새끼 새, 병아리   · lamp 램프, 등

there, it **69**

Grammar Fly! . . . .

A 다음 문장의 밑줄 친 부분을 바르게 고쳐 빈칸에 쓰세요.

1   There <u>is</u> two bicycles on the playground.　➡　___are___

2   There <u>are</u> a tall tower on the mountain.　➡　_____

3   <u>Are</u> there a gym in your school?　➡　_____

4   <u>Is</u> there any cans on the table?　➡　_____

5   There <u>are</u> a basket under the table.　➡　_____

6   There <u>is</u> a lot of nuts in the bottle.　➡　_____

7   <u>Are</u> there an ambulance in front of the hospital?　➡　_____

8   There <u>are</u> a lot of rice in the bowl.　➡　_____

9   Is there <u>toothbrushes</u> in the mug?　➡　_____

10   There are three <u>umbrella</u> in the basket.　➡　_____

11   Are there four <u>picture</u> on the wall?　➡　_____

12   There is <u>trees</u> behind the house.　➡　_____

13   Is there <u>garden</u> in the house?　➡　_____

14   There are <u>flower</u> in the garden.　➡　_____

15   Are there <u>butterfly</u> near the flowers?　➡　_____

WORDS　· can 통조림, 깡통, 캔　　· nut 견과　　· ambulance 구급차　　· mug 머그잔

B there is/are와 주어진 말을 사용하여 괄호 안의 지시대로 문장을 완성하세요.

1 a vase / on the table (의문문) ➡ _Is there a vase on the table?_

2 a letter / in the mailbox (평서문) ➡ _____

3 forty chairs / in the hall (평서문) ➡ _____

4 mirrors / in the classroom (의문문) ➡ _____

5 a stove / in the kitchen (평서문) ➡ _____

6 cars / in the garage (의문문) ➡ _____

7 a bathtub / in the bathroom (평서문) ➡ _____

8 a turtle / on the elephant (평서문) ➡ _____

9 a hamster / in the cage (의문문) ➡ _____

10 monkeys / in the tree (의문문) ➡ _____

11 some juice / in the glass (평서문) ➡ _____

12 carrots / in the basket (의문문) ➡ _____

13 three cabbages / in the box (평서문) ➡ _____

14 three boys / in the room (평서문) ➡ _____

15 a roller coaster / in the park (의문문) ➡ _____

WORDS ·mailbox 우편함 ·stove 가스레인지 ·garage 차고, 주차장 ·bathtub 욕조 ·cage 우리, 새장

Lesson 02 비인칭 주어 it

1 시간, 요일, 날짜, 날씨를 나타내는 it

❶ **What time is it?** 몇 시니?　　　**It is seven fifteen.** 7시 15분이다.

What day is it? 무슨 요일이니?　　**It is Wednesday.** 수요일이다.

What's the date? 며칠이니?　　　**It is August 12.** 8월 12일이다.

How's the weather? 날씨가 어떠니?　**It is very hot.** 무척 덥다.

❷ **It's twelve five.** 12시 5분이다.　　**It's three o'clock.** 3시 정각이다.

It's June 6th. 6월 6일이다.　　　**It's June 6.** 6월 6일이다.

It's the sixth of June. 6월 6일이다.　**It's June (the) sixth.** 6월 6일이다.

---

❶ 시간, 요일, 날짜, 날씨 등을 나타낼 때는 「It is+시간/요일/날짜/날씨.」로 표현합니다.
이때 it은 해석하지 않으며, '비인칭 주어'라고 부릅니다.

요일	It's Friday. 금요일이다.	날씨	It's cold. 날이 춥다.

❷ 영어로 시간과 날짜를 말하는 법을 알아봅시다.
- 시간 말하고 쓰기: 「It is+시(時)+분(分).」으로 말합니다. 시와 분은 기수를 씁니다.
  It is eleven twenty-five. 11시 25분이다.
- 날짜 말하고 쓰기: 「It is+일(日)+월(月).」 또는 「It is+월(月)+일(日).」로 표현합니다.

일 + 월	It's the fourth of July. 7월 4일이다.
월 + 일	It's July 4th. / It's July 4. / It's July (the) fourth.

Grammar Walk!

정답 및 해설 15쪽

A 다음 문장에서 비인칭 주어 **it**을 찾아 동그라미 하세요.

1 (It) is nine o'clock.

2 It is four twenty.

3 It is raining.

4 It is Tuesday.

5 It is July 10th.

6 What time is it?

7 What day is it?

B 다음 의문문에 알맞은 대답을 찾아 선으로 연결하세요.

1 How is the weather today? •   • **a.** It is Thursday.

2 What day is it? •   • **b.** It is six ten.

3 What's the date today? •   • **c.** It is snowing.

4 What time is it? •   • **d.** It is the second of March.

WORDS · o'clock ~시   · day 요일   · weather 날씨   · date (특정한) 날짜   · snow 눈이 오다

02 비인칭 주어 it

2 It is time ~.

❶ It is time for lunch.
점심 식사할 시간이다.

It is time for bed.
잘 시간이다.

It is time to take a bath.
목욕할 시간이다.

It is time to go home now.
이제 집에 갈 시간이다.

❷ Is it time for breakfast?
아침 식사할 시간이니?

Yes, it is. / No, it isn't.
응, 그래.   아니, 그렇지 않아.

Is it time to play basketball?
농구할 시간이니?

Yes, it is. / No, it isn't.
응, 그래.   아니, 그렇지 않아.

---

❶ It is time ~. : '~할 시간[때]이다'라는 뜻으로 「It is time for+명사 ~.」 또는 「It is time to+
동사원형 ~.」으로 씁니다. 이때 it은 시간을 나타내는 비인칭 주어로, 해석하지 않습니다.

It is time for dinner.
저녁 식사할 시간이다.

It is time for art class.
미술 수업 시간이다.

It is time to get up.
일어날 시간이다.

It is time to leave.
떠나야 할 시간이다.

❷ Is it time ~? : '~할 시간[때]이니?'라고 물어볼 때는 be동사와 it의 위치를 바꾸어 「Is it time ~?」
으로 씁니다. 그렇다고 말할 때는 「Yes, it is.」, 아니라고 말할 때는 「No, it isn't.」라고 합니다.

Is it time for school?
학교 갈 시간이니?

Yes, it is. / No, it isn't.
응, 그래.   아니, 그렇지 않아.

Is it time to go home?
집에 갈 시간이니?

Yes, it is. / No, it isn't.
응, 그래.   아니, 그렇지 않아.

Grammar Walk!

정답 및 해설 15쪽

A 다음 문장의 빈칸에 알맞은 말을 쓰세요.

1 It is ____time____ for a snack.

2 It is _____ to practice taekwondo.

3 It is _____ for school.

4 It is _____ to take a walk.

5 It is _____ to meet Jane.

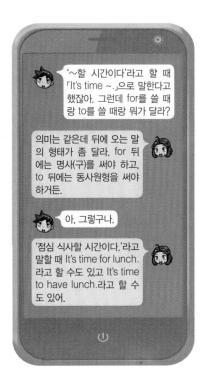

'~할 시간이다'라고 할 때 「It's time ~.」으로 말한다고 했잖아. 그런데 for를 쓸 때랑 to를 쓸 때랑 뭐가 달라?

의미는 같은데 뒤에 오는 말의 형태가 좀 달라. for 뒤에는 명사(구)를 써야 하고, to 뒤에는 동사원형을 써야 하거든.

아, 그렇구나.

'점심 식사할 시간이다.'라고 말할 때 It's time for lunch.라고 할 수도 있고 It's time to have lunch.라고 할 수도 있어.

B 다음 문장의 빈칸에 들어갈 수 있는 말을 찾아 선으로 연결하세요.

1 It is time for _____.

2 It is time to _____.

a. a piano lesson

b. get up

c. play soccer

d. breakfast

e. bed

Grammar Run! ....

A 다음 대화 또는 문장의 괄호 안에서 알맞은 말을 골라 동그라미 하세요.

1 A: What day is it?   B: (It / This) is Monday.

2 A: How's the weather?   B: (It / That) is cool today.

3 A: What time is it?   B: It is (Friday / four o'clock).

4 A: What's the date today?   B: (It is / It does) September 23rd.

5 A: What day is it?   B: It is (five thirty / Wednesday).

6 A: What's the date today?   B: It is January the (five / fifth).

7 A: How's the weather?   B: It is (Saturday / foggy).

8 A: What's the date today?   B: It is (September 7th / Tuesday).

9 A: How's the weather?   B: It is (windy / summer).

10 It is time (for / to) English class.

11 It is time (for / to) cook dinner.

12 It is time (for / to) say goodbye.

13 It is time for (a break / take a break).

14 A: Is it time to (a bath / take a bath)?   B: Yes, it is.

15 A: Is it time for (breakfast / have breakfast)?   B: No, it isn't.

> for를 써야 할지 to를 써야 할지 헷갈려? 뒤에 오는 말을 잘 봐. 뒤에 오는 말이 명사(구)면 for, 동사원형이면 to야!

WORDS   · cool 시원한, 서늘한   · foggy 안개가 긴   · say goodbye 작별 인사를 하다   · break 휴식 (시간)

B 다음 문장 또는 대화의 빈칸에 알맞은 말을 골라 동그라미 하세요.

1 _____ seven o'clock.   ❶ It is   ❷ This is

2 _____ is Monday.   ❶ That   ❷ It

3 _____ snowing.   ❶ It's   ❷ They're

4 It's _____ now.   ❶ ten fourth   ❷ ten fourteen

5 It's _____ today.   ❶ September fiveth   ❷ September fifth

6 It is _____ today.   ❶ Wednesday   ❷ on Wednesday

7 _____ to get up.   ❶ It's the time   ❷ It's time

8 It is time for _____.   ❶ a snack   ❷ have a snack

9 It is time to _____.   ❶ school   ❷ go to school

10 **A:** _____   ❶ What time is it?   ❷ What day is it?
    B: It's Friday.

11 **A:** What time is it?   ❶ It's August 13.   ❷ It's eleven o'clock.
    B: _____

12 **A:** _____ an exam?   ❶ Is it time for   ❷ Is it time to
    B: Yes, it is.

13 **A:** _____ take a shower?   ❶ Is it time for   ❷ Is it time to
    B: No, it isn't.

WORDS   ·Monday 월요일   ·Wednesday 수요일   ·exam 시험   ·take a shower 샤워하다

Grammar Jump!

A 다음 문장의 우리말 뜻을 완성하세요.

1   It is cloudy today. ➡ 오늘은 _____흐리다_____.

2   It is Tuesday today. ➡ 오늘은 _____.

3   It is June twentieth today. ➡ 오늘은 _____.

4   It is seven thirty now. ➡ 지금은 _____.

5   What time is it now? ➡ 지금 _____?

6   What day is it today? ➡ 오늘은 _____?

7   What's the date today? ➡ 오늘이 _____?

8   How's the weather now? ➡ 지금 _____?

비인칭 주어로 시간, 날짜, 요일, 날씨를 나타내는 문장들이니까, 각각 내용에 맞게 해석하면 되겠네.

9   It is time to get back home. ➡ 집에 돌아갈 _____.

10   It is very cold today. ➡ 오늘은 무척 _____.

11   It is the thirty-first of August today. ➡ 오늘은 _____.

12   Is it time for breakfast? ➡ _____ 시간이니?

13   It is time to play badminton. ➡ _____ 시간이다.

14   It is time for bed. ➡ _____ 시간이다.

15   Is it time to wake up? ➡ _____ 시간이니?

| WORDS | · cloudy 흐린, 구름이 잔뜩 낀   · get back (특히 자기 집에) 돌아오다, 돌아가다   · wake up 잠에서 깨다 |

B 비인칭 주어 it과 주어진 말을 사용하여 다음 문장을 완성하세요.

1 __It__ is __Saturday__. (Saturday)
   토요일이다.

2 _____ is _____ _____. (twelve, o'clock)
   정각 12시다.

3 _____ is _____ in spring. (warm)
   봄에는 날씨가 따뜻하다.

4 _____ is _____ the _____. (twelfth, September)
   9월 12일이다.

5 _____ is _____ _____ a break. (for, time)
   쉬는 시간이다.

6 _____ is time _____ _____ e-mail. (send, to)
   이메일을 보내야 할 시간이다.

7 _____ _____ time to _____ _____? (be, go swimming)
   수영하러 갈 시간이니?

8 _____ is _____ today. (sunny)
   오늘은 화창하다.

9 _____ is the _____ of _____. (November, seventh)
   11월 7일이다.

10 _____ is _____ _____. (seventeen, ten)
   10시 17분이다.

11 _____ is time _____ _____ new sneakers. (buy, to)
   새 운동화를 살 때이다.

12 _____ _____ is _____ today? (day, what)
   오늘은 무슨 요일이니?

13 _____ is _____ outside. (raining)
   밖에 비가 온다.

14 _____ is time for his _____ _____. (birthday party)
   그의 생일 파티를 할 시간이다.

15 _____ is _____ today. (Thursday)
   오늘은 목요일이다.

WORDS · send 보내다, 발송하다   · go swimming 수영하러 가다   · sneaker 운동화 (한 짝)

Grammar Fly! ·······················

A 다음 우리말 뜻과 같도록 괄호 안에 주어진 말을 사용하여 문장을 쓰세요.

시간이나 날짜, 요일, 날씨 등은 it을 주어로 쓸 수 있다고 했어.

1 10시 30분이다. (it / ten / thirty / is)
➡ It is ten thirty.

2 오늘은 수요일이다. (Wednesday / is / it / today)
➡ _____

3 몇 시니? (time / it / is / what / now)
➡ _____

4 여름에는 덥고 습하다. (is / hot and humid / it / in summer)
➡ _____

5 2월 6일이다. (February / it / sixth / is)
➡ _____

6 무슨 요일이니? (it / is / day / what)
➡ _____

그럼 비인칭 주어 it 뒤에 동사를 쓰고, 시간, 날짜, 요일, 날씨를 나타내는 말을 쓰면 되겠구나!

7 학교에 갈 시간이다. (it / time / for / is / school)
➡ _____

8 날씨가 어떠니? (the weather / how / is)
➡ _____

9 정각 7시다. (seven / is / o'clock / it)
➡ _____

10 자야 할 시간이다. (is / it / to / time / go to bed)
➡ _____

WORDS ·humid (대기·날씨가) 습한   ·February 2월

B 다음 우리말 뜻과 같도록 괄호 안에 주어진 말을 사용하여 문장을 쓰세요.

1 오늘은 날씨가 따뜻하다. (warm)
➡ _____It is warm today._____

2 5시 20분이다. (five, twenty)
➡ _____

3 토요일이다. (Saturday)
➡ _____

4 3월 8일이다. (March, eighth)
➡ _____

5 6시 정각이다. (six, o'clock)
➡ _____

6 점심 식사를 할 시간이다. (for, lunch)
➡ _____

7 밖에 눈이 오고 있다. (snowing, outside)
➡ _____

8 집에 돌아갈 시간이다. (get back home)
➡ _____

9 9시 45분이다. (nine, forty-five)
➡ _____

10 10월 3일이다. (October, third)
➡ _____

WORDS · warm 따뜻한   · outside 밖에[밖에서]   · October 10월

REVIEW · 03

[1-2] 다음 중 밑줄 친 부분의 쓰임이 <u>다른</u> 하나를 고르세요.

1 ❶ <u>There</u> is a clock on the desk.

  ❷ Is <u>there</u> a TV in the bedroom?

  ❸ A bear is sleeping <u>there</u>.

  ❹ <u>There</u> are three lions in the zoo.

2 ❶ <u>It</u> is very hot today.

  ❷ <u>It</u> is my brother's bag.

  ❸ <u>It</u> is time for lunch.

  ❹ <u>It</u> is August ninth.

[3-4] 다음 중 밑줄 친 부분이 <u>잘못된</u> 문장을 고르세요.

3 ❶ <u>There is</u> a mirror in the room.

  ❷ <u>There are</u> some milk in the bottle.

  ❸ <u>There is</u> a bee on the flower.

  ❹ <u>Is there</u> a cap under the bed?

4 ❶ It is time <u>for</u> dinner.

  ❷ It is time <u>to</u> go shopping.

  ❸ It is time <u>for</u> play baseball.

  ❹ It is time <u>to</u> get up.

[5-6] 다음 중 짝지어진 대화가 <u>어색한</u> 것을 고르세요.

5 ❶ A: What time is it?
    B: It's eleven o'clock.

  ❷ A: What day is it?
    B: It's May fifth.

  ❸ A: How's the weather?
    B: It's cloudy.

  ❹ A: What's the date today?
    B: It's October ninth.

6 ❶ A: Is there a dog under the slide?
    B: Yes, there is.

  ❷ A: Is there a knife in the sink?
    B: No, there isn't.

  ❸ A: Are there cows on the farm?
    B: Yes, they are.

  ❹ A: Are there two gloves on his bed?
    B: No, there aren't.

7 다음 문장의 빈칸에 공통으로 알맞은 말을 고르세요.

> · _____ is time for bed.
>
> · _____ is raining today.

❶ It   ❷ This

❸ There   ❹ That

8 다음 문장의 빈칸에 알맞은 말이 순서대로 바르게 짝지어진 것을 고르세요.

> · _____ is a bird on the roof.
>
> · _____ is April the first.

❶ It – This

❷ There – It

❸ It – There

❹ There – That

9 다음 빈칸에 들어갈 수 <u>없는</u> 말을 고르세요.

> It is _____ .

❶ very windy

❷ March 25th

❸ Sunday

❹ tomatoes

[10-11] 다음 우리말 뜻과 같도록 괄호 안에서 알맞은 말을 고르세요.

10
> 침대 밑에 강아지 한 마리가 있니?

➡ (Is / Are) there a puppy under the bed?

11
> 수영하러 갈 시간이다.

➡ It is time (for / to) go swimming.

12 다음 대화의 밑줄 친 부분이 <u>잘못된</u> 것을 고르세요.

> A: ❶ <u>Is</u> there children ❷ <u>in</u> the room?
>
> B: Yes, ❸ <u>there</u> ❹ <u>are</u>.

13 다음 대화의 빈칸에 알맞은 말을 순서대로 쓰세요.

> A: What day is _____ today?
>
> B: _____ is Sunday today.

정답 및 해설 16~17쪽

[14-15] 다음 의문문에 대한 대답을 완성하세요.

14 Are there three pencils in the pencil case?

➡ No, _____ _____.

15 What's the date today?

➡ _____ _____ June the 7th.

16 다음 문장을 의문문으로 바꿔 쓰세요.

There is a stove in the kitchen.

➡ _____

[17-18] 다음 우리말 뜻과 같도록 빈칸에 알맞은 말을 쓰세요.

17 그 동물원에 치타가 있니?

➡ _____ _____ cheetahs in the zoo?

18 집에 가야 할 시간이다.

➡ It is _____ _____ go home.

[19-20] 다음 문장에서 밑줄 친 부분을 바르게 고쳐 문장을 다시 쓰세요.

19 There is a lot of cars on the road.

➡ _____

20 It is time for take a bath.

➡ _____

Check! Check!

맞은 개수	평가
18~20개	😄 참 잘했어요.
15~17개	🙂 잘했어요.
9~14개	😐 노력해 봐요.
0~8개	😟 다음에 잘할 거예요.

WRAP UP

● 다음 만화를 보면서 **Unit 03**의 내용을 정리해 봐요.

1 There is[are] ~. : ~가 있다

평서문	There is +단수명사 ~.	**There is a pen** on the desk. 책상 위에 펜 한 자루가 있다.
	There are +복수명사 ~.	**There are three lions** in the zoo. 그 동물원에 사자가 세 마리 있다. **There are some men** in the room. 방에 남자 몇 명이 있다.
의문문	Is there +단수명사 ~?	**Is there a teddy bear** on the bed? 침대에 곰 인형이 있니? **Yes**, there **is**. 응. 있어. / **No**, there **isn't**. 아니. 없어.
	Are there +복수명사 ~?	**Are there two eggs** in the basket? 바구니 안에 달걀 두 개가 있니? **Yes**, there **are**. 응. 있어. / **No**, there **aren't**. 아니. 없어.

2 비인칭 주어 it

시간	**It is seven fifteen.** 7시 15분이다.
날짜	**It is December (the) ninth. / It is the ninth of December.** 12월 9일이다.
요일	**It is Wednesday.** 수요일이다.
날씨	**It is very hot.** 무척 덥다.

3 It is time for[to] ~. : ~할 시간이다

It is time ~.	~할 시간이다	**It is** time **for lunch.** 점심 식사를 할 시간이다. **It is** time **to go** home now. 이제 집에 갈 시간이다.
Is it time ~?	~할 시간이니?	**Is it** time **for bed?** 잘 시간이니? **Is it** time **to take** a bath? 목욕할 시간이니?

의문사 (1)

- 의문사 who와 whose의 쓰임과 의미를 이해하고 활용할 수 있어요.
- 의문사 what과 which의 쓰임과 의미를 이해하고 활용할 수 있어요.

'누구'인지 '무엇'인지 특정 정보에 대해서 자세히 묻는 거잖아. 이럴 때 필요한 게 바로 의문사야.

의문사?

누구? 무엇?

'누구'인지 물을 때는 who, '무엇'인지 물을 때는 what이야.

What?

Who?

의문사는 어떤 정보를 물어보는 거니까 대답도 구체적으로 해야 해.

의문사로 물어보는 내용에 맞게 대답해야겠구나.

그렇지. 그리고 '누구의 것'인지가 궁금할 땐 whose를 쓰고

what과 비슷하지만 정해진 범위 안에서 '어느 (쪽)'의 의미를 물을 땐 which…

어쩌고 저쩌고

저 사람도 배우야? 잘생겼다.

응, 요즘 제일 잘 나가~

나 지금 혼자 떠들고 있었던 거야?

의문사는 '누가, 언제, 어디서, 무엇을, 어떻게, 왜' 했는지 구체적인 정보를 물어볼 때 쓰는 말이야. 그 중 who는 '누구', what은 '무엇'이라는 의미이고, which는 '어떤 것'을 선택할지, whose는 '누구의 것'인지 물어볼 때 사용하는 말이야. 그럼 지금부터 의문사와 함께 어떻게 의문문을 만드는지 공부해 보자.

Lesson 01 의문사 who, whose

1 의문사 who

❶ **Who is** that girl?
저 여자아이는 누구니?

She is **Tommy's sister.**
그녀는 토미의 여동생이다.

❷ **Who do** you **like?**
너는 누구를 좋아하니?

I like **Minho.**
나는 민호를 좋아한다.

❸ **Who teaches** math?
누가 수학을 가르치시니?

Mr. Davis teaches math.
데이비스 씨가 수학을 가르치신다.

의문사는 '누가', '언제', '어디에' 등 자세한 정보를 물어볼 때 쓰는 말이야.

who는 '누가', '누구를'이라는 뜻으로, 사람에 대해 물어볼 때 사용하는 의문사입니다.
대답할 때는 '누가', '누구를'에 해당하는 사람을 밝혀 줍니다.

❶ Who + be동사 ~? : '~는 누구니?', '누가 ~이니?'라는 뜻입니다.
be동사는 뒤에 오는 말에 따라 바뀝니다.

Who are they? 그들은 누구니?   They are **my friends.** 그들은 내 친구들이다.

❷ Who + do[does] + 주어 + 동사원형 ~? : '누구를 ~하니?'라는 뜻입니다.
주어가 3인칭 단수이면 do 대신 does를 씁니다.

Who does she meet? 그녀는 누구를 만나니?   She meets **John.** 그녀는 존을 만난다.

❸ Who + 일반동사 ~? : '누가 ~하니?'라는 뜻입니다.
who가 주어이므로 do[does] 대신 일반동사의 3인칭 단수형을 씁니다.

Who speaks English well? 누가 영어를 잘 말하니? **Mina speaks English well.** 미나가 잘한다.

Grammar Walk!

정답 및 해설 18쪽

A 다음 대화에서 의문사를 찾아 동그라미 하세요.

1 **A:** (Who) are those boys?
B: They are my friends.

2 **A:** Who cooks dinner in your home?
B: My mom cooks dinner.

3 **A:** Who do you know?
B: I know Eddie.

4 **A:** Who does he help?
B: He helps his mother.

5 **A:** Who is your science teacher?
B: Mr. Edison is my science teacher.

2번은 who 뒤에 cooks라는 일반동사가 있어.

아, 2번처럼 의문사 뒤에 일반동사가 바로 나오면 who는 '누가'라는 뜻이야. 이땐 who가 주어니까 동사는 3인칭 단수 현재형을 써야 하고.

아, 그래서 who 뒤에 cook이 아니라 cooks를 쓴 거구나!

B 다음 문장에서 밑줄 친 **Who**의 알맞은 우리말 뜻을 찾아 선으로 연결하세요.

1 <u>Who</u> is your sister?

2 <u>Who</u> gets up early?

3 <u>Who</u> does Paul meet on Saturdays?

4 <u>Who</u> are those ladies?

5 <u>Who</u> do they like?

a. 누구/누가

b. 누구를

WORDS · cook 요리하다 · home 집, 가정 · know 알다 · help 돕다 · meet 만나다

의문사 (1) **89**

의문사 who, whose

2 의문사 whose

> ❶ **Whose bag** is this?
> 이것은 누구의 가방이니?
>
> **Whose books** are those?
> 저것들은 누구의 책이니?
>
> ❷ **Whose** is that bike?
> 저 자전거는 누구의 것이니?
>
> **Whose** are these flowers?
> 이 꽃들은 누구의 것이니?
>
> It's **mine**.(= It's **my bag**.)
> 그것은 내 것이다.(= 그것은 내 가방이다.)
>
> They are **Yunji's**.(= They're **Yunji's books**.)
> 그것들은 윤지의 것이다.(= 그것들은 윤지의 책이다.)
>
> It's **Daniel's**.(= It's **Daniel's bike**.)
> 그것은 대니얼의 것이다.(= 그것은 대니얼의 자전거이다.)
>
> They are **Paul's**.(= They're **Paul's flowers**.)
> 그것들은 폴의 것이다.(= 그것들은 폴의 꽃이다.)

whose는 '누구의', '누구의 것'이라는 뜻으로 소유를 물을 때 사용하는 말입니다.

❶ **Whose + 명사 + be동사 + 주어?** : '~는 누구의 …이니?'라는 뜻으로 **whose**는 '누구의'라는 의미입니다. 누구의 것인지 소유격이나 소유대명사로 대답합니다.

> **Whose boat** is that? 저것은 누구의 보트니?　　　It is **Billy's**. 그것은 빌리의 것이다.

　💡 **Whose+명사+be동사 ~?**: '누구의 ~가[이] …하니?'라는 뜻이다.

> **Whose cap** is red? 누구 모자가 빨간색이니?　　　**Jenny's cap** is red. 제니의 모자가 빨간색이다.

❷ **Whose + be동사 + 주어?** : '~는 누구의 것이니?'라는 뜻으로 **whose**는 '누구의 것'이라는 의미입니다. 소유격이나 소유대명사로 대답합니다.

> **Whose** is this jacket? 이 재킷은 누구의 것이니?　　　It's **Mandy's**. 그것은 맨디의 것이다.

Grammar Walk!

정답 및 해설 18쪽

A 다음 대화에서 의문사를 찾아 동그라미 하세요.

1 **A:** (Whose) pet is this?　　**B:** It's mine.

2 **A:** Whose is this cup?　　**B:** It's Kimberly's.

3 **A:** Whose glasses are these?
　 B: They are my dad's.

4 **A:** Whose are these shirts?
　 B: They are my mom's.

5 **A:** Whose toothbrush is that?　　**B:** It's David's.

6 **A:** Whose bag is black?
　 B: Linda's bag is black.

> 어떨 땐 '누구의'고, 어떨 땐 '누구의 것'이고, 헷갈려.
>
> 같은 whose라도 뒤에 어떤 말이 오느냐에 따라 쓰임이 다르니까.
>
> 어떻게 다른데?
>
> whose pet처럼 whose 뒤에 사람이나 동물, 물건의 이름이 오면 '누구의'라는 뜻이야.
>
> 그럼 '누구의 것'은?
>
> Whose are처럼 whose 뒤에 바로 동사가 나오면 '누구의 것'이란 뜻이 되지.

B 다음 문장에서 밑줄 친 **Whose**의 알맞은 우리말 뜻을 찾아 선으로 연결하세요.

1 <u>Whose</u> piggy bank is that? •

2 <u>Whose</u> is this kite? •　　　　　　　　　　• a. 누구의

3 <u>Whose</u> cameras are these? •

4 <u>Whose</u> are those crayons? •　　　　　　　　• b. 누구의 것

5 <u>Whose</u> socks are red? •

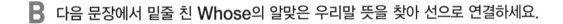

WORDS　·pet 애완동물　·glasses 안경　·toothbrush 칫솔　·piggy bank 돼지 저금통

Grammar Run! ....

A 다음 대화의 괄호 안에서 알맞은 말을 골라 동그라미 하세요.

1   A: (Who / Whose) is the tall boy?   B: He's my brother.

2   A: (Who / Whose) are they?   B: They are my parents.

3   A: (Who / Whose) pillow is this?   B: It's my sister's.

4   A: (Who / Whose) is David?   B: He's my friend.

5   A: (Who / Whose) is this blouse?   B: It's my mother's.

6   A: (Who / Whose) does your sister like?   B: She likes Michael.

7   A: (Who / Whose) pencils are those?   B: They're his pencils.

8   A: (Who / Whose) is that little girl?   B: She is Betty.

9   A: (Who / Whose) do you meet today?   B: I meet my grandma.

10 A: (Who / Whose) are these notebooks?   B: They are yours.

11 A: (Who / Whose) knows her phone number?   B: I know it.

12 A: (Who / Whose) are those women?   B: They are Jim's aunts.

13 A: (Who / Whose) is in the living room?   B: Bill is there.

14 A: (Who / Whose) dictionary is that?   B: It's hers.

15 A: (Who / Whose) is your teacher?   B: Ms. Swan is my teacher.

WORDS   · pillow 베개   · blouse 블라우스   · little 어린, 작은   · dictionary 사전

B 다음 문장의 빈칸에 알맞은 말을 골라 동그라미 하세요.

1 Who _____ your grandfather? ① is ② are

2 Who _____ you? ① is ② are

3 Who _____ you help? ① do ② does

4 Who _____ to bed late? ① go ② goes

5 Whose orange _____ this? ① is ② are

6 Whose pants _____ these? ① is ② are

7 Whose _____ those sneakers? ① is ② are

8 Whose _____ that boat? ① is ② are

9 Who _____ flying a kite? ① is ② are

10 Who _____ he like? ① do ② does

11 Who _____ math? ① teach ② teaches

12 Whose beans _____ these? ① is ② are

13 Who _____ they visit every month? ① do ② does

14 Whose _____ this ticket? ① is ② are

15 Whose bread _____ this? ① is ② are

WORDS · orange 오렌지 · sneaker 운동화 (한 짝) · kite 연 · bean 콩 · month 달, 월

Grammar Jump!

A 다음 대화의 괄호 안에서 알맞은 말을 골라 동그라미 하세요.

1   A: Who is the brave girl?   B: She's ((Susie) / tall).

2   A: Whose umbrella is this?   B: It's (me / mine).

3   A: Whose vest is this?   B: It's (Billy / Billy's).

4   A: Who is that baby?   B: She is (cute / my sister).

5   A: Who sings that song?   B: (Sarah sings / I like) it.

6   A: Whose is this mask?   B: It's (a mask / her mask).

7   A: Who drives the car?   B: (Dad drives it. / It's Dad's.)

8   A: Who does David like?   B: He (is a student / likes Beth).

9   A: Who are those students?   B: They're (Paul's friends / old).

10 A: Who is David Beckham?   B: He's (a soccer player / in London).

11 A: Who feeds the cows?   B: (Jason feeds them. / He's my dad.)

12 A: Who do you meet on Sundays?   B: I meet (my cousin / at the park).

13 A: Whose books are these?   B: (It's / They're) my grandpa's.

14 A: Who is your brother?   B: (Mark is my brother. / He's nice.)

15 A: Whose are these gloves?   B: They are (Jane / Jane's) gloves.

WORDS · brave 용감한   · vest 조끼   · mask 가면   · player (운동)선수, 연주자   · feed 밥을 먹이다, 먹이를 주다

B 다음 대화의 빈칸에 알맞은 말을 쓰세요.

1 A: ___Who___ teaches history?
누가 역사를 가르치니?

B: Mr. Go teaches history.
고 선생님이 역사를 가르치신다.

2 A: _____ are those children?
저 아이들은 누구니?

B: They are Clinton's students.
그들은 클린턴의 학생들이다.

3 A: _____ backpack is this?
이것은 누구의 배낭이니?

B: It's Minsu's backpack.
그것은 민수의 배낭이다.

4 A: _____ do you miss?
너는 누구를 그리워하니?

B: I miss my grandparents.
나는 우리 조부모님이 그립다.

5 A: _____ gets up early?
누가 일찍 일어나니?

B: My brother gets up early.
내 남동생이 일찍 일어난다.

6 A: _____ does James like?
제임스는 누구를 좋아하니?

B: He likes Hara.
그는 하라를 좋아한다.

7 A: _____ is this eraser?
이 지우개는 누구의 것이니?

B: It's Sally's.
그것은 샐리의 것이다.

8 A: _____ is your favorite singer?
네가 좋아하는 가수는 누구니?

B: My favorite singer is Taylor.
내가 좋아하는 가수는 테일러이다.

9 A: _____ drives the school bus?
누가 그 학교 버스를 운전하니?

B: Ms. Frizzle drives it.
프리즐 씨가 운전하신다.

10 A: _____ do you see?
누가 보이니?

B: I see Jack.
잭이 보인다.

11 A: _____ textbook is that?
저것은 누구의 교과서니?

B: It's mine.
그것은 내 것이다.

12 A: _____ is that handsome man?
저 잘생긴 남자는 누구니?

B: He is an actor.
그는 배우이다.

13 A: _____ is this ball?
이 공은 누구의 것이니?

B: It's Andy's ball.
그것은 앤디의 공이다.

14 A: _____ is her aunt?
누가 그녀의 이모니?

B: That lady is her aunt.
저 숙녀분이 그녀의 이모이시다.

15 A: _____ plays the piano after school?
누가 방과 후에 피아노를 치니?

B: Jenny plays it.
제니가 친다.

WORDS · history 역사   · miss 그리워하다   · favorite 매우 좋아하는   · see 보다, 보이다   · textbook 교과서

Grammar Fly! ··········

A 다음 문장의 밑줄 친 부분을 바르게 고쳐 빈칸에 쓰세요.

1 Who <u>are</u> that man?　　　➡　____is____
   저 남자는 누구니?

2 Who <u>does</u> you know?　　　➡　_____
   너는 누구를 아니?

3 <u>Who</u> rulers are these?　　　➡　_____
   이것들은 누구의 자니?

4 <u>Whose</u> paints well?　　　➡　_____
   누가 그림을 잘 그리니?

5 Who <u>do</u> your brother like?　　➡　_____
   네 남동생은 누구를 좋아하니?

6 Who <u>is</u> those children?　　　➡　_____
   저 어린이들은 누구니?

7 <u>Who</u> is this coat?　　　➡　_____
   이 외투는 누구의 것이니?

8 Who <u>are</u> in the bathroom?　　➡　_____
   누가 목욕탕에 있니?

9 Who <u>teach</u> English?　　　➡　_____
   누가 영어를 가르치니?

10 Who <u>does</u> they visit every day?　➡　_____
   그들은 매일 누구를 찾아가니?

11 <u>Who</u> socks are these?　　　➡　_____
   이것들은 누구의 양말이니?

12 Whose <u>are</u> this room?　　　➡　_____
   이 방은 누구의 것이니?

13 <u>Who</u> is this uniform?　　　➡　_____
   이 제복은 누구의 것이니?

14 <u>Whose</u> are those people?　　➡　_____
   저 사람들은 누구니?

15 Who <u>go</u> camping every month?　➡　_____
   누가 매달 캠핑하러 가니?

> who 뒤에 be동사가 오면 주어에 따라 알맞은 것을 쓰고, 일반동사가 오면 3인칭 단수형을 써. 그리고 '누구의', '누구의 것'이라는 의미에는 whose를 쓰지.

B 다음 대화의 빈칸에 알맞은 말을 쓰세요.

1   A: _____Who_____ _____is_____ she?   B: She is my aunt.

2   A: _____ _____ they?   B: They're Dan's classmates.

3   A: _____ robots are these?   B: They are yours.

4   A: _____ knows the secret?   B: Lucy knows it.

5   A: _____ is this desk?   B: It's mine.

6   A: _____ sharpener is that?   B: It's hers.

7   A: _____ cooks lunch on the weekend?   B: Mr. Porter cooks lunch.

8   A: _____ _____ your favorite player?   B: Phil is my favorite player.

9   A: _____ are these skirts?   B: They are Amy's.

10   A: _____ _____ those boys?   B: They're Mrs. May's sons.

11   A: _____ cleans the street every day?   B: Mr. Perry cleans it.

12   A: _____ salad is this?   B: It is Julia's.

13   A: _____ _____ that man?   B: He is my grandfather.

14   A: _____ pajamas are those?   B: They're my sister's.

15   A: _____ drives you to school?   B: My mom drives me there.

WORDS   · secret 비밀   · sharpener 연필깎이   · street 거리   · pajamas 파자마   · drive 태워다 주다

02 의문사 what, which

1 의문사 what

> **❶ What are** these?
> 이것들은 무엇이니?
>
> They are **lilies.**
> 그것들은 백합이다.
>
> **❷ What do you eat** for lunch?
> 너는 점심 식사로 무엇을 먹니?
>
> I usually eat **a sandwich.**
> 나는 보통 샌드위치를 먹는다.
>
> **❸ What color** is her hair?
> 그녀의 머리는 무슨 색이니?
>
> It's **black.**
> 검은색이다.

what은 '무엇이', '무엇을', '무슨 ~'이라는 뜻의 의문사입니다.

❶ What + be동사 + 주어 ~? : '~은 무엇이니?'라는 뜻입니다.
이때 be동사는 뒤에 오는 주어에 따라 **is**나 **are**를 씁니다.

  What is that?   저것은 무엇이니?　　　　**It is a lizard.**   그것은 도마뱀이다.

❷ What + do[does] + 주어 + 동사원형 ~? : '무엇을 ~하니?'라는 뜻입니다.
주어가 3인칭 단수일 때는 **do** 대신 **does**를 씁니다.

  What does she do after dinner?　　**She reads books.**
  그녀는 저녁 식사 후에 무엇을 하니?　　그녀는 책을 읽는다.

❸ What + 명사 ~? : '무슨 ~', '몇 ~'이라는 뜻입니다.
what 뒤에 나오는 명사가 '무엇'인지 묻는 표현입니다.

  What animal do you like?　　**I like dogs.**
  너는 무슨 동물을 좋아하니?　　나는 개를 좋아한다.

Grammar Walk!

정답 및 해설 20쪽

A 다음 대화에서 의문사를 찾아 동그라미 하세요.

1 **A:** (What) are those?
   B: They are sheep.

2 **A:** What does he do after school?
   B: He usually plays soccer.

3 **A:** What do you need?
   B: I need some water.

4 **A:** What is this?
   B: It's a hat.

5 **A:** What do you want?
   B: I want noodles.

> what도 우리말 뜻이 다양하네.
>
> 맞아. '무엇'인지 물어보는 건 똑같지만 '무엇이니', '무엇을 ~하니', '무슨 ~'처럼 다르게 해석되니까.
>
> what 뒤에 be동사가 오면 '무엇이니', do[does]가 오면 '무엇을'로 해석하면 되는 거지?
>
> 응. 그리고 what 뒤에 명사가 오면 '무슨', '몇'이란 뜻이 되고 말이야.

B 다음 밑줄 친 부분의 알맞은 우리말 뜻을 찾아 선으로 연결하세요.

1 <u>What flower</u> does she like?   •   • **a.** 몇 시

2 <u>What time</u> do you get up?   •   • **b.** 무슨 색

3 <u>What day</u> is it today?   •   • **c.** 무슨 꽃

4 <u>What color</u> does Sam like?   •   • **d.** 무슨 요일

5 <u>What fruit</u> do they eat every day?   •   • **e.** 무슨 과일

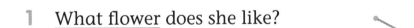

WORDS · sheep 양   · usually 보통, 대개   · need 필요로 하다   · color 색   · fruit 과일

02 의문사 what, which

2 의문사 which

> ❶ **Which is** your pen?
> 어느 것이 네 펜이니?
>
> **The blue one** is mine.
> 파란 것이 내 것이다.
>
> ❷ **Which do you like,** beef or pork?
> 소고기와 돼지고기 중 어느 것이 좋니?
>
> I like **pork**.
> 나는 돼지고기가 좋다.
>
> ❸ **Which season** do you like?
> 너는 어느 계절을 좋아하니?
>
> I like **spring**.
> 나는 봄을 좋아한다.

which는 '어느 것', '어느 ~'라는 뜻입니다. 정해진 대상 중에서 '어느 것'인지 선택을 요구할 때 씁니다.
A or B(A 또는 B)처럼 범위를 나타내는 말과 함께 쓰는 경우가 많습니다.

❶ Which + be동사 ~? : '어느 것이 ~이니?'라는 뜻입니다.
이때 be동사는 뒤에 나오는 말에 따라 is나 are를 씁니다.

Which is Tom's desk? 어느 것이 톰의 책상이니? **The left one** is his. 왼쪽 것이 그의 것이다.

❷ Which + do[does] + 주어 + 동사원형 ~? : '어느 것을 ~하니?'라는 뜻입니다.
주어가 3인칭 단수일 때는 do 대신 does를 씁니다.

Which does he need, beans or onions? He needs **onions**.
너는 콩과 양파 중 어느 것이 필요하니? 그는 양파가 필요하다.

❸ Which + 명사 ~? : which는 명사 앞에서 '어느', '어떤'이라는 뜻입니다.

Which bat is yours? 어느 야구 방망이가 네 것이니? **The old one** is mine. 낡은 것이 내 것이다.

Grammar Walk!

정답 및 해설 20~21쪽

A 다음 대화에서 의문사를 찾아 동그라미 하세요.

1 **A:** (Which) desk is his?
  B: The dirty one is his.

2 **A:** Which is Peter's cap?
  B: The blue one is his.

3 **A:** Which do you like, this one or that one?
  B: I like this one.

4 **A:** Which is sugar?
  B: The right one is sugar.

5 **A:** Which does she want?
  B: She wants these pencils.

one은 '1, 한 개'라는 숫자 아냐?

응, 그렇지.

그럼 1번에서 The dirty one 의 one은 '더러운 한 개'?

아, 그거! 그때 one은 앞에 나온 desk를 대신하는 말이야.

헉! 그럼 숫자가 아니란 거네?

응, 앞에 나온 명사 대신 one을 쓰기도 해.

B 다음 밑줄 친 부분의 알맞은 우리말 뜻을 찾아 선으로 연결하세요.

1 <u>Which sketchbook</u> is yours? •　　　　　　• **a.** 어느 계절

2 <u>Which blouse</u> do you want? •　　　　　　• **b.** 어느 가방

3 <u>Which season</u> do you like? •　　　　　　• **c.** 어느 스케치북

4 <u>Which bag</u> is yours? •　　　　　　• **d.** 어느 버스

5 <u>Which bus</u> do you take? •　　　　　　• **e.** 어느 블라우스

WORDS　·dirty 더러운　·right 오른쪽의　·sketchbook 스케치북　·blouse 블라우스　·season 계절

Grammar Run! ....

A 다음 대화의 괄호 안에서 알맞은 말을 골라 동그라미 하세요.

1 A: (**What** / Which) is her name?
그녀의 이름은 <u>무엇</u>이니?

B: Her name is Bomi.
그녀의 이름은 보미이다.

2 A: (What / Which) does he want?
그는 <u>어느 것</u>을 원하니?

B: He wants this shirt.
그는 이 셔츠를 원한다.

3 A: (What / Which) is your favorite song?
네가 좋아하는 노래는 <u>무엇</u>이니?

B: It is "Humpty Dumpty."
내가 좋아하는 노래는 '험프티 덤프티'이다.

4 A: (What / Which) does she need?
그녀는 <u>무엇</u>이 필요하니?

B: She needs some beans.
그녀는 콩이 조금 필요하다.

5 A: (What / Which) team do you like?
너는 <u>어느</u> 팀을 좋아하니?

B: I like Tigers.
나는 타이거즈를 좋아한다.

6 A: (What / Which) is your father cooking?
네 아버지는 <u>무엇</u>을 요리하고 계시니?

B: He is cooking japchae.
그는 잡채를 요리하고 계신다.

7 A: (What / Which) is your chair?
<u>어느</u> 것이 네 의자니?

B: That small one is mine.
저 작은 것이 내 것이다.

8 A: (What / Which) color does Jane like?
제인은 <u>무슨</u> 색을 좋아하니?

B: She likes green.
그녀는 초록색을 좋아한다.

9 A: (What / Which) is your e-mail address?
네 이메일 주소가 <u>무엇</u>이니?

B: It is grammar@zap.com.
내 이메일 주소는 grammar@zap.com이다.

10 A: (What / Which) time do you have lunch?
너는 <u>몇</u> 시에 점심 식사를 하니?

B: I have lunch at noon.
나는 정오에 점심 식사를 한다.

11 A: (What / Which) is John's room?
<u>어느</u> 것이 존의 방이니?

B: The left one is his.
왼쪽 방이 그의 것이다.

12 A: (What / Which) is that animal?
저 동물은 <u>무엇</u>이니?

B: It is a seal.
그것은 물개이다.

13 A: (What / Which) jacket is yours?
<u>어느</u> 재킷이 네 것이니?

B: The black one is mine.
그 검정색이 내 것이다.

14 A: (What / Which) day is it today?
오늘은 <u>무슨</u> 요일이니?

B: It's Friday.
금요일이다.

15 A: (What / Which) do you do after dinner?
너는 저녁 식사 후에 <u>무엇</u>을 하니?

B: I play badminton.
나는 배드민턴을 친다.

WORDS · bean 콩   · team 팀[단체]   · address 주소   · left 왼쪽의, 좌측의   · seal 바다표범, 물개

B 다음 문장의 빈칸에 알맞은 말을 골라 동그라미 하세요.

1 What _____ your sister's name? ① is ② are

2 Which _____ Henry's backpack? ① is ② are

3 What time _____ it now? ① is ② does

4 What _____ Minsu drink? ① do ② does

5 Which _____ you want, apples or kiwis? ① do ② does

6 What _____ the date today? ① is ② are

7 Which _____ your shoes? ① is ② are

8 What _____ Frank usually draw? ① do ② does

9 What fruit _____ her brother like? ① do ② does

10 Which _____ Emily's among these spoons? ① is ② does

11 What _____ she have in her hand? ① do ② does

12 Which bus _____ you take, number 10 or 9? ① do ② does

13 What _____ Mina do on Sundays? ① is ② does

14 What size _____ this shirt? ① is ② are

15 Which ice cream _____ you like? ① do ② does

WORDS ·kiwi 키위 ·date (특정한) 날짜 ·among ~ 중에서 ·spoon 숟가락, 스푼 ·take (교통수단 등을) 타다[이용하다]

Grammar Jump!

A 다음 문장에서 밑줄 친 부분의 우리말 뜻을 빈칸에 쓰세요.

1 <u>What flower</u> do you like? ➡ 무슨 꽃

2 <u>What color</u> does Jimmy like? ➡ _____

3 <u>What sport</u> does Ted like? ➡ _____

> what과 which 뒤에 명사가 나올 때 의미를 잘 생각해보자.

4 <u>Which pencil</u> is yours? ➡ _____

5 <u>What subject</u> do you like? ➡ _____

6 <u>Which notebook</u> is Ally's? ➡ _____

7 <u>Which skirt</u> do you want? ➡ _____

8 <u>What day</u> is it today? ➡ _____

9 <u>Which horse</u> is Dynamite? ➡ _____

10 <u>What movie</u> is Ken watching? ➡ _____

11 <u>Which oranges</u> are theirs? ➡ _____

12 <u>Which sandwich</u> do you want? ➡ _____

13 <u>Which bus</u> do you take? ➡ _____

14 <u>Which season</u> does your mom like? ➡ _____

15 <u>What time</u> does she come home? ➡ _____

WORDS · sport 스포츠[운동/경기] · subject 학과, 과목 · movie 영화 · season 계절

B 다음 대화의 빈칸에 알맞은 단어를 쓰세요.

1   A: ___What___ are those?
    저것들은 <u>무엇</u>이니?

    B: They are my boots.
    그것들은 내 부츠이다.

2   A: _____ is your umbrella?
    <u>어느</u> 것이 네 우산이니?

    B: The pink one is mine.
    그 분홍색이 내 것이다.

3   A: _____ do you do after school?
    너는 방과 후에 <u>무엇</u>을 하니?

    B: I play with my friends.
    나는 내 친구들과 논다.

4   A: _____ time does Anne get up?
    앤은 <u>몇</u> 시에 일어나니?

    B: She gets up at seven.
    그녀는 7시에 일어난다.

5   A: _____ album is Paul's?
    <u>어느</u> 사진첩이 폴의 것이니?

    B: The left one is his.
    왼쪽의 것이 그의 것이다.

6   A: _____ fruit do you like?
    너는 <u>무슨</u> 과일을 좋아하니?

    B: I like peaches.
    나는 복숭아를 좋아한다.

7   A: _____ does Fred need?
    프레드는 <u>무엇</u>이 필요하니?

    B: He needs new shoes.
    그는 새 신발이 필요하다.

8   A: _____ animal does she like?
    그녀는 <u>무슨</u> 동물을 좋아하니?

    B: She likes pandas.
    그녀는 판다를 좋아한다.

9   A: _____ shirt do you want?
    너는 <u>어느</u> 셔츠를 원하니?

    B: I want this blue one.
    나는 이 파란 것을 원한다.

10 A: _____ do you have, a dog or a cat?
    너는 개와 고양이 중 <u>어느</u> 것을 가지고 있니?

    B: I have a dog.
    나는 개를 가지고 있다.

11 A: _____ sport does Brenda like?
    브렌다는 <u>무슨</u> 운동을 좋아하니?

    B: She likes tennis.
    그녀는 테니스를 좋아한다.

12 A: _____ does Mina take to school?
    미나는 학교에 <u>무엇</u>을 타고 가니?

    B: She takes the subway.
    그녀는 지하철을 탄다.

13 A: _____ does your dad drive?
    네 아빠는 <u>무엇</u>을 운전하시니?

    B: He drives a truck.
    그는 트럭을 운전하신다.

14 A: _____ is Mr. Trent's car?
    <u>어느</u> 것이 트렌트 씨의 차니?

    B: That is his car.
    저것이 그의 차이다.

15 A: _____ computer is new?
    <u>어느</u> 컴퓨터가 새것이니?

    B: This computer is new.
    이 컴퓨터가 새것이다.

| WORDS | · album 앨범, 사진첩 | · peach 복숭아 | · panda 판다 | · subway 지하철 | · drive 몰다, 운전하다 |

Grammar Fly! ·

A 다음 문장의 밑줄 친 부분을 바르게 고쳐 빈칸에 쓰세요.

1 What <u>are</u> this? ➡ _____is_____
이것은 무엇이니?

2 <u>Which</u> does she do after dinner? ➡ _____
그녀는 저녁 식사 후에 무엇을 하니?

3 Which season <u>does</u> you like? ➡ _____
너는 어느 계절을 좋아해?

4 <u>What</u> do you like, ham or cheese? ➡ _____
너는 햄과 치즈 중 어느 것을 좋아하니?

5 <u>Which</u> time is it now? ➡ _____
지금 몇 시니?

6 What <u>are</u> the girl's name? ➡ _____
그 여자아이의 이름이 무엇이니?

7 <u>What</u> is your paintbrush? ➡ _____
어느 것이 네 붓이니?

8 What <u>do</u> he cook for dinner? ➡ _____
그는 저녁 식사로 무엇을 요리하니?

9 <u>Which</u> is the date today? ➡ _____
오늘은 며칠이니?

10 <u>What</u> cat is Tabby? ➡ _____
어느 고양이가 태비니?

11 <u>What</u> does Jenny want, this or that? ➡ _____
제니는 이것과 저것 중 어느 것을 원하니?

12 <u>What</u> box is heavy? ➡ _____
어느 상자가 무겁니?

13 What <u>does</u> they usually wear? ➡ _____
그들은 보통 무엇을 입니?

14 <u>Which</u> does Mr. Simson sell? ➡ _____
심슨 씨는 무엇을 파니?

15 What <u>is</u> those? ➡ _____
저것들은 무엇이니?

> what과 which의 의미뿐 아니라 뒤에 나오는 be동사와 do/does의 형태도 잘 생각해 보자.

WORDS · ham 햄 · paintbrush 그림 붓 · heavy 무거운 · sell 팔다

B 다음 빈칸에 알맞은 말을 쓰세요.

1 A: __What__ __is__ this?
이것은 무엇이니?

B: It's soap.
그것은 비누이다.

2 A: _____ _____ Jim's bag?
어느 것이 짐의 가방이니?

B: The black one is Jim's.
그 검은색이 짐의 것이다.

3 A: _____ _____ that?
저것은 무엇이니?

B: It's a parrot.
그것은 앵무새이다.

4 A: _____ _____ your brother's name?
네 남동생의 이름이 무엇이니?

B: It's Minsu.
민수이다.

5 A: _____ _____ Cathy do on Saturday?
캐시는 토요일에 무엇을 하니?

B: She reads books.
그녀는 책을 읽는다.

6 A: _____ _____ those flowers?
저 꽃들은 무엇이니?

B: They are roses.
그것들은 장미이다.

7 A: _____ _____ you eat for breakfast?
넌 아침 식사로 무엇을 먹니?

B: I eat some toast and milk.
나는 토스트와 우유를 조금 먹는다.

8 A: _____ do you like, juice or cola?
너는 주스와 콜라 중 어느 것을 좋아하니?

B: I like cola.
나는 콜라를 좋아한다.

9 A: _____ _____ they fix?
그들은 무엇을 수리하니?

B: They fix computers.
그들은 컴퓨터를 수리한다.

10 A: _____ _____ does he enjoy?
그는 무슨 운동을 즐기니?

B: He enjoys basketball.
그는 농구를 즐긴다.

11 A: _____ _____ does Ms. Kim teach?
김 선생님은 무슨 과목을 가르치시니?

B: She teaches history.
그녀는 역사를 가르치신다.

12 A: _____ _____ is your skirt?
네 치마는 무슨 색이니?

B: It's red.
그것은 빨간색이다.

13 A: _____ _____ is pretty?
어느 드레스가 예쁘니?

B: The yellow one is pretty.
그 노란색이 예쁘다.

14 A: _____ _____ are yours?
어느 신발이 네 것이니?

B: The blue ones are mine.
그 파란색이 내 것이다.

15 A: _____ _____ is his?
어느 차가 그의 것이니?

B: That white one is his.
저 흰색이 그의 것이다.

WORDS · soap 비누   · parrot 앵무새   · fix 수리하다, 고치다   · enjoy 즐기다   · history 역사

REVIEW 04

1 다음 중 영어와 우리말 뜻이 <u>잘못</u> 짝지어진 것을 고르세요.

❶ whose bag – 누구의 가방

❷ what color – 무슨 색

❸ which bus – 어느 버스

❹ what time – 무슨 시간

[2-3] 다음 대화의 빈칸에 알맞은 말을 고르세요.

2
> **A:** _____ is that girl?
> **B:** She's my sister.

❶ Who   ❷ What

❸ Whose   ❹ Which

3
> **A:** _____ do you eat for lunch?
> **B:** I usually eat a sandwich.

❶ Who   ❷ What

❸ Which   ❹ Whose

[4-5] 다음 중 밑줄 친 부분의 뜻이 <u>다른</u> 하나를 고르세요.

4
❶ <u>Whose</u> bike is this?

❷ <u>Whose</u> cap is red?

❸ <u>Whose</u> are those books?

❹ <u>Whose</u> jacket is that?

5
❶ <u>Which</u> is your pen?

❷ <u>Which</u> do you like, ham or cheese?

❸ <u>Which</u> is sugar?

❹ <u>Which</u> season do you like?

[6-7] 다음 의문문에 대한 대답으로 알맞은 말을 고르세요.

6
> What is that animal?

❶ Yes, it is.   ❷ Yes, there is.

❸ It's a seal.   ❹ It's mine.

7
> Who teaches math?

❶ No, he isn't.

❷ Yes, he does.

❸ I learn math.

❹ Mr. Kent teaches math.

정답 및 해설 22~23쪽

[8-9] 다음 중 잘못된 문장을 고르세요.

8 ❶ Whose bicycle is this?

❷ What do Tom do after school?

❸ Who is in the classroom?

❹ Which season do you like?

9 ❶ Who is the children?

❷ Whose desk is this?

❸ Which bus does she take?

❹ What time do they get up?

10 다음 중 짝지어진 대화가 <u>어색한</u> 것을 고르세요.

❶ **A:** Whose toothbrush is that?
B: It's Jessica's.

❷ **A:** Who drives you to school?
B: Mom drives me to school.

❸ **A:** What do you need?
B: I need some water.

❹ **A:** Which ice cream do you like?
B: I love ice cream.

[11-12] 다음 우리말 뜻과 같도록 괄호 안에서 알맞은 말을 고르세요.

11 너는 무슨 꽃을 좋아하니?

➡ (What / Which) flower do you like?

12 이것은 누구의 배낭이니?

➡ (Who / Whose) backpack is this?

[13-14] 다음 대화의 빈칸에 알맞은 말을 쓰세요.

13 **A:** _____ does Tom do after dinner?
B: He reads books.

14 **A:** _____ is this watch?
B: It is my mother's.

REVIEW ~ 04

정답 및 해설 22~23쪽

[15-16] 다음 우리말 뜻과 같도록 빈칸에 알맞은 말을 쓰세요.

15 마크는 무슨 운동을 좋아하니?

➡ _____ _____ does Mark like?

16 너는 누구를 알고 있니?

➡ _____ _____ you know?

[17-18] 다음 밑줄 친 부분을 바르게 고쳐서 문장을 다시 쓰세요.

17 What <u>she drink</u> every morning?

➡ _____

18 Who <u>clean</u> the bathroom every day?

➡ _____

[19-20] 주어진 말을 바르게 배열하여 문장을 쓰세요.

19 whose / these crayons / are / ?

➡ _____

20 you / which food / do / want / ?

➡ _____

Check! Check!

맞은 개수	평가
18~20개	😄 참 잘했어요.
15~17개	😊 잘했어요.
9~14개	😐 노력해 봐요.
0~8개	😞 다음에 잘할 거예요.

110 Unit 04 의문사 (1)

WRAP UP

● 다음 만화를 보면서 Unit 04의 내용을 정리해 봐요.

의문사	뜻	질문	대답
who	누구	**Who is** that girl? 저 여자아이는 누구니?	She is Tommy's sister. 그녀는 토미의 여동생이다.
	누구를	**Who do you** like? 너는 누구를 좋아하니?	I like Minho. 나는 민호를 좋아한다.
	누가	**Who teaches** math? 누가 수학을 가르치니?	Mr. Kim teaches math. 김 선생님이 수학을 가르치신다.
whose	누구의	**Whose bag** is this? 이것은 누구의 가방이니?	It's Jackie's. 그것은 재키의 것이다.
	누구의 것	**Whose is** that bicycle? 저 자전거는 누구의 것이니?	It's Minsu's. 그것은 민수의 것이다.
what	무엇	**What is** your name? 네 이름은 무엇이니?	My name is Julia. 내 이름은 줄리아이다.
	무엇을	**What do you eat** for lunch? 너는 점심 식사로 무엇을 먹니?	I usually eat sandwiches. 나는 보통 샌드위치를 먹는다.
	무슨 ~, 몇 ~	**What animal** do you like? 너는 무슨 동물을 좋아하니?	I like dogs. 나는 개를 좋아한다.
which	어느 것	**Which is** your pen? 어느 것이 네 펜이니?	The blue one is mine. 파란색이 내 것이다.
	어느 ~	**Which season** do you like? 너는 어느 계절을 좋아하니?	I like spring. 나는 봄을 좋아한다.

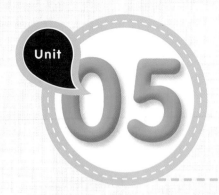

의문사 (2)

- 의문사 when, where, how, why의 쓰임과 의미를 이해하고 활용할 수 있어요.
- 「how+형용사/부사」 구문의 쓰임과 의미를 이해하고 활용할 수 있어요.

지금처럼 '언제'인지 궁금할 땐 when, '어디'인지 궁금할 땐 where를 쓰는 거지.

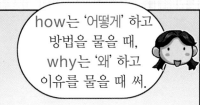

how는 '어떻게' 하고 방법을 물을 때, why는 '왜' 하고 이유를 물을 때 써.

어라? 그런데….

old랑 much는 왜 있지? 실수인가?

아들, 이번 주 토요일에 공연하거든.

네가 안 된다고 하면 가진 않을 거야.

토요일? 왜요? 다녀오세요.

old나 much 뜻을 아는지 시험한 건가?

고맙다, 혁아!

호호호. 그럼 네 생일 파티는 일요일에 하자.

아! 내 생일 파티! 그런 게 어딨어요!

who, what뿐 아니라 의문문을 만드는 의문사로 why, how, when, where가 있어. why는 '왜', how는 '어떻게'라는 의미야. when은 '언제'라는 뜻으로 시간, 날짜 등을 물을 때, where는 '어디'라는 뜻으로 위치나 장소를 물을 때 써. 그런데 how는 형용사나 부사와 함께 의문문을 만들기도 하는데 의미가 어떻게 달라지는지 함께 알아보자.

의문사 when, where, how, why

1 when과 where

❶ When is her birthday?

그녀의 생일은 언제니?

It is **on February 6th**.

2월 6일이다.

When do you get up?

너는 언제 일어나니?

I usually get up **at seven**.

나는 보통 7시에 일어난다.

be동사가 있는 의문사 의문문은 「의문문 + be동사 + 주어?」로 써.

❷ Where is the music room?

음악실은 어디에 있니?

It's **on the second floor**.

2층에 있다.

Where does she live?

그녀는 어디에 사니?

She lives **in Gwangju**.

그녀는 광주에 산다.

❶ 때를 묻는 when : '언제'라는 뜻으로 시간이나 때를 물을 때 씁니다.
'언제'에 해당하는 날짜나 시간 등으로 대답합니다.

일반동사가 있는 의문사 의문문은 「의문사 + do[does] + 주어 + 동사원형 ~?」으로 써. 주어가 3인칭 단수일 때는 does, 그 외에는 do야.

When is Children's Day?

어린이날이 언제니?

It's **on the fifth of May**.

5월 5일이다.

When does the restaurant open?

그 식당은 언제 문을 여니?

It opens **at 11 a.m.**

오전 11시에 연다.

❷ 장소를 묻는 where : '어디에(서)'라는 뜻으로 장소를 물을 때 씁니다.
'어디'에 해당하는 장소로 대답합니다.

Where is your bag?

네 가방은 어디에 있니?

It's **on the desk**.

책상 위에 있다.

Where do the boys play soccer?

그 남자아이들은 어디에서 축구를 하니?

They play soccer **on the playground**.

그들은 운동장에서 축구를 한다.

Grammar Walk!

정답 및 해설 23쪽

A 다음 대화에서 의문사를 찾아 동그라미 하세요.

1 **A:** When is Parents' Day?
  B: It's May the eighth.

2 **A:** Where is Shanghai?
  B: It's in China.

3 **A:** When do you go to bed?
  B: I go to bed at ten o'clock.

4 **A:** Where does she buy vegetables?
  B: She buys them at the market.

5 **A:** When do you have math class?
  B: We have math class on Thursday.

> 시간을 물어보는 말에 when 말고 다른 표현도 있었던 것 같은데….
>
> what time 말이지?
>
> 맞아, what time!
>
> what time은 '몇 시'라는 뜻이라서 '몇 시 몇 분'인지 정확한 '시각'이 궁금할 때 써.
>
> 그럼 when은?
>
> 정확한 시각뿐만 아니라 날짜, 요일, 월 같은 때가 궁금할 때도 쓸 수 있어.

B 다음 문장에서 밑줄 친 의문사의 우리말 뜻을 찾아 선으로 연결하세요.

1 <u>Where</u> is your dog?

2 <u>When</u> do you go jogging?   a. 언제

3 <u>Where</u> does Brad read books?

4 <u>When</u> does the class begin?   b. 어디에(서)

5 <u>Where</u> do they go every year?

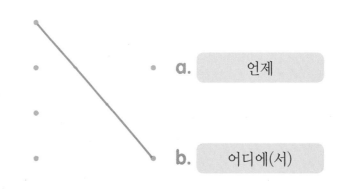

WORDS ·Parents' Day 어버이날 ·vegetable 채소 ·market 시장 ·go jogging 조깅하러 가다 ·begin 시작하다

2 how와 why

---

❶ **How** are your parents? 〈상태〉
너희 부모님은 잘 계시니?

They are **fine**.
잘 계신다.

How do you go to school? 〈방법〉
너는 학교에 어떻게 가니?

I go to school **by bus**.
나는 버스로 학교에 간다.

❷ **Why** are you so happy?
너는 왜 그렇게 기분이 좋니?

Because today is my birthday.
오늘이 내 생일이기 때문이다.

Why is the boy crying?
그 남자아이는 왜 울고 있니?

Because he misses his mother.
자기 어머니가 보고 싶기 때문이다.

---

❶ **상태나 방법을 묻는 how** : '어떤', '어떻게'라는 뜻으로 '상태'나 '방법'을 물을 때 씁니다.
'어떤'이나 '어떻게'에 해당하는 상태나 방법을 설명하는 말로 대답합니다.

How is that pie?
저 파이는 어떠니?

It's **so delicious**.
무척 맛있다.

How does she come home?
그녀는 어떻게 집에 오니?

She comes home **on foot**.
그녀는 걸어서 집에 온다.

❷ **이유를 묻는 why** : '왜'라는 뜻으로 '이유'를 물을 때 씁니다.
주로 because(~하기 때문에)를 사용하여 '왜'에 해당하는 내용으로 대답합니다.

Why are you wearing a hat?
너는 왜 모자를 쓰고 있니?

Because it is cold.
날씨가 춥기 때문이다.

Grammar Walk!

정답 및 해설 23쪽

A 다음 대화에서 의문사를 찾아 동그라미 하세요.

1 **A:** (How) are you?
   B: I'm fine.

2 **A:** Why do you like Helen?
   B: Because she is kind.

3 **A:** How do you go to the park?
   B: I go to the park by subway.

4 **A:** Why is Anne late?
   B: Because she has a cold.

5 **A:** How is the computer?
   B: It's very good.

B 다음 문장에서 밑줄 친 의문사의 우리말 뜻을 찾아 선으로 연결하세요.

1 <u>How</u> is your new school?

2 <u>Why</u> are you tired?

    a.  어떤/어떻게

3 <u>How</u> is the weather today?

4 <u>Why</u> does Steve like soccer?

    b. 왜

5 <u>How</u> do you go to the zoo?

WORDS · fine 좋은, 건강한 · because ~하기 때문에 · have a cold 감기에 걸리다 · tired 피곤한 · weather 날씨

Grammar Run! ....

A 다음 대화의 괄호 안에서 알맞은 말을 골라 동그라미 하세요.

1   **A:** ((When) / Where) do you go to school?
      B: I go to school <u>at eight thirty</u>.

2   **A:** (How / Why) do you go home?
      B: I go home <u>by bicycle</u>.

3   **A:** (How / Where) is David?
      B: He is <u>in the classroom</u>.

4   **A:** (When / Why) do you like winter?
      B: <u>Because I can skate</u>.

5   **A:** (When / How) is Christmas?
      B: It's <u>on December the 25th</u>.

6   **A:** (Why / Where) are they dancing?
      B: They are dancing <u>behind the building</u>.

7   **A:** (Where / How) do you go to the zoo?
      B: I go there <u>by subway</u>.

8   **A:** (Why / How) are you crying?
      B: <u>Because I miss my puppy</u>.

9   **A:** (Where / When) does the movie begin?
      B: It begins <u>at three p.m.</u>

10   **A:** (Where / How) is my backpack?
      B: It's <u>on the chair</u>.

11   **A:** (Why / How) is this sweater?
      B: It's <u>pretty</u>.

12   **A:** (Where / Why) do you hate beans?
      B: <u>Because they aren't delicious</u>.

대답의 내용을 보고 나서 의문문의 의문사를 골라야지!

WORDS   ·miss 그리워하다   ·puppy 강아지   ·hate 몹시 싫어하다   ·bean 콩   ·delicious 맛있는

B 다음 의문문에 대한 대답으로 알맞은 말을 골라 동그라미 하세요.

1 When do you visit your grandparents?
   ① I visit them every Sunday.   **②** I visit them by bus.

2 Where is London?
   ① It is in spring.   **②** It is in the U.K.

3 How does Merlin go to Busan?
   ① He works there.   **②** He goes there by train.

4 Why does Max study in the library?
   ① Because it's quiet.   **②** Yes, he does.

5 When does the store close?
   ① No, it doesn't.   **②** It closes at ten p.m.

6 Where do they play soccer?
   ① It is exciting.   **②** They play soccer in the park.

7 How is their new song?
   ① It's under the table.   **②** It's very good.

8 Why is your dog barking?
   ① Because he's hungry.   **②** He sleeps at night.

9 When does spring begin?
   ① Because it's warm.   **②** It begins in March.

10 Where do camels live?
   ① They live in the desert.   **②** They are ten years old.

11 How does Wendy go to the hospital?
   ① She goes there on Sunday.   **②** She goes there on foot.

12 Why do you like Minsu?
   ① Because he is nice.   **②** He is her brother.

WORDS ·U.K. 영국   ·exciting 신 나는   ·bark 짖다   ·camel 낙타   ·desert 사막

Grammar Jump!

A 다음 대화의 빈칸에 알맞은 말을 쓰세요.

1   **A:** _____When_____ does your school begin?
    B: It begins in March.

2   **A:** _____ does Billy live?
    B: He lives in New York.

3   **A:** _____ is Peter's sister?
    B: She's lovely.

4   **A:** _____ are you laughing?
    B: Because this movie is so funny.

5   **A:** _____ is New Year's Day?
    B: It is on January the first.

6   **A:** _____ is the Eiffel Tower?
    B: It's in Paris.

7   **A:** _____ do you spell your name?
    B: S-A-L-L-Y.

8   **A:** _____ is Jane busy?
    B: Because she has a lot of homework.

9   **A:** _____ do they practice taekwondo?
    B: They practice it after school.

10 **A:** _____ do you go there?
    B: I go there by car.

11 **A:** _____ does your cat sleep?
    B: She sleeps on the sofa.

12 **A:** _____ is your grandma's cake?
    B: It's really delicious!

대답의 내용이
시간이면 when,
장소일 때는 where,
방법일 때는 how로
빈칸을 채우자!

because와 함께
이유를 대답했다면
의문사 why를 써야지.

WORDS ·laugh 웃다   ·funny 우스운, 웃기는   ·spell 철자를 말하다[쓰다]   ·busy 바쁜

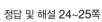

B 다음 대화의 빈칸에 알맞은 말을 쓰세요.

1   **A:** Where _____do_____ you do your homework?
     B: I do my homework at home.

2   **A:** How _____ John come here?
     B: He comes here on foot.

3   **A:** Where _____ dolphins live?
     B: They live in the sea.

4   **A:** Why _____ you like summer?
     B: Because we have vacation in summer.

5   **A:** When _____ she play soccer?
     B: She plays soccer after school.

6   **A:** How _____ you say "hello" in Korean?
     B: We say "안녕."

7   **A:** Why _____ Sam eat carrots?
     B: Because he likes carrots.

8   **A:** How _____ the grapes?
     B: They're a little sour.

9   **A:** Why _____ she always late?
     B: Because she goes to bed late.

10 **A:** How _____ your parents?
     B: They're fine.

11 **A:** Where _____ the bank?
     B: It's next to the bakery.

12 **A:** When _____ Mom's birthday?
     B: It's next Saturday.

WORDS   · dolphin 돌고래   · vacation 방학   · sour (맛이) 신   · next 다음 ~

Grammar Fly! ·

A 다음 대화의 밑줄 친 부분을 바르게 고쳐 빈칸에 쓰세요.

1   A: <u>When</u> are my socks? B: On the bed. ➡ _____Where_____

2   A: <u>How</u> does the concert begin? B: It begins at nine. ➡ _____

3   A: Where <u>are</u> Johnny? B: On the playground. ➡ _____

4   A: <u>Why</u> do they go to Japan? B: By ship. ➡ _____

5   A: <u>Where</u> do you like apples? B: Because they're sweet. ➡ _____

6   A: When <u>do</u> Tom take a shower? B: In the morning. ➡ _____

7   A: <u>Where</u> are you staying in bed? B: Because I'm sick. ➡ _____

8   A: <u>Why</u> do you watch TV? B: After dinner. ➡ _____

9   A: Where <u>is</u> my sneakers? B: Next to the box. ➡ _____

10 A: When <u>do</u> she bake cookies? B: On Sundays. ➡ _____

11 A: When <u>be</u> Hangeul Day? B: It's October the 9th. ➡ _____

12 A: <u>Why</u> do you go swimming? B: Every morning. ➡ _____

13 A: How <u>does</u> you spell his name? B: P-A-T-R-I-C-K. ➡ _____

14 A: Where <u>he is</u> now? B: In the garage. ➡ _____

15 A: How <u>the weather is</u> now? B: It's raining. ➡ _____

B 대답을 보고 다음 의문문을 완성하세요.

1 A: _____When_____ _____do_____ you have lunch?

   B: We have lunch at noon.

2 A: _____ _____ you today?

   B: I'm fine.

3 A: _____ _____ she live?

   B: She lives in Seoul.

4 A: _____ _____ you at home today?

   B: Because I have no school today.

5 A: _____ _____ the bakery open?

   B: It opens at seven in the morning.

6 A: _____ _____ he go to the museum?

   B: He goes by bus.

7 A: _____ _____ Paul often go to the zoo?

   B: Because he likes animals.

8 A: _____ _____ Sue's birthday?

   B: It's this Thursday.

9 A: _____ _____ this picture?

   B: It's beautiful.

10 A: _____ _____ they play soccer?

    B: They play soccer on Saturday.

11 A: _____ _____ Peter read books?

    B: He reads books in the evening.

12 A: _____ _____ the bank?

    B: It's next to the supermarket.

WORDS ·have no school 학교가 쉬다 ·bakery 빵집, 제과점 ·museum 박물관 ·animal 동물 ·evening 저녁

02 how+형용사/부사

1 how many와 how much

❶ **How many pens** do you have?
너는 펜을 몇 자루 가지고 있니?

I have **two pens**.
나는 펜을 두 자루 가지고 있다.

How many birds are there on the roof?
지붕에 새가 몇 마리 있니?

There are **twelve**.
열두 마리 있다.

❷ **How much** milk do you drink a day?
너는 하루에 우유를 얼마나 많이 마시니?

I drink **two glasses** of milk.
나는 하루에 우유를 두 잔 마신다.

❶ **how many + 복수명사** : '얼마나 많은 ~'이라는 뜻으로, 명사의 '수'를 묻는 표현입니다. 그 명사가 몇 개인지 구체적인 개수로 대답합니다.

How many students are there in your class? 너희 반에는 학생들이 몇 명 있니?

There are **thirty students**. 서른 명이 있다.

❷ **how much + 셀 수 없는 명사** : '얼마나 많은 ~'이라는 뜻으로, 명사의 '양'을 묻는 표현입니다. 명사의 양으로 대답합니다.

How much salt does she need?
그녀는 얼마나 많은 소금이 필요하니?

She needs **three spoonfuls** of salt.
그녀는 소금 세 숟가락이 필요하다.

How much time does it take?
그것은 시간이 얼마나 걸리니?

It takes **one hour**.
한 시간 걸린다.

💡 「**How much+is/are+명사 ~?**」는 '~(가) 얼마니?'라는 뜻으로, '가격'을 묻는 표현입니다.

How much is this pen?
이 펜은 얼마니?

It's **five hundred won**.
오백 원이다.

Grammar Walk!

정답 및 해설 25~26쪽

A 다음 대화에서 **how many** 또는 **how much**를 찾아 동그라미 하고 그 뒤의 명사에 밑줄을 치세요.

1 **A:** (How many) <u>cats</u> are there in the room?
　B: There are three cats.

2 **A:** How much honey do you put in the tea?
　B: I put two spoonfuls of honey.

3 **A:** How many bananas do you eat a day?
　B: I eat two bananas a day.

4 **A:** How much milk do you want?
　B: I want a glass of milk.

5 **A:** How many umbrellas do you have?
　B: I have two.

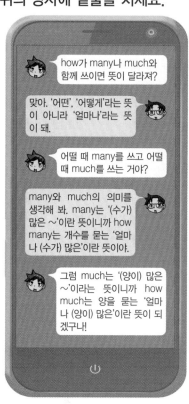

B 다음 문장의 빈칸에 알맞은 말을 찾아 선으로 연결하세요.

1 ＿＿＿＿ ＿＿＿＿ milk is in the bottle?

2 ＿＿＿＿ ＿＿＿＿ boys are there in the room?　　　　**a.** How many

3 ＿＿＿＿ ＿＿＿＿ books do you read a month?

4 ＿＿＿＿ ＿＿＿＿ butter do they eat?　　　　**b.** How much

5 ＿＿＿＿ ＿＿＿＿ caps do you have?

WORDS ・honey 꿀　　・put 넣다, 놓다　　・spoonful 한 숟가락(가득한 양)　　・bottle 병　　・month 달, 월

02 how + 형용사/부사

2 how + 형용사/부사

How old are you?
너는 몇 살이니?

I'm **eleven years old**.
나는 열한 살이다.

How tall is your brother?
네 오빠는 키가 얼마나 크니?

He is **160 centimeters tall**.
그는 160센티미터이다.

How often do you play soccer?
너는 얼마나 자주 축구를 하니?

I play soccer **once a week**.
나는 일주일에 한 번 축구를 한다.

How long do you sleep a day?
너는 하루에 얼마나 오래 자니?

I sleep **for seven hours a day**.
나는 하루에 일곱 시간 잔다.

- **how + 형용사[부사]** : '얼마나 ~한[하게]'라는 뜻으로, 나이, 키, 거리, 길이, 횟수, 기간 등이 얼마인지 궁금할 때 사용합니다. 대답할 때는 보통 질문에 쓰인 old나 tall, long, far 등의 형용사를 문장 끝에 씁니다.

의미	how + 형용사[부사]		의미	how + 형용사[부사]	
나이	**how old**	몇 살	키	**how tall**	얼마나 키가 큰
거리	**how far**	얼마나 먼	길이	**how long**	얼마나 길이가 긴
횟수	**how often**	얼마나 자주	기간	**how long**	얼마나 오래

How far is your house from here?
여기에서 너희 집은 얼마나 머니?

It's **two kilometers** to my house.
우리 집까지 2킬로미터이다.

How long is the snake?
그 뱀은 길이가 얼마나 기니?

It's **two meters long**.
그것은 2미터이다.

Grammar Walk!

정답 및 해설 26쪽

A 다음 대화에서 「how + 형용사/부사」를 찾아 동그라미 하세요.

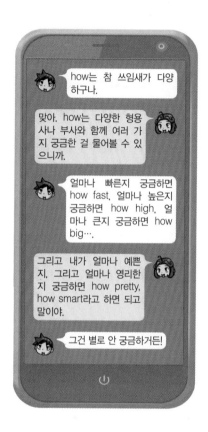

1 **A:** How old is your father?
   B: He is forty-five.

2 **A:** How often do you visit your aunt?
   B: Once a month.

3 **A:** How far is the gym?
   B: It's 100 meters from here.

4 **A:** How tall is Tom?
   B: He is 165 centimeters tall.

5 **A:** How long do you watch TV?
   B: For one hour.

B 다음 문장에서 밑줄 친 부분의 우리말 뜻을 찾아 선으로 연결하세요.

1 <u>How tall</u> is Minho?   **a.** 몇 살

2 <u>How often</u> does she go to the market?   **b.** 얼마나 키가 큰

3 <u>How old</u> is the scientist?   **c.** 얼마나 자주

4 <u>How long</u> is your hair?   **d.** 얼마나 먼

5 <u>How far</u> is your school from here?   **e.** 얼마나 길이가 긴

WORDS ·meter 미터   ·from ~에서[부터]   ·centimeter 센티미터   ·for ~ 동안   ·scientist 과학자

Grammar Run! ....

A 다음 대화의 괄호 안에서 알맞은 말을 골라 동그라미 하세요.

1   A: How (many / much) tables are there in the restaurant?
    B: There are ten tables.

2   A: How (many / much) water do you drink a day?
    B: One liter a day.

3   A: How (old / tall) is Emily?
    B: She is eleven years old.

4   A: How (long / often) do you play badminton?
    B: I play badminton for one hour.

5   A: How (often / far) is Busan from here?
    B: It's 100 kilometers to Busan.

6   A: How (much / many) meals do you have a day?
    B: I have three meals a day.

how many와 how much
뒤에 셀 수 있는 명사가
오는지 셀 수 없는
명사가 오는 지
잘 생각해 봐.

7   A: How (many / often) do you wash your hair?
    B: I wash my hair every day.

8   A: How many (pens / money) do you have?
    B: I have five.

9   A: How (old / tall) is the tower?
    B: It's 30 meters tall.

10 A: How (tall / far) is your brother?
    B: He is 120 centimeters tall.

「how+형용사/부사」는
'얼마나 ~한'이라는 뜻이야.
예를 들면 how far는
'얼마나 먼'이 되는 거지.
대답을 잘 보고 정답을 찾자!

11 A: How (old / long) is the ruler?
    B: It's 30 centimeters long.

12 A: How much (clocks / time) do they need?
    B: They need two hours.

| WORDS | ·restaurant 식당, 음식점 | ·liter 리터(부피의 단위) | ·far 먼 | ·meal 식사 | ·tower 탑 |

B 다음 의문문에 대한 대답으로 알맞은 말을 골라 동그라미 하세요.

1 How many cows are there on the farm?
① There are twelve cows.   ② We have many cows.

2 How much is the shirt?
① I have two shirts.   ② It is twenty dollars.

3 How old is your dog?
① He's one meter long.   ② He's eight years old.

4 How often does he wash his car?
① He washes his car once a month.   ② There are two cars.

5 How much butter do you need?
① I like butter.   ② I need fifty grams.

6 How tall is your sister?
① She's eighty centimeters tall.   ② She's one year old.

7 How many bags do you have?
① It's thirty dollars.   ② I have three.

8 How far is the police station from here?
① It's five hundred meters from here.   ② They have two.

9 How long is the bridge?
① It's in Seoul.   ② It's two hundred meters long.

10 How often do they practice taekwondo?
① They practice it twice a week.   ② They practice it very hard.

11 How long do you study math a day?
① I study math in the evening.   ② I study math for two hours a day.

12 How far is the park from here?
① It's four kilometers from here.   ② It is next to the school.

WORDS   ·gram 그램(질량의 단위)   ·police station 경찰서   ·hundred 100, 백   ·twice 두 번

Grammar Jump!

A 다음 대화가 무엇에 관한 것인지 찾아 빈칸에 쓰세요.

| 개수 | 양 | 길이 | 키 | 나이 | 거리 | 기간 | 횟수 | 가격 |

1 _____가격_____ **A:** How much is this notebook? **B:** It's one thousand won.

2 _____ **A:** How many sisters do you have? **B:** I have two.

3 _____ **A:** How old is your mom? **B:** She's forty years old.

4 _____ **A:** How tall is the soccer player?
   B: He's 180 centimeters tall.

5 _____ **A:** How often do you go hiking?
   B: We go hiking twice a month.

6 _____ **A:** How long do you exercise a day?
   B: I exercise for one hour a day.

7 _____ **A:** How far is the train station?
   B: It's four hundred meters from here.

8 _____ **A:** How long do you take a shower?
   B: I take a shower for thirty minutes.

9 _____ **A:** How long is the river?
   B: It's one hundred kilometers long.

10 _____ **A:** How much coffee does he sell?
   B: He sells two hundred cups of coffee a day.

11 _____ **A:** How often do they go on a picnic?
   B: They go on a picnic once a month.

12 _____ **A:** How many carrots are there on the table?
   B: There are five carrots.

13 _____ **A:** How old is her cat? **B:** It's two years old.

WORDS ·exercise 운동하다   ·station 역, 정거장   ·minute (시간 단위의) 분   ·river 강   ·sell 팔다

B 다음 대화의 빈칸에 알맞은 말을 쓰세요.

1   **A:** How ____many____ books are there on the desk?
    B: There are three.

2   **A:** How _____ is this hot dog?   **B:** It's two dollars.

3   **A:** How _____ is that pianist?   **B:** She's thirty years old.

4   **A:** How _____ is James?   **B:** He's 150 centimeters tall.

5   **A:** How _____ do they brush their teeth?
    B: Three times a day.

6   **A:** How _____ coffee does she drink?
    B: She drinks two cups of coffee a day.

7   **A:** How _____ is the bus stop from here?
    B: It's one hundred meters from here.

8   **A:** How _____ is the belt?   **B:** It's one meter long.

9   **A:** How _____ bread do you have?   **B:** I have six loaves of bread.

10   **A:** How _____ dolls does she have?   **B:** She has five dolls.

11   **A:** How _____ do you play computer games?
    B: For one hour a day.

12   **A:** How _____ does Ann go to the library?
    B: She goes there three times a week.

13   **A:** How _____ are these shoes?   **B:** They are twenty dollars.

14   **A:** How _____ is Yuna?   **B:** She is twenty years old.

15   **A:** How _____ is the tree?   **B:** It's four meters tall.

WORDS   ·hot dog 핫도그   ·pianist 피아니스트   ·bread 빵   ·loaf 한 덩이

의문사 (2) **131**

Grammar Fly! . . . .

A 다음 대화의 밑줄 친 부분을 바르게 고쳐 빈칸에 쓰세요.

1   A: <u>How many</u> is that red hat?
    B: It's ten thousand won.
    ➡ __How__   __much__

2   A: <u>How much</u> giraffes are there in the zoo? ➡ _____ _____
    B: There are two.

3   A: <u>How old</u> is the building?   ➡ _____ _____
    B: It's 20 meters tall.

4   A: <u>How long</u> do you go to the pool?   ➡ _____ _____
    B: I go to the pool once a week.

5   A: <u>How old</u> are you?   ➡ _____ _____
    B: I'm one hundred sixty centimeters tall.

6   A: <u>How far</u> is the baby?   ➡ _____ _____
    B: She's six months old.

7   A: <u>How long</u> is the park from here?   ➡ _____ _____
    B: It's 400 meters to the park.

8   A: <u>How much</u> brothers do you have?   ➡ _____ _____
    B: I have one.

9   A: <u>How many</u> flour do you need?   ➡ _____ _____
    B: I need a kilo of flour.

10 A: <u>How often</u> do they take a walk?   ➡ _____ _____
    B: They take a walk for one hour.

11 A: <u>How long</u> is City Hall?   ➡ _____ _____
    B: It's two kilometers from here.

12 A: <u>How many</u> tea do you drink?   ➡ _____ _____
    B: I drink three cups of tea a day.

WORDS   · giraffe 기린   · pool 수영장   · flour 밀가루   · take a walk 산책하다   · City Hall 시청

B 다음 대화의 빈칸에 알맞은 말을 쓰세요.

1   A: _____How_____ _____old_____ is the singer?
    B: He's thirty-two years old.

2   A: _____ _____ is the ribbon?
    B: It's one meter long.

3   A: _____ _____ is N Seoul Tower?
    B: It's 360 meters tall.

4   A: _____ _____ do you ride a bicycle?
    B: I ride it every day.

5   A: _____ _____ cheese do you buy?
    B: I buy two loaves every day.

6   A: _____ _____ does Tom feed his cat?
    B: He feeds her twice a day.

7   A: _____ _____ is your English teacher?
    B: She's forty years old.

8   A: _____ _____ sugar do you put in the tea?
    B: I put a spoonful of sugar.

9   A: _____ _____ does Amy play soccer?
    B: For two hours.

10 A: _____ _____ sandwiches do you make?
    B: I make one hundred a day.

11 A: _____ _____ is the store from here?
    B: It's a kilometer from here.

12 A: _____ _____ ducks are there in the pond?
    B: There are eleven.

WORDS   · ribbon 리본   · feed 먹이를 주다   · store 가게, 상점   · duck 오리   · pond 연못

REVIEW ⁓ 05

[1-2] 다음 중 빈칸에 알맞은 말을 고르세요.

1

A: _____ does Paul get up?
B: He gets up at seven o'clock.

❶ How
❷ When
❸ Why
❹ Where

2

A: _____ is she late?
B: Because she gets up late.

❶ What
❷ How
❸ When
❹ Why

3 다음 중 빈칸에 공통으로 알맞은 말을 고르세요.

• _____ far is the library from here?
• _____ old is Paula?

❶ What
❷ When
❸ How
❹ Why

[4-5] 다음 중 잘못된 문장을 고르세요.

4

❶ Where is your bag?
❷ How is this book?
❸ When is your birthday?
❹ Why Tom is at home?

5

❶ How often do you play soccer?
❷ How long do Emily read a book a day?
❸ How many dogs do they have?
❹ How much time do you need?

6 다음 대화의 빈칸에 알맞은 말이 순서대로 바르게 짝지어진 것을 고르세요.

• A: How many _____ do you have?
  B: I have one.
• A: How much _____ does she drink?
  B: She drinks a bottle of milk.

❶ sister – milk
❷ milk – sister
❸ sisters – milk
❹ milk – sisters

7 다음 밑줄 친 부분 중 잘못된 것을 고르세요.

> A: When does Sue has dinner?
> ❶   ❷   ❸
> B: She has dinner at six p.m.
> ❹

8 다음 중 짝지어진 대화가 어색한 것을 고르세요.

❶ A: How long is the bridge?
B: It's 50 meters long.

❷ A: How tall is Roy?
B: He's twenty years old.

❸ A: How old are you?
B: I'm ten years old.

❹ A: How far is the station?
B: It's 500 meters from here.

[9-10] 다음 대답에 알맞은 의문문을 고르세요.

9 Because it snows in winter.

❶ What do you like?

❷ How do you play in winter?

❸ When does it snow?

❹ Why do you like winter?

10 It's 100 meters tall.

❶ How old is the building?

❷ How far is the building?

❸ How tall is the building?

❹ How much is the building?

[11-12] 다음 우리말 뜻과 같도록 괄호 안에서 알맞은 말을 고르세요.

11 그들은 얼마나 오래 TV를 보니?

➡ How (often / long) do they watch TV?

12 너는 하루에 물을 얼마나 많이 마시니?

➡ How (much / many) water do you drink a day?

[13-14] 다음 대화의 빈칸에 알맞은 말을 쓰세요.

13 A: _____ do you go hiking?
B: I go hiking on Saturday.

정답 및 해설 28~29쪽

14
A: _____ is the weather in Seoul?
B: It's cloudy.

18 How many pen does David have?

➡ _____

[15-16] 다음 우리말 뜻과 같도록 빈칸에 알맞은 말을 쓰세요.

15 민호는 얼마나 자주 수영을 하러 가니?

➡ _____ _____
does Minho go swimming?

[19-20] 주어진 말을 바르게 배열하여 문장을 쓰세요.

19 is / where / computer / your / ?

➡ _____

16 그 농구 선수는 키가 얼마나 크니?

➡ _____ _____ is
the basketball player?

20 sister / is / how old / your / ?

➡ _____

[17-18] 다음 밑줄 친 부분을 바르게 고쳐 문장을 다시 쓰세요.

17 How long <u>do</u> David play baseball?

➡ _____

Check! Check!. ●●

맞은 개수	평가
18~20개	😄 참 잘했어요.
15~17개	🙂 잘했어요.
9~14개	😐 노력해 봐요.
0~8개	😟 다음에 잘할 거예요.

● 다음 만화를 보면서 Unit 05의 내용을 정리해 봐요.

의문사	의미	예문
when	언제 (때)	A: **When** is her birthday? 그녀의 생일은 언제니? B: It is February 6th. 2월 6일이다.
where	어디에(서) (장소/위치)	A: **Where** does she live? 그녀는 어디에 사니? B: She lives in Gwangju. 그녀는 광주에 산다.
why	왜 (이유)	A: **Why** are you so happy? 너 왜 그렇게 기분이 좋니? B: Because today is my birthday. 오늘이 내 생일이거든.
how	어떤 (상태)	A: **How** is the weather today? 오늘 날씨가 어떠니? B: It's sunny. 화창하다.
	어떻게 (방법)	A: **How** do you go to school? 　너는 학교에 어떻게 가니? B: I go to school by bus. 나는 버스로 학교에 간다.
how many + 복수명사	얼마나 많은 ~ (개수)	A: **How many brothers** do you have? 　너는 남자 형제가 몇 명이니? B: I have two brothers. 나는 남자 형제가 두 명 있다.
how much + 셀 수 없는 명사	얼마나 많은 ~ (양)	A: **How much milk** do you drink? 　너는 우유를 얼마나 많이 마시니? B: I drink two glasses a day. 하루에 두 잔 마신다.
how +형용사[부사]	얼마나 ~한[하게]	A : **How tall** is your brother? 　네 오빠는 키가 얼마나 크니? B : He is 160 centimeters tall. 그는 160센티미터이다. A: **How often** do you play soccer? 　너는 얼마나 자주 축구를 하니? B: I play soccer once a week. 　나는 일주일에 한 번 축구를 한다.

과거 시제 – be동사

- be동사 과거형의 쓰임과 의미를 이해할 수 있어요.
- be동사 과거형의 긍정문, 부정문, 의문문을 활용할 수 있어요.

맞아. 그 중 be동사 현재 시제에는 세 가지 형태가 있잖아.

응. am, are, is!

I am ~ .

You are ~ .

He She is ~ .

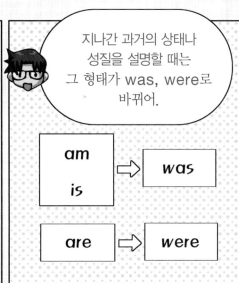

지나간 과거의 상태나 성질을 설명할 때는 그 형태가 was, were로 바뀌어.

| am is | ⇨ | was |
| are | ⇨ | were |

현재? 과거? am? was?

그게 다가 아니야.

지난 일의 상태에 대해 부정하거나 물어볼 때도 be동사 과거형을 사용하지.

혁, 공룡이다.

크앙.

꺄아아아악!

으앙. 엉엉.

미… 미안, 놀라게 하려던 건 아닌데.

쩔 쩔

옛날이나 지금이나 겁 많은 건 똑같네.

퍽

퍽

과거에 있었던 일을 이야기할 때는 과거 시제를 쓰는데, be동사로 '～이었다', '～했다'라고 말할 땐 be동사 현재형인 am, is, are 대신 was와 were를 써. 그럼 지금부터 was와 were로 긍정문뿐 아니라 '～가 아니었다', '～하지 않았다'라고 말하는 부정문과 '～이었니?', '～했니?' 하고 묻는 의문문을 만드는 방법도 함께 공부해 보자.

Lesson 01 be동사 과거형의 긍정문과 부정문

1 be동사 과거형의 긍정문 – was와 were

❶ I **was** a shy boy.   나는 수줍음이 많은 남자아이였다.

She **was** very kind.   그녀는 무척 친절했다.

It **was** on the desk.   그것은 책상 위에 있었다.

❷ You **were** my friend.   너는 내 친구였다.

They **were** good.   그들은 착했다.

A few dogs **were** in the yard.   개 몇 마리가 마당에 있었다.

> 과거 특정한 어느 때 일어난 일을 말할 때는 '과거 시제'를 써.

'~이었다', '~했다', '~에 있었다'라는 의미로 과거 어떤 때의 상태를 나타낼 때는 be동사의 과거형을 씁니다.

❶ **be동사의 과거형 was** : 주어가 I 또는 3인칭 단수일 때 씁니다.

Mina **was** a student.   미나는 학생이었다.

The book **was** interesting.   그 책은 재미있었다.

A shoe **was** in the doghouse.   신발 한 짝이 개집에 있었다.

❷ **be동사의 과거형 were** : 주어가 you 또는 둘 이상을 나타내는 복수일 때 씁니다.

The girls **were** my classmates.   그 여자아이들은 우리 반 친구들이었다.

His rabbits **were** cute.   그의 토끼들은 귀여웠다.

Mom and Dad **were** in the kitchen.   엄마와 아빠는 부엌에 계셨다.

⚙ 과거 시제는 주로 **yesterday**(어제), **then**(그때), **last** ~(지난 ~), ~ **ago**(~ 전에)처럼 과거를 나타내는 말과 함께 씁니다.

Grammar Walk!

정답 및 해설 29~30쪽

A 다음 문장에서 주어를 찾아 밑줄을 치고, be동사 과거형을 찾아 동그라미 하세요.

1 <u>Tommy</u> (was) eleven years old last year.

2 You were very cute.

3 I was at home yesterday.

4 The peaches were sweet.

5 They were in the kitchen.

B 다음 문장이 현재 시제면 '현재'를, 과거 시제면 '과거'를 빈칸에 쓰세요.

1 <u>현재</u> My sister is a student.

2 _____ My sister was a student.

3 _____ I am tall.

4 _____ I was short last year.

5 _____ You are in the classroom.

6 _____ You were in the classroom.

7 _____ My uncles are fast.

8 _____ My uncles were fast.

WORDS · last 지난 · year 해, 년 · yesterday 어제 · peach 복숭아 · kitchen 부엌

be동사 과거형의 긍정문과 부정문

2 be동사 과거형의 부정문 – wasn't와 weren't

❶ I **was not** a student. = I **wasn't** a student. 나는 학생이 아니었다.

He **was not** kind. = He **wasn't** kind. 그는 친절하지 않았다.

It **was not** in the room. = It **wasn't** in the room. 그것은 방에 있지 않았다.

❷ You **were not** my friend. = You **weren't** my friend. 너는 내 친구가 아니었다.

We **were not** busy. = We **weren't** busy. 우리는 바쁘지 않았다.

They **were not** in the room. = They **weren't** in the room. 그들은 방에 있지 않았다.

현재형과 마찬가지로 be동사의 과거형 뒤에 not을 붙여서 '~가 아니었다', '~하지 않았다', '~에 있지 않았다'라고 과거의 상태를 부정할 수 있습니다.

❶ **was not** : was 뒤에 not을 붙입니다. wasn't로 줄여 쓸 수 있습니다.

Jennifer **was not(=wasn't)** a swimmer. 제니퍼는 수영 선수가 아니었다.

The cake **was not(=wasn't)** so sweet. 그 케이크는 그렇게 달지 않았다.

The boy **was not(=wasn't)** in the library. 그 남자아이는 도서관에 있지 않았다.

❷ **were not** : were 뒤에 not을 붙입니다. weren't로 줄여 쓸 수 있습니다.

The children **were not(=weren't)** my classmates. 그 아이들은 우리 반 친구들이 아니었다.

The trees **were not(=weren't)** green. 그 나무들은 푸르지 않았다.

Penguins **were not(=weren't)** in the zoo. 펭귄은 그 동물원에 있지 않았다.

Grammar Walk!

정답 및 해설 30쪽

A 다음 문장에서 주어를 찾아 밑줄을 치고, **wasn't** 또는 **weren't**를 찾아 동그라미 하세요.

1 I wasn't angry then.

2 He wasn't a firefighter last year.

3 We weren't in the gym yesterday.

4 The bicycle wasn't fast.

5 Her hamburgers weren't so delicious.

영어는 참 재미있는 것 같아.

어머, 별일이네. 네가 그런 생각을 다 하고?

last 말이야.

'지난'이란 뜻의 last?

시간을 나타내는 말 앞에 쓰면 과거를 나타내. last night은 '지난밤', last week는 '지난주', last year는 '지난해, 작년'!

제법이네. 「last+시간」이 나오면 과거 시제를 써야 한다는 것을 놓치지 마.

B 다음 문장을 부정문으로 바꿀 때 **not**이 들어갈 알맞은 위치를 찾아 동그라미 하세요.

1 I ❶ was ❷ sick ❸ yesterday ❹.

2 The baby ❶ was ❷ so ❸ small ❹.

3 They ❶ were ❷ in ❸ the museum ❹.

4 The ❶ girls ❷ were ❸ in ❹ the garden.

5 My mother ❶ was ❷ a ❸ famous ❹ cook.

WORDS ·then 그때(과거·미래의 특정한 때) ·firefighter 소방관 ·gym 체육관 ·yesterday 어제 ·famous 유명한

Grammar Run! ....

A 다음 문장의 괄호 안에서 알맞은 말을 골라 동그라미 하세요.

1 I (**was** / were) a lazy child last year.

2 You (was / were) hungry then.

3 She (was / were) in her room.

4 (Tommy / They) was my classmate last year.

5 (I / We) were happy yesterday.

6 (They / A boy) was in front of the bakery.

7 The babies (was / were) very cute.

8 (The box / They) was heavy.

9 My mom and dad (was / were) good singers.

10 I (not was / was not) pretty.

11 You and David (wasn't / weren't) fast.

12 He (wasn't / weren't) a scientist.

13 The airplane (wasn't / weren't) so big.

14 They (were not / not were) tall.

15 The bicycles (wasn't / weren't) new.

현재형과 마찬가지로 be동사의 과거형도 주어에 따라 달라져. 주어가 I나 3인칭 단수일 때는 was, you 또는 복수일 때는 were!

be동사가 있는 문장을 부정할 땐 be동사 뒤에 not! 그러니까 과거형 역시 was not, were not이 겠지?

WORDS · lazy 게으른   · hungry 배고픈   · classmate 반 친구   · bakery 빵집, 제과점   · heavy 무거운

B 다음 문장의 빈칸에 알맞은 말을 골라 동그라미 하세요.

1 _____ was late yesterday. ❶ You ❷ I

2 _____ were a pilot. ❶ You ❷ He

3 She _____ Ann's friend. ❶ was ❷ were

4 _____ was a map. ❶ It ❷ They

5 The songs _____ beautiful. ❶ was ❷ were

6 _____ was on the sofa. ❶ The cat ❷ The cats

7 My brothers _____ in the garden. ❶ was ❷ were

8 I _____ good at math. ❶ was ❷ were

9 _____ were difficult. ❶ The book ❷ The books

10 You _____ diligent. ❶ not were ❷ were not

11 Emily _____ a good student. ❶ wasn't ❷ weren't

12 We _____ tired. ❶ wasn't ❷ weren't

13 It _____ cold yesterday. ❶ was not ❷ not was

14 He _____ kind then. ❶ wasn't ❷ weren't

15 You and Jessi _____ in the classroom. ❶ wasn't ❷ weren't

WORDS ·map 지도 ·be good at ~을 잘하다 ·difficult 어려운 ·diligent 부지런한 ·tired 지친, 피곤한

Grammar Jump!

A 다음 문장의 빈칸에 알맞은 말을 쓰세요.

1 Mr. Taylor ___was___ a singer last year. He is a teacher now.

2 It _____ Friday yesterday. It is Saturday today.

3 Yujin _____ eleven years old last year. She is twelve years old now.

4 You _____ sick in the morning. Are you OK now?

5 It _____ rainy yesterday. It is sunny today.

6 He and Sandy _____ in the United States last week. They are in
   Korea now.

7 Dave and I _____ weak then. We are strong now.

8 This tree _____ _____ tall last month. It is tall now.

9 They _____ on the playground. They weren't in the classroom then.

10 I _____ _____ busy in the morning. I'm busy now.

11 My dog _____ _____ heavy last year. He is heavy now.

12 This room _____ _____ clean this morning. It is clean now.

13 Sue and I _____ _____ classmates last year. We are classmates
   this year.

14 It _____ _____ cold last night. It is cold today.

15 They _____ _____ in the library yesterday. They were in the park.

WORDS   ·sick 아픈, 병든   ·the United States 미국   ·weak 약한, 힘이 없는   ·busy 바쁜   ·this year 올해

B 다음 문장을 긍정문은 부정문으로, 부정문은 긍정문으로 바꿔 쓰세요.

1 Annie was my friend. ➡ <u>Annie was not[wasn't] my friend.</u>

2 You were not diligent. ➡ _____

3 I was a third grader last year. ➡ _____

4 Her hairpin was not pink. ➡ _____

5 We were in the park. ➡ _____

6 They were not kind. ➡ _____

7 The stadium was near the park. ➡ _____

8 The children were not sleepy. ➡ _____

9 Peter was a good swimmer. ➡ _____

10 I was not happy then. ➡ _____

11 She was lovely. ➡ _____

12 We were not hungry. ➡ _____

13 The computer was old. ➡ _____

14 The comic books were not funny. ➡ _____

15 Paul and Judy were in the park. ➡ _____

WORDS ·grader ~학년생 ·stadium 경기장 ·sleepy 졸리운 ·swimmer 수영을 할 줄 아는 사람

Grammar Fly! · · · · · · · · · · · · · · · · · · ·

A 다음 문장의 밑줄 친 부분을 바르게 고쳐 빈칸에 쓰세요.

1 You <u>was</u> at the bus stop. ➡   were
    너는 버스 정류장에 있었다.

2 I <u>were</u> a young boy then. ➡ _____
    나는 그때 어린 남자아이였다.

3 The man <u>were</u> a famous singer. ➡ _____
    그 남자는 유명한 가수였다.

4 Tom and Jerry <u>was</u> friends. ➡ _____
    톰과 제리는 친구였다.

5 The dog <u>were</u> very big. ➡ _____
    그 개는 무척 컸다.

6 They <u>was</u> in the pool. ➡ _____
    그들은 수영장에 있었다.

7 We <u>are</u> at home yesterday. ➡ _____
    우리는 어제 집에 있었다.

8 Kelly <u>were</u> not an elementary school student. ➡ _____
    켈리는 초등학생이 아니었다.

9 It <u>were</u> not so cold last winter. ➡ _____
    지난 겨울은 그렇게 춥지 않았다.

10 I <u>not was</u> in Seoul last month. ➡ _____ _____
     나는 지난달에 서울에 있지 않았다.

11 Her gimbap <u>were</u> not delicious. ➡ _____
     그녀의 김밥은 맛있지 않았다.

12 The women <u>not were</u> teachers. ➡ _____ _____
     그 여자들은 선생님이 아니었다.

13 Andrew <u>is</u> not a good cook last year. ➡ _____
     앤드류는 지난해에 훌륭한 요리사가 아니었다.

14 His fingers <u>was</u> very long. ➡ _____
     그의 손가락들은 무척 길었다.

15 The movie <u>not was</u> sad. ➡ _____ _____
     그 영화는 슬프지 않았다.

B 주어진 말을 사용하여 과거 시제 문장으로 바꿔 쓰세요.

1 I am in my room. (then) ➡ ___I was in my room then.___

2 You are sleepy. (last night) ➡ _____

3 The book is on the desk. (yesterday) ➡ _____

4 Molly is thirteen years old. (last year) ➡ _____

5 The blouse is new. (last year) ➡ _____

6 We are in Busan. (last weekend) ➡ _____

7 His socks are under the sofa. (then) ➡ _____

8 They are my neighbors. (last spring) ➡ _____

9 I am not late for school. (yesterday) ➡ _____

10 She is not at the airport. (last Friday) ➡ _____

11 You are not a student. (last year) ➡ _____

12 It is not so hot. (last summer) ➡ _____

13 This river is not wide. (then) ➡ _____

14 We are not at the zoo. (last Saturday) ➡ _____

15 The boys are not tired. (last night) ➡ _____

WORDS ·sleepy 졸리운, 졸음이 오는   ·blouse 블라우스   ·neighbor 이웃 (사람)   ·airport 공항   ·wide 넓은

02 be동사 과거형의 의문문

1 be동사 과거형의 의문사 없는 의문문

❶ **She was** kind. ➡ **Was** she kind?

그녀는 친절했다.   그녀는 친절했니?

They were teachers. ➡ **Were they** teachers?

그들은 선생님이었다.   그들은 선생님이었니?

❷ **Were** they in the living room?   **Yes**, they **were**. / **No**, they **weren't**.

그들은 거실에 있었니?   응, 그랬어.   아니, 없었어.

현재 시제에서와 마찬가지로, be동사 **was**나 **were**를 문장 맨 앞에 쓰고 그 뒤에 주어를 쓰면 '~이었니?', '~했니?', '~에 있었니?' 하고 과거의 상태를 묻는 의문문이 됩니다.

❶ Was[Were]+주어 ~? : 주어가 I이거나 3인칭 단수일 때는 **was**를, 주어가 **you** 또는 복수일 때는 **were**를 문장 맨 앞에 씁니다.

The movie was interesting. ➡ **Was** <u>the movie</u> interesting?

그 영화는 재미있었다.   그 영화는 재미있었니?

❷ 대답 : 대답이 긍정일 때는 「Yes, 주어(대명사)+was[were].」, 부정일 때는 「No, 주어(대명사)+ wasn't[weren't].」로 합니다.

Was he a doctor? 그는 의사였니?   **Yes**, he **was**. / **No**, he **wasn't**. 응, 그랬어. / 아니, 아니었어.

💡 의문문의 주어가 I 또는 you일 때는 대답할 때 주어와 be동사에 주의해야 합니다.

Was I late? 내가 늦었니?   Yes, **you were**. / No, **you weren't**. 응, 그랬어. / 아니, 그러지 않았어.

Were you busy? 너는 바빴니?   Yes, **I was**. / No, **I wasn't**. 응, 그랬어. / 아니, 그러지 않았어.

Grammar Walk!

정답 및 해설 32쪽

A 다음 문장에서 be동사의 과거형을 찾아 동그라미 하고 주어를 찾아 밑줄을 치세요.

1 (Was) she your English teacher last year?

2 Were you at home this morning?

3 Was the cat on the roof?

4 Were they your classmates?

5 Were the snakes long?

B 다음 의문문에 알맞은 대답을 찾아 선으로 연결하세요.

1 Were you a firefighter?	a. No, it wasn't.
2 Was Nick kind to you?	b. Yes, she was.
3 Were they in the gym?	c. No, I wasn't.
4 Was the train slow?	d. No, they weren't.
5 Was the girl at the bus stop?	e. Yes, he was.

WORDS · roof 지붕 · gym 체육관 · train 기차 · slow 느린 · bus stop 버스 정류장

02 be동사 과거형의 의문문

2 be동사 과거형의 의문사 있는 의문문

❶ **Who was** your math teacher?
너희 수학 선생님은 누구였니?

My math teacher **was Mr. Parker.**
우리 수학 선생님은 파커 씨였다.

When was the picnic?
소풍이 언제였니?

It **was last Friday.**
지난 금요일이었다.

❷ **Where were** they?
그들은 어디 있었니?

They **were in the park.**
그들은 공원에 있었다.

How were her cookies?
그녀의 쿠키는 어땠니?

They **were delicious.**
그것들은 맛있었다.

과거 어느 때의 상황에 대해 '누가, 무엇이, 언제, 어디서, 어떻게, 왜' 등의 구체적인 정보를 알고 싶을 때 의문사를 사용해서 의문문을 만들 수 있습니다.

❶ 의문사 + was + 주어 ~? : 주어가 I이거나 3인칭 단수일 때는 의문사를 맨 앞에 쓰고 그 뒤에 was와 주어를 씁니다.

Why was she late? 그녀는 왜 늦었니?   **Because** she **was** sick. 그녀가 아팠기 때문이다.

⊛ who나 what이 주어일 때는 「의문사 + was ~?」로 씁니다.
What was in the box?   **A doll was** in the box.
상자 안에 무엇이 있었니?   인형 하나가 상자 안에 있었다.

❷ 의문사 + were + 주어 ~? : 주어가 you이거나 복수일 때는 의문사를 맨 앞에 쓰고 그 뒤에 were와 주어를 씁니다.

Who were the boys?   They **were my classmates.**
그 남자아이들은 누구였니?   그들은 우리 반 친구들이었다.

Grammar Walk!

정답 및 해설 32~33쪽

A 다음 문장에서 의문사를 찾아 동그라미 하고 동사를 찾아 밑줄을 치세요.

1 (Who) <u>was</u> the lady?

2 What was in the basket?

3 Where were you last night?

4 How was the musical?

5 Why were you sad?

B 다음 의문문에 알맞은 대답을 찾아 선으로 연결하세요.

1 Who was in the kitchen? •   • a. It was scary.

2 What was it? •   • b. Because it was rainy.

3 Where were you yesterday? •   • c. My mother was there.

4 How was the movie? •   • d. I was in my room.

5 Why were they late? •   • e. It was a gift for my mom.

WORDS · basket 바구니   · musical 뮤지컬   · scary 무서운   · there 거기에, 그곳에   · gift 선물

Grammar Run! ....

A 다음 문장의 괄호 안에서 알맞은 말을 골라 동그라미 하세요.

1 (Was / (Were)) you in the library?

2 Was (Mary / Mary and Kate) a reporter?

3 (Are / Were) they on the playground then?

4 (Was / Is) Betty a fifth grader last year?

5 What (was / were) in the drawer?

6 Were (the book / the books) interesting?

7 How (is / was) the weather yesterday?

8 Were (the horse / the horses) fast?

9 Who (was / were) the boys?

10 Where (is / was) Tom last night?

11 What (was / were) the girl's name?

12 Why were (you / she) at the mall?

13 How old (were / are) you last year?

14 Where (was / were) the police officers then?

15 Who (was / were) your math teacher last year?

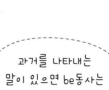

주어가 I나 3인칭 단수이면 was, 주어가 you나 복수이면 were. 이건 의문문에서도 마찬가지!

과거를 나타내는 말이 있으면 be동사는 과거형으로 써야 해.

WORDS · reporter 기자   · drawer 서랍   · weather 날씨   · mall 쇼핑몰   · police officer 경찰관

B 다음 의문문에 알맞은 대답을 골라 동그라미 하세요.

1 Was he your English teacher?
❶ Yes, he was.   ❷ No, he weren't.

2 Where were you yesterday?
❶ Yes, I was.   ❷ I was in the hospital.

3 Were you busy this morning?
❶ No, I was.   ❷ No, I wasn't.

4 How old was he last year?
❶ He was 11 years old.   ❷ He was not old.

5 Were they on the second floor?
❶ Yes, they weren't.   ❷ Yes, they were.

6 How was the game?
❶ It was a soccer game.   ❷ It was exciting.

7 Was it cloudy yesterday?
❶ No, it wasn't.   ❷ No, it was.

8 Why were you late?
❶ Yes, I was.   ❷ Because I was sick.

9 Were you a violinist?
❶ Yes, you were.   ❷ No, I wasn't.

10 Where were the lions?
❶ They were in the zoo.   ❷ No, they weren't.

11 Was she diligent?
❶ Yes, she was.   ❷ She was lazy.

12 When was her birthday?
❶ She was happy.   ❷ It was last Saturday.

WORDS   · hospital 병원   · floor 층, 바닥   · exciting 신 나는, 흥미진진한   · violinist 바이올리니스트

Grammar Jump!

A 다음 대화의 빈칸에 알맞은 단어를 쓰세요.

1 **A:** _____Were_____ you in the garage this morning?

   B: Yes, I was.

2 **A:** _____ Cathy ten years old then?

   B: No, she wasn't.

3 **A:** Was Tim a soccer player last year?

   B: Yes, he _____.

4 **A:** Who _____ in the art room yesterday?

   B: Eddy was there.

5 **A:** Were the clerks kind?

   B: Yes, they _____.

6 **A:** When _____ the baseball game?

   B: It was last Thursday.

7 **A:** _____ the girls your friends?

   B: No, they weren't.

8 **A:** Where _____ the boys after school?

   B: They were in the gym.

9 **A:** Was the grass green?

   B: No, it _____.

10 **A:** How _____ the weather then?

   B: It was windy.

11 **A:** Were the crocodiles big?

   B: No, they _____.

12 **A:** Was your mom angry last night?

   B: No, she _____.

WORDS · garage 차고   · player 선수, 참가자   · clerk (가게의) 점원, 직원   · crocodile 악어   · angry 화난, 성난

B 다음 문장을 과거 시제로 바꿔 쓰세요.

1   Is she late for class? ➡ <u>Was she late for class?</u>

2   Are you in the yard? ➡ _____

3   Is the restroom clean? ➡ _____

4   Are their grapes sweet? ➡ _____

5   Are the soldiers brave? ➡ _____

6   Is Ally a good daughter? ➡ _____

7   Are they in the supermarket? ➡ _____

8   Is the concert exciting? ➡ _____

9   Is the car at the parking lot? ➡ _____

10   How long is the basketball game? ➡ _____

11   What is in your pocket? ➡ _____

12   When is Chuseok? ➡ _____

13   Where are your shoes? ➡ _____

14   Who is in the bathroom? ➡ _____

15   Why are your parents angry? ➡ _____

WORDS　·yard 마당　·restroom 화장실　·soldier 군인, 병사　·parking lot 주차장　·pocket 주머니

Grammar Fly! ·

A 다음 문장의 밑줄 친 부분을 바르게 고쳐 빈칸에 쓰세요.

1   <u>Was</u> the boys your classmates last year?   ➡   Were

2   <u>Were</u> his dad a taxi driver then?   ➡   _____

3   <u>Is</u> it hot in Canada last summer?   ➡   _____

4   Was the <u>dolls</u> on the sofa?   ➡   _____

5   <u>Are</u> you sick yesterday?   ➡   _____

6   <u>Were</u> the TV show interesting last night?   ➡   _____

7   <u>Is</u> the boy friendly then?   ➡   _____

8   Were the <u>kite</u> yours?   ➡   _____

9   Where <u>you were</u> yesterday?   ➡   _____ _____

10   How old <u>is</u> Jimmy last year?   ➡   _____

11   What <u>were</u> your favorite subject last year?   ➡   _____

12   <u>Are</u> you in Korea last month?   ➡   _____

13   How <u>were</u> the festival yesterday?   ➡   _____

14   Why <u>was</u> you in her room this morning?   ➡   _____

15   How tall <u>he was</u> last year?   ➡   _____ _____

WORDS   ·Canada 캐나다   ·show 쇼, 프로그램   ·friendly 친절한, 상냥한   ·favorite 매우 좋아하는   ·festival 축제

B 주어진 말을 사용하여 의문문을 완성하세요.

1 _____Where were_____ they last Sunday? (where, be)

2 _____ happy then? (the children, be)

3 _____ Minsu last year? (how tall, be)

4 _____ cloudy this morning? (it, be)

5 _____ sick yesterday? (who, be)

6 _____ in France last week? (they, be)

7 _____ busy yesterday morning? (you, be)

8 _____ tired last night? (your mom, be)

9 _____ on the roof then? (who, be)

10 _____ you and your brother last weekend? (where, be)

11 _____ the colorful box then? (what, be)

12 _____ your grandparents yesterday? (how, be)

13 _____ Thanksgiving Day in 1998? (when, be)

14 _____ she late yesterday? (why, be)

15 _____ the newspaper yesterday? (where, be)

WORDS ·cloudy 흐린, 구름이 잔뜩 낀 ·France 프랑스 ·tired 피곤한 ·colorful 형형색색의 ·Thanksgiving Day 추수 감사절

REVIEW ~ 06

[1-2] 다음 문장의 빈칸에 알맞은 말을 고르세요.

1

> We _____ in the gym last Monday.

❶ is   ❷ are

❸ was   ❹ were

2

> Paul _____ busy yesterday.

❶ is not   ❷ was not

❸ are not   ❹ were not

[3-4] 다음 중 잘못된 문장을 고르세요.

3 ❶ I was a sixth grader last year.

❷ Sarah was not tall then.

❸ The boys was in the park yesterday.

❹ They weren't fast last week.

4 ❶ Was she kind this morning?

❷ How is the weather yesterday?

❸ Where was Kevin last Sunday?

❹ Were the cats on the sofa then?

[5-6] 다음 문장의 빈칸에 공통으로 들어갈 말을 고르세요.

5

> · They _____ classmates last year.
> · The men _____ not happy then.

❶ is   ❷ was

❸ are   ❹ were

6

> · What _____ in the box?
> · Who _____ your teacher last year?

❶ is   ❷ was

❸ are   ❹ were

[7-8] 다음 문장을 과거 시제로 바르게 바꾼 것을 고르세요.

7

> The children are not hungry.

❶ The children was not hungry.

❷ The children not was hungry.

❸ The children were not hungry.

❹ The children not were hungry.

8 How is the festival?

❶ How was the festival?

❷ Was how the festival?

❸ How were the festival?

❹ Were how the festival?

[9-10] 다음 문장의 빈칸에 들어갈 수 <u>없는</u> 말을 고르세요.

9 _____ was my English teacher.

❶ She   ❷ He

❸ They   ❹ The man

10 Were you tired _____ ?

❶ yesterday   ❷ now

❸ then   ❹ last night

[11-12] 다음 우리말 뜻과 같도록 괄호 안에서 알맞은 말을 고르세요.

11 우리는 도서관에 있지 않았다.

➡ We (aren't / weren't) in the library.

12 어제 그녀는 왜 지각했니?

➡ (Why is she / Why was she) late for school yesterday?

[13-14] 다음 문장을 괄호 안의 지시대로 바꿔 쓰세요.

13 I was lazy then. (부정문)

➡ _____

14 They were good students.
(의문문)

➡ _____

정답 및 해설 35~36쪽

[15-16] 다음 대화의 빈칸에 알맞은 말을 쓰세요.

15
A: Were you 11 years old last year?
B: Yes, I _____ .

16
A: Were the boxes heavy?
B: No, they _____ .

[17-18] 다음 우리말 뜻과 같도록 빈칸에 알맞은 말을 쓰세요.

17 그는 네 친구였니?

➡ _____ _____ your friend?

18 그 영화는 재미없었다.

➡ The movie _____ interesting.

[19-20] 다음 문장의 밑줄 친 부분을 바르게 고쳐서 문장을 다시 쓰세요.

19 My sister <u>were</u> not a student last year.

➡ _____

_____

20 <u>Was who</u> in the kitchen?

➡ _____

Check! Check!. ● ●

맞은 개수	평가
18~20개	😄 참 잘했어요.
15~17개	🙂 잘했어요.
9~14개	😐 노력해 봐요.
0~8개	🙁 다음에 잘할 거예요.

WRAP UP

● 다음 만화를 보면서 **Unit 06**의 내용을 정리해 봐요.

1 be동사의 과거형: ~이었다, ~했다, ~에 있었다

was	am, is의 과거형	I **was** a shy boy. 나는 수줍음이 많은 남자아이였다.
were	are의 과거형	You **were** my friend. 너는 내 친구였다.

2 be동사의 과거형 – 부정문

was not (=wasn't)	He **was not** kind. 그는 친절하지 않았다.
were not (=weren't)	We **were not** busy. 우리는 바쁘지 않았다.

3 be동사의 과거형 – 의문사 없는 의문문

Was+I/3인칭 단수 주어 ~?	**Was** the movie interesting? 영화는 재미있었니? **Yes**, it **was**. / **No**, it **wasn't**. 응, 그랬어. / 아니, 그렇지 않았어.
Were+you/ 복수 주어 ~?	**Were** they in the living room? 그들은 거실에 있었니? **Yes**, they **were**. / **No**, they **weren't**. 응, 그랬어 / 아니, 없었어.

4 be동사의 과거형 – 의문사 있는 의문문

의문사+was ~?	**Who was** your math teacher? 누가 너희 수학 선생님이었니? Mr. Kim **was**. 김 선생님이셨다.
의문사+were ~?	**Where were** they? 그들은 어디 있었니? They **were** in the park. 그들은 공원에 있었다.

과거 시제 - 일반동사

- 일반동사 과거형의 쓰임과 의미, 형태를 이해할 수 있어요.
- 일반동사 과거형의 부정문, 의문문을 활용할 수 있어요.

과거에 했던 일을 말하고 싶을 때는 보통 동사 끝에 -(e)d를 붙여 주면 돼. 하지만 eat이 ate로 바뀌는 것처럼 완전히 다르게 변하는 동사들도 있으니 모두 잘 외워두자. 그리고 지난 일에 대해 '~하지 않았다'라고 말할 때와 '~했니?'라고 물어볼 때 do 대신 무엇을 쓰는지도 함께 알아보자.

일반동사의 과거형

1 일반동사의 과거형 (1)

❶ I **helped** my mom yesterday. 나는 어제 엄마를 도와 드렸다.

It **rained** last night. 어젯밤에 비가 내렸다.

They **worked** hard. 그들은 열심히 일했다.

❷ Tommy **closed** the windows. 토미는 창문을 닫았다.

They **baked** some cookies. 그들은 쿠키를 조금 구웠다.

일반동사의 과거형은 규칙이 좀 복잡해. 하지만 주어의 인칭이나 수에 상관없이 동일하게 써.

과거의 행동이나 상태를 나타내어 '~했다'라고 말할 때는 일반동사의 과거형을 사용합니다.

❶ **동사원형+-ed** : 대부분의 일반동사는 동사원형 끝에 **-ed**를 붙이면 과거형이 됩니다.

call 전화하다 – call**ed**	cook 요리하다 – cook**ed**	finish 끝내다 – finish**ed**
help 돕다 – help**ed**	learn 배우다 – learn**ed**	listen 듣다 – listen**ed**
look 보다 – look**ed**	need 필요하다 – need**ed**	open 열다 – open**ed**
play 놀다, 연주하다 – play**ed**	rain 비가 오다 – rain**ed**	show 보여 주다 – show**ed**
snow 눈이 오다 – snow**ed**	start 시작하다 – start**ed**	stay 머무르다 – stay**ed**
talk 이야기하다 – talk**ed**	visit 방문하다 – visit**ed**	wait 기다리다 – wait**ed**
walk 걷다 – walk**ed**	want 원하다 – want**ed**	wash 씻다 – wash**ed**
watch 지켜보다 – watch**ed**	work 일하다 – work**ed**	

❷ **동사원형+-d** : -e로 끝나는 동사는 동사원형 끝에 **-d**를 붙이면 과거형이 됩니다.

arrive 도착하다 – arrive**d**	bake 굽다 – bake**d**	close 닫다 – close**d**
dance 춤추다 – dance**d**	hate 싫어하다 – hate**d**	like 좋아하다 – like**d**
live 살다 – live**d**	love 사랑하다 – love**d**	

과거에 있었던 일을 말할 때 be동사 모양이 바뀌었잖아.

그럼 일반동사에도 과거형이 따로 있어? 응. 대부분 동사원형 끝에 -ed를 붙여.

그런데 -e로 끝나는 경우에는 -d만 붙여.

많이 더웠구나!

Grammar Walk!

정답 및 해설 36쪽

A 다음 문장에서 동사를 찾아 동그라미 하세요.

1 My father (cooked) dinner yesterday.

2 I visited my grandparents last Saturday.

3 Sally wanted the pink hairpin.

4 We arrived there in time.

5 They closed the bookstore last year.

B 다음 빈칸에 알맞은 규칙을 써 넣고, 주어진 동사의 과거형을 완성하세요.

1 help + ed ➡ _____helped_____   2 hate + ◯ ➡ _____

3 show + ◯ ➡ _____   4 like + ◯ ➡ _____

5 walk + ◯ ➡ _____   6 look + ◯ ➡ _____

7 need + ◯ ➡ _____   8 dance + ◯ ➡ _____

9 play + ◯ ➡ _____   10 love + ◯ ➡ _____

WORDS   · hairpin 머리핀   · arrive 도착하다   · in time 제시간에   · bookstore 서점   · show 보여 주다

일반동사의 과거형

2 일반동사의 과거형 (2)

❶ I **studied** math last night.　　　　　　나는 어젯밤에 수학을 공부했다.

　 The baby **cried** all day long.　　　　　그 아기는 하루 종일 울었다.

❷ He **dropped** the dish.　　　　　　　　그는 접시를 떨어뜨렸다.

　 The taxi **stopped** in front of the house.　택시는 그 집 앞에서 멈췄다.

-ed를 붙여서 과거형을 만들 때 동사의 형태가 조금 바뀌는 경우들이 있습니다.

❶ 「자음+y」로 끝나는 동사 : -y를 -i로 바꾸고 -ed를 붙이면 과거형이 됩니다.

carry 운반하다 – **carried**	copy 복사하다, 베끼다 – **copied**	cry 울다 – **cried**
dry 말리다, 건조하다 – **dried**	fry 튀기다, 볶다 – **fried**	reply 답하다 – **replied**
study 공부하다 – **studied**	try 시도하다, 노력하다 – **tried**	worry 걱정하다 – **worried**

　 She **dried** her hair. 그녀는 자기 머리를 말렸다.

❷ 「단모음+단자음」으로 끝나는 동사 : 동사원형 끝에 마지막 자음을 한 번 더 쓰고 -ed를 붙이면 과거형이 됩니다.

clap 박수를 치다 – **clapped**	chat 이야기하다 – **chatted**	drop 떨어뜨리다 – **dropped**
hop 깡충 뛰다 – **hopped**	hug 껴안다 – **hugged**	jog 조깅하다 – **jogged**
plan 계획하다 – **planned**	shop 쇼핑하다 – **shopped**	stop 멈추다 – **stopped**

　 We **planned** a picnic together. 우리는 함께 소풍을 계획했다.

Grammar Walk!

정답 및 해설 36쪽

A 다음 문장에서 동사를 찾아 동그라미 하세요.

1 We (studied) English hard yesterday.

2 John hugged the child then.

3 The boy cried loudly last night.

4 They carried the boxes in the morning.

5 She shopped at the market this afternoon.

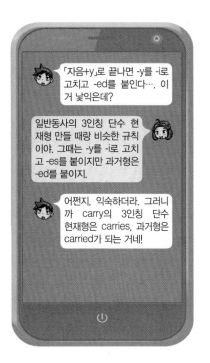

B 빈칸에 알맞은 규칙을 써 넣고, 주어진 동사의 과거형을 완성하세요.

1 copy + ied ➡ copied   2 drop + ped ➡ dropped

3 dry + ⬚ ➡ _____   4 worry + ⬚ ➡ _____

5 jog + ⬚ ➡ _____   6 try + ⬚ ➡ _____

7 clap + ⬚ ➡ _____   8 reply + ⬚ ➡ _____

9 fry + ⬚ ➡ _____   10 stop + ⬚ ➡ _____

WORDS · hug 껴안다 · market 시장 · copy 복사하다, 베끼다 · drop 떨어지다, 떨어뜨리다 · stop 멈추다, 서다

일반동사의 과거형

3 일반동사의 과거형 (3)

❶ I **bought** some vegetables.　　　나는 채소를 조금 샀다.

　 You **had** a pink sweater.　　　너는 분홍색 스웨터를 가지고 있었다.

❷ I **read** the book yesterday.　　　나는 어제 그 책을 읽었다.

　 She **cut** the paper with a knife.　　그녀는 칼로 그 종이를 잘랐다.

과거형을 만드는 규칙을 따르지 않는 불규칙 동사들이 있습니다. 이런 동사의 과거형은 따로 외워야 합니다.

❶ 과거형의 형태가 바뀌는 동사들

begin 시작하다 – began	buy 사다 – bought	come 오다 – came
do 하다 – did	drink 마시다 – drank	eat 먹다 – ate
give 주다 – gave	go 가다 – went	have 가지다 – had
hear 듣다 – heard	know 알다 – knew	make 만들다 – made
meet 만나다 – met	ride 타다 – rode	leave 떠나다 – left
run 달리다 – ran	see 보다 – saw	sell 팔다 – sold
sing 노래하다 – sang	sleep 자다 – slept	swim 수영하다 – swam
send 보내다 – sent	teach 가르치다 – taught	tell 말하다 – told
wear 입다 – wore	write 쓰다 – wrote	

❷ 과거형이 동사원형과 같은 동사들

cut 자르다 – cut	hit 치다 – hit	put 놓다, 넣다 – put
read 읽다 – read	hurt 다치게 하다 – hurt	

Grammar Walk!

정답 및 해설 36~37쪽

A 다음 문장에서 동사를 찾아 동그라미 하세요.

1 She (came) to Korea last year.

2 I slept well last night.

3 Mom put some sugar in her tea.

4 They met Susie this morning.

5 He wrote a letter yesterday.

B 다음 동사의 과거형을 찾아 선으로 연결하세요.

1 begin	a.	knew
2 cut	b.	made
3 leave	c.	saw
4 know	d.	began
5 read	e.	cut
6 make	f.	left
7 see	g.	read

WORDS · put 놓다, 넣다 · begin 시작하다 · leave 떠나다, 출발하다 · see 보다

Grammar Run! ....

A 다음 문장의 괄호 안에서 알맞은 말을 골라 동그라미 하세요.

1   I (live / lived) in Jeonju in 2007.

2   Alice (calls / called) me last night.

3   Danny (visits / visited) Mr. Dover yesterday.

4   Her brother (likes / liked) soccer then.

5   It (snows / snowed) all day long yesterday.

6   Tim and I (practice / practiced) taekwondo last Saturday.

7   My dog (loved / loveed) my shoes.

8   My aunt (baking / baked) delicious cookies last weekend.

9   The police officer (closed / closeed) the window.

10   She (droped / dropped) the cup.

11   A car (stoped / stopped) in front of my house.

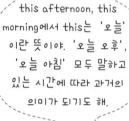

12   He (shoped / shopped) with his father this afternoon.

13   They (studyed / studied) science last night.

14   We (carried / carryed) the heavy bags.

15   Andy (worryed / worried) about his sister.

WORDS   · call 전화하다   · practice 연습하다   · in front of ~ 앞에   · heavy 무거운   · worry 걱정하다

B 다음 문장의 빈칸에 알맞은 말을 골라 동그라미 하세요.

1 I _____ a headache last night. ❶ haved ②had

2 She _____ to school at eight today. ❶ went ❷ goed

3 Minho _____ a cap yesterday. ❶ buyed ❷ bought

4 You _____ a lie. ❶ telled ❷ told

5 We _____ her name. ❶ knew ❷ knowed

6 The concert _____ at eight p.m. ❶ begined ❷ began

7 He _____ the rope with scissors. ❶ cut ❷ cutted

8 They _____ bicycles along the river. ❶ rided ❷ rode

9 My brother _____ up the stairs. ❶ runed ❷ ran

10 I _____ blue jeans yesterday. ❶ wore ❷ weared

11 Ms. Smith _____ letters last year. ❶ writes ❷ wrote

12 I _____ them in the park yesterday. ❶ met ❷ meeted

13 We _____ a snowman in the yard. ❶ maked ❷ made

14 She _____ the handsome boy this morning. ❶ see ❷ saw

15 Dad _____ in the sea this afternoon. ❶ swim ❷ swam

WORDS · have a headache 머리가 아프다 · lie 거짓말 · stairs 계단 · meet 만나다 · yard 마당

Grammar Jump!

A 다음 문장에서 밑줄 친 부분의 우리말 뜻을 빈칸에 쓰세요.

1   We <u>walked</u> along the beach. ➡ 우리는 해변을 따라 <u>걸었다</u>.

2   She <u>opened</u> the window. ➡ 그녀는 창문을 _____.

3   It <u>rained</u> yesterday. ➡ 어제는 _____.

4   Harry <u>played</u> the cello yesterday. ➡ 해리는 어제 첼로를 _____.

5   They <u>watched</u> TV last night. ➡ 그들은 어젯밤에 TV를 _____.

6   Maria <u>dropped</u> her ice cream. ➡ 마리아는 아이스크림을 _____.

7   The musical <u>finished</u> at ten p.m. ➡ 그 뮤지컬은 오후 10시에 _____.

8   They <u>stayed</u> home last weekend. ➡ 그들은 지난 주말에 집에 _____.

9   Emily <u>ran</u> fast then. ➡ 에밀리는 그때 빠르게 _____.

10   I <u>did</u> my homework before dinner. ➡ 나는 저녁 식사 전에 숙제를 _____.

11   He <u>sold</u> vegetables at the market. ➡ 그는 시장에서 채소를 _____.

12   Ms. Porter <u>left</u> for China. ➡ 포터 씨는 중국으로 _____.

13   You <u>drank</u> a glass of apple juice. ➡ 너는 사과 주스 한 잔을 _____.

14   I <u>slept</u> on the sofa last night. ➡ 나는 어젯밤 소파에서 _____.

15   We <u>wrote</u> Christmas cards. ➡ 우리는 크리스마스 카드를 _____.

WORDS ·along ~을 따라   ·finish 끝나다, 끝내다   ·stay 머무르다   ·sell 팔다   ·market 시장

B 주어진 동사의 과거형을 사용하여 다음 문장을 완성하세요.

1 The class ___started___ at nine o'clock. (start)

2 They _____ in Seoul last night. (arrive)

3 I _____ the kitten. (hug)

4 We _____ hard last week. (study)

5 He _____ the sick children. (help)

6 The alligator _____ its mouth. (close)

7 My little sister often _____ at night. (cry)

8 A truck _____ at the bus stop. (stop)

9 Dad _____ his birthday cake. (cut)

10 Tony _____ her name. (know)

11 I _____ shopping with my mom last Saturday. (go)

12 Emily _____ her bag on the table. (put)

13 A bird _____ on the roof. (sing)

14 You _____ the book last week. (read)

15 She _____ six eggs this morning. (buy)

> 과거형이 불규칙하게
> 변하는 동사들은 그때그때
> 외워 두자.
> know - knew, go - went,
> sing - sang, buy - bought,
> cut - cut, put - put,
> read - read!

| WORDS | · hug 껴안다 | · kitten 새끼 고양이 | · sick 아픈, 병든 | · alligator 악어 | · little 어린, 작은 |

Grammar Fly! ·

A 다음 문장의 밑줄 친 부분을 바르게 고쳐 빈칸에 쓰세요.

1   He <u>learns</u> Chinese last year.   ➡   learned

2   Jake <u>uses</u> chopsticks then.   ➡   _____

3   The truck often <u>carries</u> food last year.   ➡   _____

4   She <u>jogs</u> yesterday morning.   ➡   _____

5   We <u>listen</u> to the radio then.   ➡   _____

6   I <u>loveed</u> hip-hop music last year.   ➡   _____

7   They <u>studyed</u> science together yesterday.   ➡   _____

8   I <u>droped</u> my bag in the morning.   ➡   _____

9   She <u>maked</u> some robots last month.   ➡   _____

10 We <u>eated</u> some pizza for dinner yesterday. ➡   _____

11 The contest <u>beginned</u> last week.   ➡   _____

12 Tommy <u>runned</u> to the hospital then.   ➡   _____

13 She <u>comed</u> here last winter.   ➡   _____

14 His grandpa <u>cutted</u> down the tree last Sunday. ➡ _____

15 I <u>leaved</u> home at eight yesterday.   ➡   _____

WORDS · chopsticks 젓가락   · then 그때   · last year 작년, 지난해   · contest 대회, 시합   · cut down 쓰러[넘어]뜨리다

B 다음 문장을 과거 시제의 문장으로 바꿔 쓰세요.

1 He rides a bicycle after lunch. ➡ He rode a bicycle after lunch.

2 We play soccer after school. ➡ _____

3 My aunt lives in Gwangju. ➡ _____

4 I dry my hair before breakfast. ➡ _____

5 He stops in front of the store. ➡ _____

6 My brother cooks dinner. ➡ _____

7 Jessica washes her cat. ➡ _____

8 They go to school by bus. ➡ _____

9 Mike has a new camera. ➡ _____

10 She writes a letter to her friend. ➡ _____

11 The bus comes late. ➡ _____

12 I meet her in the park. ➡ _____

13 Mom buys some flowers. ➡ _____

14 Mr. Baker teaches math. ➡ _____

15 We swim in the lake. ➡ _____

WORDS · dry 말리다, 닦다   · store 가게, 상점   · lake 호수

일반동사 과거형의 부정문과 의문문

1 일반동사 과거형의 부정문

❶ I **washed** my hands. ➡ I **did not wash** my hands.

나는 손을 씻었다. 나는 손을 씻지 않았다.

He **went** to the bank yesterday. ➡ He **did not go** to the bank yesterday.

그는 어제 은행에 갔다. 그는 어제 은행에 가지 않았다.

❷ We **didn't learn** Japanese. 우리는 일본어를 배우지 않았다.

They **didn't wear** school uniforms. 그들은 교복을 입지 않았다.

과거의 일을 부정할 때는 do의 과거형인 did와 not을 사용해서 말합니다.

❶ did not+동사원형 : '~하지 않았다'라는 뜻으로 과거의 일을 부정할 때는 주어에 상관없이 did not을 쓰고 그 뒤에 동사원형을 씁니다.

She **came** home late today. ➡ She **did not come** home late today.

그녀는 오늘 집에 늦게 왔다. 그녀는 오늘 집에 늦게 오지 않았다.

💡 부정문에서는 some 대신 any를 씁니다.

They **bought** <u>some</u> eggs. ➡ They **did not buy** <u>any</u> eggs.

그들은 달걀을 조금 샀다. 그들은 달걀을 하나도 사지 않았다.

❷ didn't+동사원형 : did not은 didn't로 줄여 쓸 수 있습니다.

Mina **didn't(=did not) like** the song. 미나는 그 노래를 좋아하지 않았다.

Grammar Walk!

정답 및 해설 39쪽

A 다음 문장에서 did not을 찾아 동그라미 하고, 동사를 찾아 밑줄을 치세요.

1 I (did not) <u>go</u> to the museum yesterday.

2 She did not carry the boxes.

3 We did not wear hats.

4 Danny did not close the door.

5 They did not have lunch today.

> 그러니까 결국 do not의 과거형이 did not이란 거 네?
>
> 맞아. 제법인걸!
>
> 그럼 주어가 3인칭 단수일 때 쓰는 does not의 과거형은 뭐야?
>
> 마찬가지로 did not이야. 일반동사의 과거형은 주어에 상관없이 한 가지 형태라고 했지? 부정문도 마찬가지로 주어에 상관없이 did not을 사용해.
>
> 그렇구나!

B 다음 두 문장의 뜻이 같도록 빈칸에 알맞은 말을 쓰세요.

1 You <u>did not brush</u> your hair this morning.

   ➡ You ___didn't___ ___brush___ your hair this morning.

2 He <u>did not go</u> to the library yesterday.

   ➡ He _____ _____ to the library yesterday.

3 They <u>did not open</u> the box.

   ➡ They _____ _____ the box.

4 I <u>did not study</u> English last night.

   ➡ I _____ _____ English last night.

5 She <u>did not run</u> in the park.

   ➡ She _____ _____ in the park.

WORDS ·museum 박물관   ·carry 나르다, 운반하다   ·wear 입다[쓰다/신다]

과거 시제 – 일반동사 **179**

2 일반동사 과거형의 의문사 없는 의문문

❶ She **cleaned** her room. ➡ **Did** she **clean** her room?

그녀는 자기 방을 청소했다.　　　　그녀는 자기 방을 청소했니?

❷ **Did** you **keep** a diary last night?　**Yes**, I **did**. / **No**, I **didn't**.

너는 어젯밤에 일기를 썼니?　　　　응, 그랬어.　　아니, 그러지 않았어.

Did he **ride** a bicycle yesterday?　**Yes**, he **did**. / **No**, he **didn't**.

그는 어제 자전거를 탔니?　　　　　응, 그랬어.　　아니, 그러지 않았어.

과거의 일을 물을 때는 주어의 인칭과 수에 상관없이 **do**의 과거형인 **did**를 사용합니다.

❶ Did + 주어 + 동사원형 : '~했니?' 하고 지난 일을 물을 때는 주어 앞에 **did**를 쓰고 일반동사는 주어 뒤에 동사원형으로 씁니다.

You **bought** a book. ➡ **Did** you **buy** a book?

너는 책을 한 권 샀다.　　　너는 책을 한 권 샀니?

❷ 대답 : '그랬다'라고 긍정할 때는 **did**를 사용해서 「**Yes**, 주어(대명사)+**did**.」로, '그러지 않았다'라고 부정할 때는 「**No**, 주어(대명사)+**didn't**.」로 합니다.

Did the dog **bark** loudly?　　**Yes**, it **did**. / **No**, it **didn't**.

그 개가 큰 소리로 짖었니?　　　　응, 그랬어.　　아니, 그러지 않았어.

Did they **do** their homework?　**Yes**, they **did**. / **No**, they **didn't**.

그들이 숙제를 했니?　　　　　　　응, 그랬어.　　아니, 그러지 않았어.

Grammar Walk!

A 다음 문장을 의문문으로 바꿔 쓸 때 빈칸에 알맞은 말을 쓰세요.

1 Tommy made a robot yesterday.
   ➡ _____Did_____ Tommy make a robot yesterday?

2 You dried your cat in the bathroom.
   ➡ _____ you dry your cat in the bathroom?

3 They played tennis after school.
   ➡ Did they _____ tennis after school?

4 He drank a glass of milk.
   ➡ Did he _____ a glass of milk?

5 She danced well yesterday.
   ➡ _____ she _____ well yesterday?

과거 시제의 의문문은 do나 does 대신 did를 사용해서 만드는구나?

맞아. 현재 시제의 의문문과 마찬가지로 주의해야 할 게 하나 있어.

그게 뭔데?

주어 뒤에 동사원형이 온다는 게!

그래서 1번에서 made가 make로 바뀐 거구나?

그렇지. 불규칙 동사의 과거형을 보고 동사원형이 뭔지도 알 수 있어야 해.

B 다음 의문문에 알맞은 대답을 찾아 선으로 연결하세요.

1 Did I call you last night?　　　　　　　　　　a. No, I didn't.

2 Did you get up late?　　　　　　　　　　　　b. Yes, he did.

3 Did she buy an umbrella?　　　　　　　　　　c. Yes, you did.

4 Did they go to school by bus?　　　　　　　　d. No, she didn't.

5 Did your brother play with the toy?　　　　　e. Yes, they did.

WORDS ·made make(만들다)의 과거형　·dried dry(말리다)의 과거형　·drank drink(마시다)의 과거형　·toy 장난감

3 일반동사 과거형의 의문사 있는 의문문

❶ **What did** you **eat** for lunch today?
너는 오늘 점심으로 뭘 먹었니?

I **ate a tuna sandwich**.
참치 샌드위치를 먹었다.

When did the movie **begin**?
그 영화는 언제 시작했니?

It **began at three o'clock**.
그것은 3시에 시작했다.

Where did they **go**?
그들은 어디 갔니?

They **went to the gym**.
그들은 체육관에 갔다.

❷ **Who made** this sandwich?
누가 이 샌드위치를 만들었니?

My mom made it.
우리 엄마가 만드셨다.

❶ **의문사 + did + 주어 + 동사원형 ~?** : 의문사를 사용해서 지난 일에 대한 구체적인 정보를 물을 때는 「의문사+did+주어+동사원형 ~?」으로 말합니다. 구체적인 정보에 해당하는 말로 대답하는데, 이때 동사의 과거형을 사용해서 대답해야 합니다.

How did he **go** there?
그는 거기에 어떻게 갔니?

He **went** there **by bus**.
그는 버스로 거기에 갔다.

Why did you **buy** the shirt?
너는 왜 그 셔츠를 샀니?

Because I **liked** the color.
내가 그 색을 좋아했기 때문이다.

❷ **Who + 동사의 과거형 ~?** : who가 '누가'라는 뜻인 경우에는 주어가 who이므로 주어를 따로 쓰지 않고 「Who+동사의 과거형 ~?」으로 씁니다.

Who ate my cookies?
누가 내 쿠키를 먹었니?

Your puppy ate them.
네 강아지가 먹었다.

Grammar Walk!

정답 및 해설 39쪽

A 다음 대화의 빈칸에 알맞은 말을 쓰세요.

1 **A:** What ___did___ you buy at the store?　　**B:** I bought a pen.

2 **A:** When _____ they go on a picnic?
   B: They went on a picnic last Saturday.

3 **A:** Why _____ Anna shout?　　**B:** Because she was angry.

4 **A:** How _____ he come here?　　**B:** He came here by subway.

5 **A:** Where _____ James swim?　　**B:** He swam in the pool.

B 다음 문장에서 주어를 찾아 동그라미 하고, 동사를 찾아 밑줄을 치세요.

1 (Who) planted this tree?

2 Who made this snowman?

3 Who sang last night?

4 Who went to the supermarket with you?

5 Who visited you last Sunday?

WORDS　·go on a picnic 소풍을 가다　　·shout 소리 치다, 고함 치다　　·plant (나무·씨앗 등을) 심다

Grammar Run! ....

A 다음 문장의 괄호 안에서 알맞은 말을 골라 동그라미 하세요.

1 I (don't / (didn't)) want the blue jeans then.

2 She (didn't / doesn't) dance well last year.

3 They (don't / didn't) bake any cookies yesterday.

4 Sam (didn't / doesn't) visit his grandparents last weekend.

5 You didn't (walk / walked) to school yesterday.

6 Laura didn't (arrived / arrive) in time.

7 We didn't (study / studied) math hard.

8 He didn't (had / have) breakfast.

9 (Did / Does) Tom eat any fish last week?

10 (Do / Did) you send a letter to him last month?

11 Did your sister (ride / rode) a bike in the park?

12 What (do / did) you wear yesterday?

13 Why did she (sleep / slept) on the sofa?

14 How did the dog (climb / climbed) the ladder?

15 Who (sings / sang) last night?

과거의 일을 부정하거나 물어볼 때는 do의 과거형인 did를 사용하면 돼.

do와 마찬가지로 did 뒤에도 반드시 동사원형이 와야 하는 거지?

WORDS   · in time 제시간에   · send 보내다   · month 월, 달   · climb 오르다, 올라가다   · ladder 사다리

B 다음 의문문에 대한 알맞은 대답을 골라 동그라미 하세요.

1   Did you clean your room?
    ❶ Yes, I did.   **❷** No, I don't.

2   Did they jump rope in the park?
    ❶ Yes, they do.   **❷** No, they didn't.

3   Did that mouse eat the cheese?
    ❶ Yes, it did.   **❷** No, it did.

4   Did he live in New York last year?
    ❶ No, he doesn't.   **❷** No, he didn't.

5   Did you know Sue's family name?
    ❶ Yes, we do.   **❷** Yes, we did.

6   Did they drink his lemonade?
    ❶ No, they don't.   **❷** No, they didn't.

7   What did Bill wear yesterday?
    ❶ He wears blue jeans.   **❷** He wore blue jeans.

8   When did you call me?
    ❶ I called you yesterday.   **❷** I call you every day.

9   Where did they go?
    ❶ They go to the zoo.   **❷** They went to the zoo.

10 How did he come to Seoul?
    ❶ He came by ship.   **❷** He comes by plane.

11 Why did she get up late?
    ❶ Because she was sick.   **❷** Because she is sick.

12 Who made the sandwiches?
    ❶ Jane makes them.   **❷** Jane made them.

| WORDS | ·family name 성(姓) | ·lemonade 레모네이드 | ·zoo 동물원 | ·ship 배 | ·sick 아픈, 병든 |

Grammar Jump!

A 다음 문장을 과거 시제로 바꿔 쓸 때 빈칸에 알맞은 말을 쓰세요.

1 You don't clean your room.
   ➡ You _didn't_ _clean_ your room yesterday.

2 I don't want those shoes.
   ➡ I _____ _____ those shoes then.

3 He doesn't use the computer.
   ➡ He _____ _____ the computer today.

4 We don't live in the country.
   ➡ We _____ _____ in the country last year.

5 My dad doesn't ride a bike.
   ➡ My dad _____ _____ a bike last Sunday.

6 I don't fly the kite on the hill.
   ➡ I _____ _____ the kite on the hill yesterday.

7 Do you play the piano after school?
   ➡ _____ you _____ the piano after school?

8 Does the bus stop here?
   ➡ _____ the bus _____ here then?

9 Do the farmers have any cows?
   ➡ _____ the farmers _____ any cows last month?

10 When does the concert begin?
   ➡ When _____ the concert _____ last Saturday?

11 Why does the girl like Tom?
   ➡ Why _____ the girl _____ Tom?

12 What time do you get up?
   ➡ What time _____ you _____ up this morning?

WORDS ·country 시골   ·hill 언덕, (나지막한) 산   ·farmer 농부   ·cow 암소, 젖소

B 다음 대화의 빈칸에 알맞은 말을 쓰세요.

1   Did you come home late today? / No, ___I___ ___didn't___ .

2   Did your dad go fishing last weekend? / Yes, _____ _____ .

3   Did your sister have the backpack then? / No, _____ _____ .

4   Did she bake the birthday cake? / Yes, _____ _____ .

5   Did they send e-mail to him? / No, _____ _____ .

6   Did the wolf bark loudly last night? / Yes, _____ _____ .

7   Who did Diana visit last Saturday? / She ___visited___ her uncle.

8   Where did he study yesterday? / He _____ in the library.

9   When did you arrive in Seoul? / I _____ at noon.

10 What did Ms. James drop this morning? / She _____ her favorite mug.

11 When did she meet Robert? / She _____ him this morning.

12 How did they go to the museum? / They _____ there by subway.

13 What did you make last week? / I _____ a robot.

14 When did she read the magazine? / She _____ it yesterday.

15 What did Chris buy at the store? / He _____ some cucumbers there.

WORDS   ·go fishing 낚시하러 가다   ·bark 짖다   ·loudly 큰 소리로   ·subway 지하철   ·cucumber 오이

Grammar Fly! ·

A 다음 문장의 밑줄 친 부분을 바르게 고쳐 빈칸에 쓰세요.

1 We <u>don't play</u> soccer last Friday. ➡ <u>didn't</u> <u>play</u>

2 Lynn <u>doesn't like</u> the yellow shirt yesterday. ➡ _____ _____

3 You <u>don't run</u> fast yesterday. ➡ _____ _____

4 My brother <u>didn't learned</u> Chinese last year. ➡ _____ _____

5 My dog <u>didn't climbed</u> the table then. ➡ _____ _____

6 I <u>didn't hugged</u> the puppy yesterday. ➡ _____ _____

7 I <u>didn't went</u> shopping last Saturday. ➡ _____ _____

8 <u>Do</u> you brush your teeth last night? ➡ _____

9 <u>Does</u> he help his sister yesterday? ➡ _____

10 Did they <u>watered</u> the garden? ➡ _____

11 Where <u>does</u> Max stay last week? ➡ _____

12 When did they <u>left</u> for Paris? ➡ _____

13 What did they <u>sold</u> at their store? ➡ _____

14 How did she <u>carried</u> the heavy bottles? ➡ _____

15 Who <u>plays</u> the piano last night? ➡ _____

WORDS ·water (화초 등에) 물을 주다   ·garden 정원   ·stay 머무르다[남다]   ·bottle 병

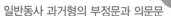

B 다음 문장을 괄호 안의 지시대로 바꿔 쓰세요.

1 I played the guitar after school. (부정문)
➡ <u>I did not[didn't] play the guitar after school.</u>

2 Andy closed the windows last night. (부정문)
➡ _____

3 My mom fried the carrots. (부정문)
➡ _____

4 She clapped her hands then. (부정문)
➡ _____

5 I wrote a letter to my dad yesterday. (부정문)
➡ _____

6 He ate spaghetti for dinner. (부정문)
➡ _____

7 The math class began at one p.m. (의문문)
➡ _____

8 You saw your teacher at the subway station. (의문문)
➡ _____

9 They swam in the river yesterday. (의문문)
➡ _____

10 She visited the island last summer. (의문문)
➡ _____

11 He drank my apple juice in the morning. (의문문)
➡ _____

12 His grandpa rode a horse this afternoon. (의문문)
➡ _____

WORDS · fry (기름에) 튀기다   · carrot 당근   · clap 박수를 치다   · subway station 지하철역   · afternoon 오후

REVIEW 07

[1-2] 다음 중 동사원형과 과거형이 <u>잘못</u> 짝지어진 것을 고르세요.

1
❶ need – needed
❷ dry – dried
❸ drop – droped
❹ read – read

2
❶ leave – left
❷ have – had
❸ do – did
❹ run – runned

[3-4] 다음 문장의 빈칸에 알맞은 말을 고르세요.

3
> I _____ my mom yesterday.

❶ help   ❷ helps
❸ helped   ❹ helping

4
> Paul didn't _____ the cake.

❶ bake   ❷ bakes
❸ baked   ❹ baking

[5-6] 다음 중 <u>잘못된</u> 문장을 고르세요.

5
❶ I came home at five.
❷ She wore a yellow skirt today.
❸ He read the book last night.
❹ They go hiking yesterday.

6
❶ I didn't play soccer after school.
❷ When he went to school?
❸ Did they sing the song?
❹ Where did she buy the book?

7 다음 문장의 빈칸에 공통으로 알맞은 말을 고르세요.

> • _____ you meet Jenny yesterday?
> • When _____ he go to school?

❶ Do[do]   ❷ Does[does]
❸ Did[did]   ❹ Are[are]

[8-9] 다음 대화의 빈칸에 알맞은 말을 고르세요.

8

A: Did you keep a diary?
B: No, I _____.

❶ do　　　　　❷ don't

❸ did　　　　　❹ didn't

9

A: Where did James swim?
B: He _____ in the pool.

❶ swim　　　　❷ swims

❸ swam　　　　❹ swimed

10 다음 중 짝지어진 대화가 <u>어색한</u> 것을 고르세요.

❶ A: Did you dry your hair?
　 B: Yes, I did.

❷ A: Did your sister cry last night?
　 B: No, she doesn't.

❸ A: Who ate my sandwich?
　 B: Ms. Toner ate it.

❹ A: What did you wear yesterday?
　 B: I wore a white shirt.

[11-12] 다음 우리말 뜻과 같도록 괄호 안에서 알맞은 말을 고르세요.

11

우리는 지난 토요일에 에밀리를 만났다.

➡ We (meet / met) Emily last Saturday.

12

그는 어젯밤에 수학 공부를 열심히 하지 않았다.

➡ He (didn't study / doesn't study) math last night.

[13-14] 다음 문장을 지시대로 바꿔 쓸 때 빈칸에 알맞은 말을 쓰세요.

13

Sue didn't see him there.
(긍정문)

➡ Sue _____ him there.

14

The concert began at six.
(의문문)

➡ _____ the concert _____ at six?

정답 및 해설 42-43쪽

[15-16] 다음 우리말 뜻과 같도록 주어진 동사를 사용하여 문장을 완성하세요.

15 토니는 2010년에 뉴욕에서 살았다.

➡ Tony _____ in New York in 2010. (live)

16 너는 언제 집에 도착했니?

➡ When _____ you _____ home? (arrive)

[17-18] 다음 대화의 빈칸에 알맞은 말을 쓰세요.

17 A: Did your sister ride a bike?
B: Yes, _____ _____.

18 A: What did you make yesterday?
B: I _____ a robot.

[19-20] 다음 밑줄 친 부분을 바르게 고쳐 문장을 다시 쓰세요.

19 I <u>carryed</u> the boxes yesterday.

➡ _____

20 He didn't <u>walked</u> to school this morning.

➡ _____
_____

Check! Check!. ●●

맞은 개수	평가
18~20개	😄 참 잘했어요.
15~17개	🙂 잘했어요.
9~14개	😐 노력해 봐요.
0~8개	😟 다음에 잘할 거예요.

WRAP UP

● 다음 만화를 보면서 **Unit 07**의 내용을 정리해 봅시다.

1 일반동사의 과거형

대부분의 일반동사	동사원형+-ed	I **helped** my mom yesterday. 나는 어제 엄마를 도와 드렸다.
-e로 끝나는 동사	동사원형+-d	Tommy **closed** the window. 토미는 창문을 닫았다.
「자음+y」로 끝나는 동사	-y를 -ied로	I **studied** math last night. 나는 어젯밤에 수학을 공부했다.
「단모음+단자음」으로 끝나는 동사	마지막 자음 한 번 더 쓰고 -ed	He **dropped** the dish. 그는 접시를 떨어뜨렸다. The taxi **stopped** there. 택시는 거기서 멈췄다.
불규칙하게 바뀌는 동사		I **bought** some vegetables. 나는 채소를 조금 샀다. You **had** a pink sweater. 너는 분홍색 스웨터를 가지고 있었다. He **read** the book yesterday. 그는 어제 그 책을 읽었다.

2 일반동사 과거형의 부정문과 의문문

부정문	did not(=didn't) +동사원형	He **did not wash** his hands. 그는 손을 씻지 않았다. We **didn't take** a bus. 우리는 버스를 타지 않았다.
의문사 없는 의문문	Did+주어 +동사원형 ~?	**Did** you **keep** a diary last night? 너는 어젯밤에 일기를 썼니? Yes, I **did**. / No, I **didn't**. 응, 그랬어. / 아니, 그러지 않았어.
의문사 있는 의문문	의문사+did+주어 +동사원형 ~?	**Where did** they **go**? 그들은 어디에 갔니? They **went to the gym**. 그들은 체육관에 갔다.
	Who +동사의 과거형 ~?	**Who made** this sandwich? 누가 이 샌드위치를 만들었니? **My mom made** it. 우리 엄마가 만드셨다.

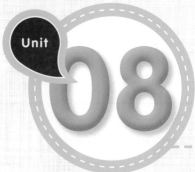

명령문과 감탄문

- 명령문과 제안문의 쓰임과 의미를 이해하고 활용할 수 있어요.
- 감탄문의 쓰임과 의미를 이해하고 활용할 수 있어요.

명령문은 '밥 먹어라', '조심하세요'와 같이 말을 듣고 있는 사람에게 '~해라, ~하세요'라고 시키거나 부탁하는 문장인데 동사원형으로 시작해. 그리고 감탄문은 놀람, 기쁨, 슬픔 등의 감정을 나타내는 문장으로 what이나 how로 시작할 수 있어. 그럼 지금부터 명령문과 감탄문을 만드는 방법을 자세히 알아보자.

명령문과 제안문

1 명령문

❶ **Be** quiet.　　　　　　　　　　조용히 해라.

Listen to your parents.　　　부모님 말씀을 잘 들어라.

Please open the door.　　　　문을 열어 주세요.

❷ **Don't be** late.　　　　　　　늦지 마라.

Don't run here.　　　　　　　여기에서 뛰지 마라.

Please don't open the window.　창문을 열지 말아 주세요.

상대방에게 어떤 행동을 하라고 명령하거나 지시하는 문장이 명령문입니다.

❶ **긍정 명령문 :** 상대방에게 무엇인가를 하라고 할 때는 주어를 쓰지 않고 동사원형을 문장의
　맨 앞에 씁니다. please를 문장의 앞이나 뒤에 쓰면 부탁하는 표현이 됩니다.

You **are** kind.　　　　　　➡　　**Be** kind.　상냥하게 대해라.

You **write** your name.　　　➡　　**Write** your name, **please**.　이름을 쓰세요.

❷ **부정 명령문 :** 상대방에게 무엇인가를 하지 말라고 할 때는 주어를 쓰지 않고 「Don't+동사원형 ~.」
　으로 씁니다. 역시 please를 문장의 앞이나 뒤에 쓰면 부탁하는 표현이 됩니다.

You **are not** angry.　　➡　　**Don't be** angry.　화내지 마라.

You **don't sing** at night.　➡　　**Don't sing** at night, **please**.　밤에 노래하지 마세요.

💡 don't 대신 never를 쓰면 '절대 ~하지 마라'라는 뜻이 됩니다.
　Never be late for school.　학교에 절대 늦지 마라.　**Never** tell a lie.　절대 거짓말하지 마라.

Grammar Walk!

정답 및 해설 43쪽

A 다음 문장을 명령문으로 바꿔 쓸 때 빈칸에 알맞은 말을 쓰세요.

1 You open your book.

➡ ____Open____ your book.

2 You look at the board.

➡ _____ _____ the board.

3 You do your homework.

➡ _____ your homework.

4 You help your brother.

➡ _____ your brother.

5 You are careful.

➡ _____ careful.

> 이상하다…. Are careful.이 왜 틀리다는 거지?
>
> are의 동사원형은?
>
> 그거야, 당연히 be잖아!
>
> 상대방에게 '~해라'라고 지시하거나 부탁할 땐 동사원형으로 시작한다고 했잖아.
>
> 아, 그렇지! am, are, is의 동사원형은 be니까 be로 시작해야 하는 거구나.

B 다음 문장을 부정 명령문으로 바꿔 쓸 때 빈칸에 알맞은 말을 쓰세요.

1 Clap your hands. ➡ ____Don't____ clap your hands.

2 Close the door. ➡ _____ close the door.

3 Sit here. ➡ _____ sit here.

4 Turn on the TV. ➡ _____ turn on the TV.

5 Draw a picture. ➡ _____ draw a picture.

WORDS · board 칠판, 게시판   · careful 조심하는, 주의 깊은   · turn on (전기·가스·수도 등을) 켜다   · picture 그림, 사진

2 제안문

> ❶ **Let's go** swimming. 수영하러 가자.
>
> **Let's make** a snowman. 눈사람 만들자.
>
> ❷ **Let's not play** soccer. 축구를 하지 말자.
>
> **Let's not go** out. 밖에 나가지 말자.

상대방에게 어떤 행동을 함께 하자고 제안하거나 권유할 때 **let's**를 사용해서 말합니다.

❶ **Let's+동사원형 ~. :** '~하자'라는 뜻으로, 상대방에게 어떤 일을 함께 하자고
제안하거나 권유하는 표현입니다.

Let's have lunch. 점심 식사를 하자.

Let's go on a picnic. 소풍 가자.

Let's clean this room. 이 방을 청소하자.

❷ **Let's not+동사원형 ~. :** '~하지 말자'라는 뜻으로, 상대방에게 어떤 일을 하지 말자고
제안하는 표현입니다.

Let's not sit here. 여기에 앉지 말자.

Let's not drink cold water. 찬물을 마시지 말자.

Let's not tell a lie. 거짓말하지 말자.

Grammar Walk!

정답 및 해설 43쪽

A 다음을 제안하는 문장으로 바꿔 쓸 때 빈칸에 알맞은 말을 쓰세요.

1 Take a walk. ➡ __Let's__ __take__ a walk.

2 Go to the library. ➡ _____ _____ to the library.

3 Play tennis after school. ➡ _____ _____ tennis after school.

4 Sing the song. ➡ _____ _____ the song.

5 Have dinner. ➡ _____ _____ dinner.

B 다음 문장을 '~하지 말자'라는 뜻으로 바꿔 쓸 때 not이 들어갈 알맞은 위치를 골라 동그라미 하세요.

1 Let's (①)go ② to ③ the ④ market.

2 ❶ Let's ❷ eat ❸ the ❹ sandwiches here.

3 Let's ❶ look ❷ for ❸ a ❹ bookstore.

4 ❶ Let's ❷ get up ❸ early ❹.

5 Let's ❶ play ❷ basketball ❸ today ❹.

동사원형을 써야 하는 경우가 참 많은 것 같아.

맞아. 어느 때 동사원형을 써야 하는지 기억나?

우선, 명령문과 제안문에서 동사원형을 써야 하고.

조동사 뒤에도 동사원형을 써야 하고.

일반동사의 의문문이나 부정문 만들 때 do, does, did 뒤에도 동사원형을 써야 해!

WORDS ·take a walk 산책하다 ·library 도서관 ·market 시장 ·bookstore 서점

Grammar Run! ....

A 다음 문장의 괄호 안에서 알맞은 말을 골라 동그라미 하세요.

1   ((Clean) / Cleans) your room now.

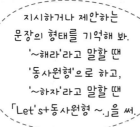

2   Let's (eat / eating) some doughnuts.

3   (Doesn't / Don't) run in the classroom.

4   Let's (don't / not) wait for him.

5   (Practicing / Practice) the piano.

6   Don't (make / makes) noise.

7   Let's (listen / listens) carefully.

8   (Let's not / Not let's) play the computer game.

9   Please (feed / feeds) the dogs.

10 Don't (drink / not drink) cold water.

11 (Let ride / Let's ride) bicycles in the park.

12 Let's (don't / not) play soccer here.

13 (Be / Are) quiet in the library, please.

14 Don't (going / go) to bed late.

15 Let's (meet / met) on Friday afternoon.

WORDS ·doughnut 도넛   ·practice 연습하다   ·make noise 떠들다, 소란을 피우다   ·carefully 주의하여, 조심스럽게

B 다음 문장의 빈칸에 알맞은 말을 골라 동그라미 하세요.

1 _____ your homework now.   **①**Do   **②** Don't do
지금 숙제를 해라.

2 _____ afraid.   **①** Not be   **②** Don't be
두려워하지 마라.

3 _____ a birthday party.   **①** Let's have   **②** Have
생일 파티를 하자.

4 _____ sing the song.   **①** Let's   **②** Let's not
그 노래 부르지 말자.

5 _____ the door.   **①** Please close   **②** Let's close
문을 닫으세요.

6 _____ the guitar.   **①** Let's not play   **②** Don't play
기타를 치지 마라.

7 _____ at the bus stop.   **①** Let's meet   **②** Let's not meet
버스 정류장에서 만나자.

8 _____ too much chocolate.   **①** Let's eat   **②** Let's not eat
초콜릿을 너무 많이 먹지 말자.

9 _____ to your friends.   **①** Let's be kind   **②** Be kind
친구들에게 친절해라.

10 _____ with your brothers.   **①** Never fight   **②** Let's fight
형제들과 절대 싸우지 마라.

11 _____ to the dentist.   **①** Don't go   **②** Let's go
치과에 가자.

12 _____ outside today.   **①** Let's not play   **②** Let's play
오늘은 밖에서 놀지 말자.

13 _____ your hand.   **①** Don't raise   **②** Raise
손을 들어라.

14 _____ the flowers.   **①** Please pick   **②** Please don't pick
꽃을 꺾지 마세요.

15 _____ the TV show.   **①** Let's watch   **②** Let's not watch
그 TV 프로그램을 보자.

WORDS ·afraid 두려워하는   ·have a party 파티를 열다   ·fight 싸우다   ·raise 들어 올리다   ·pick 꺾다, 따다

Grammar Jump!

A 다음 문장에서 밑줄 친 부분의 우리말 뜻을 빈칸에 쓰세요.

1 <u>Listen</u> to music. ➡ 음악을 __들어라__ .

2 <u>Don't touch</u> the pictures. ➡ 그림들을 _____ .

3 <u>Let's go jogging</u> together. ➡ 같이 _____ .

4 <u>Let's not run</u> in this room. ➡ 이 방에서 _____ .

5 <u>Come home</u> before dinner. ➡ 저녁 식사 전에 _____ .

6 <u>Don't shout</u> in the classroom. ➡ 교실에서 _____ .

7 <u>Let's go on a picnic</u> this Saturday. ➡ 이번 토요일에 _____ .

8 <u>Let's not watch</u> that movie. ➡ 저 영화는 _____ .

9 <u>Please speak</u> in English. ➡ 영어로 _____ .

10 <u>Don't enter</u> the room. ➡ 그 방에 _____ .

11 <u>Let's plant</u> a tree. ➡ 나무를 한 그루 _____ .

12 <u>Let's not turn on</u> the light. ➡ 불을 _____ .

13 <u>Don't eat</u> too many sweets. ➡ 단것을 너무 많이 _____ .

14 <u>Brush</u> your hair. ➡ 머리를 _____ .

15 <u>Please don't swim</u> in the lake. ➡ 그 호수에서 _____ .

WORDS · touch 만지다 · shout 소리치다 · enter 들어가다 · plant 심다 · light (전깃)불, (전)등

B 다음 문장을 읽고, 반대의 뜻이 되도록 문장을 바꿔 쓰세요.

1   Let's go to the park.   ➡   <u>Let's not go to the park.</u>

2   Run fast.   ➡   _____

3   Don't open your eyes.   ➡   _____

4   Let's not take a bus.   ➡   _____

5   Return the book today.   ➡   _____

6   Don't throw the ball.   ➡   _____

7   Let's play badminton.   ➡   _____

8   Please don't use this computer.   ➡   _____

9   Let's not sit here.   ➡   _____

10   Close your book.   ➡   _____

11   Let's cross the street.   ➡   _____

12   Don't climb the tree.   ➡   _____

13   Let's not get up late tomorrow.   ➡   _____

14   Eat this cake.   ➡   _____

15   Let's walk to school.   ➡   _____

WORDS   ·return 돌려주다   ·throw 던지다   ·use 사용하다   ·cross 건너다   ·climb 오르다, 올라가다

Grammar Fly! ·····

A 다음 문장의 밑줄 친 부분을 바르게 고쳐 빈칸에 쓰세요.

1 <u>Are</u> quiet, please.
조용히 하세요.
➡ _____Be_____

2 Don't <u>taking</u> a picture here.
여기에서 사진을 찍지 마라.
➡ _____

3 <u>Let</u> make a Christmas tree.
크리스마스 트리를 만들자.
➡ _____

4 Let's not <u>goes</u> fishing.
낚시하러 가지 말자.
➡ _____

5 <u>Drinks</u> some milk.
우유를 조금 마셔라.
➡ _____

6 Never <u>calls</u> me after ten p.m.
오후 10시 이후에는 나에게 절대 전화하지 마라.
➡ _____

7 Let's <u>helping</u> that old lady.
저 할머니를 도와 드리자.
➡ _____

8 Let's <u>don't</u> buy the books.
그 책들을 사지 말자.
➡ _____

9 <u>Does</u> your homework.
숙제를 해라.
➡ _____

10 Don't <u>am</u> sad, please.
슬퍼하지 마세요.
➡ _____

부정 명령문은 never 를 사용해서 '절대 ~하지 마라' 라는 뜻으로 쓰이기도 해.

11 Let's <u>sings</u> loudly.
큰 소리로 노래하자.
➡ _____

12 Let's not <u>rides</u> bikes here.
여기에서 자전거를 타지 말자.
➡ _____

13 <u>Brushing</u> your teeth before bed.
자기 전에 이를 닦아라.
➡ _____

14 Please <u>not</u> make noise in the library.
도서관에서 떠들지 마세요.
➡ _____

15 Let's <u>dancing</u> together.
함께 춤을 추자.
➡ _____

WORDS · quiet 조용한　　· take a picture 사진을 찍다　　· go fishing 낚시하러 가다　　· before bed 자기 전에

B 주어진 말을 바르게 배열하여 문장을 완성하세요.

1 play / don't / the flute / . ➡ _____ Don't play the flute.
플루트를 불지 마라.

2 your / raise / hand / . ➡ _____
손을 들어라.

3 go swimming / let's / . ➡ _____
수영하러 가자.

4 some / notebooks / buy / . ➡ _____
공책을 몇 권 사라.

5 fly the kites / let's / on the hill / . ➡ _____
언덕 위에서 연을 날리자.

6 your hands / wash / . ➡ _____
손을 씻어라.

7 please / fix the bike / don't / . ➡ _____
그 자전거를 수리하지 마세요.

8 drink / some milk / let's / . ➡ _____
우유를 조금 마시자.

9 play / don't / in the street / . ➡ _____
거리에서 놀지 마라.

10 clean / today / your room / . ➡ _____
오늘 네 방을 청소해라.

11 have dinner / together / let's / . ➡ _____
저녁 식사를 함께 하자.

12 let's / play soccer / not / . ➡ _____
축구를 하지 말자.

13 help / please / poor children / . ➡ _____
가난한 아이들을 도와주세요.

14 forget / don't / your homework / . ➡ _____
숙제를 잊지 마라.

15 kung fu / learn / let's / . ➡ _____
쿵후를 배우자.

WORDS · hill 언덕   · fix 고치다, 수리하다   · street 거리, 도로   · poor 가난한   · forget 잊다

Lesson 02 감탄문

1 what으로 시작하는 감탄문

> ❶ **What a kind girl** she is!   그녀는 아주 친절한 여자아이구나!
>
>   **What an easy question** it is!   그것은 무척 쉬운 질문이구나!
>
>   **What cute babies** they are!   그들은 매우 귀여운 아기들이구나!
>
> ❷ This is a very tall tower. ➡ **What a tall tower** this is!
>
>   이것은 매우 높은 탑이다.   이것은 무척 높은 탑이구나!

❶ What+(a/an)+형용사+명사(+주어+동사)! : '매우 ~한 …이구나!'라는 뜻입니다.
명사 뒤의 주어와 동사는 생략하는 경우가 많습니다.

- 형용사 뒤의 명사가 셀 수 있는 명사의 단수일 때 앞에 부정관사 a나 an을 씁니다.
  What an honest boy he is!   그는 굉장히 정직한 남자아이구나!

- 형용사 뒤의 명사가 복수이거나 셀 수 없는 명사일 때는 a나 an을 쓰지 않습니다.
  What beautiful pictures they are!   그것들은 매우 아름다운 그림들이구나!

❷ 평서문을 what으로 시작하는 감탄문으로 바꾸기 : 평서문의 주어와 동사 뒤에 very와 형용사,
명사가 쓰여서 강조의 의미를 나타내는 경우, what으로 시작하는 감탄문으로 바꿀 수 있습니다.

She is a **very** cute girl.   **What** an old book this is!

What a cute girl she is!   This is a **very** old book.

그녀는 정말 귀여운 여자아이구나!   이것은 매우 오래된 책이다.

Grammar Walk!

정답 및 해설 45쪽

A 다음 문장에서 형용사를 찾아 동그라미 하고, 명사를 찾아 밑줄을 치세요.

1 What a (small) <u>dog</u> it is!

2 What an old palace this is!

3 What strong men they are!

4 What funny stories they are!

5 What a big elephant it is!

This is a very big apple. 을 감탄문으로 바꾸려면 어떻게 해야 한다고?

주어와 동사 뒤에 명사 apple이 있잖아. 이런 경우에는 what으로 시작하는 감탄문으로 바꿀 수 있어. what을 먼저 쓰고, 강조 부사 very는 뺀 다음 a big apple을 써. 그리고 그 뒤에 this is를 쓰면 돼.

What a big apple this is! 이렇게?

맞아!

B 다음 문장에서 주어진 말이 들어갈 알맞은 위치를 찾아 동그라미 하세요.

1 ❶ⓐa ❷ brave ❸ man ❹ he is! (What)

2 What ❶ long ❷ ribbon ❸ this ❹ is! (a)

3 What ❶ a ❷ tree ❸ that ❹ is! (tall)

4 What ❶ a ❷ funny ❸ movie ❹ is! (this)

5 What ❶ a fast ❷ train ❸ it ❹ ! (is)

WORDS · palace 궁전   · funny 웃기는, 재미있는   · elephant 코끼리   · brave 용감한

2 how로 시작하는 감탄문

❶ **How big** the ship is! 　　　그 배는 무척 크구나!

How beautiful they are! 　　그것들은 매우 아름답구나!

How high the bird flies! 　　그 새는 무척 높이 나는구나!

❷ The boy runs very fast. ➡ **How fast** the boy runs!

　그 남자아이는 매우 빨리 달린다. 　　그 남자아이는 매우 빨리 달리는구나!

❶ How+형용사[부사](+주어+동사)! : '…이 매우 ~하구나!' 하고 감탄하는 표현입니다.
형용사나 부사 뒤의 「주어+동사」는 생략하는 경우가 많습니다.

How delicious this is! 이것은 무척 맛있구나! 〈형용사〉

How slowly she talks! 그녀는 매우 천천히 말하는구나! 〈부사〉

❷ 평서문을 how로 시작하는 감탄문으로 바꾸기 : 평서문의 주어와 동사 뒤에 **very**와 형용사
또는 부사가 있는 경우, **how**로 시작하는 감탄문으로 바꿀 수 있습니다.

That mountain is **very** high. 　　**How** high that frog jumps!

How high that mountain is! 　　That frog jumps **very** high.

저 산은 정말 높구나! 　　　　　　저 개구리는 무척 높이 점프한다.

Grammar Walk!

정답 및 해설 45쪽

A 다음 문장에서 형용사 또는 부사를 찾아 동그라미 하세요.

1   How (wonderful) it is!

2   How fast the cheetah runs!

3   How pretty the girl is!

4   How smart the dog is!

5   How cold the water is!

어떤 경우에 what 대신 how로 시작하는 감탄문으로 바꿔 쓸 수 있는 거야?

평서문에서 주어와 동사 뒤에 「very+형용사/부사」만 있고 명사가 없으면 how로 시작하는 감탄문을 쓸 수 있어.

아, It is very hot. 같은 문장?

맞아. How hot it is! 이렇게 바꿔 쓸 수 있지.

B 다음 문장에서 주어진 말이 들어갈 알맞은 위치를 찾아 동그라미 하세요.

1   ①dirty ❷her ❸room ❹is! (How)

2   ❶delicious ❷this ❸chocolate ❹is! (How)

3   ❶How ❷she ❸walks ❹! (slowly)

4   ❶How ❷the ❸apple ❹is! (sweet)

5   How ❶delicious ❷this ❸food ❹! (is)

| WORDS | ·wonderful 멋진, 훌륭한 | ·cheetah 치타 | ·slowly 느리게, 천천히 | ·sweet 달콤한, 단 |

Grammar Run! ....

A 다음 문장의 빈칸에 알맞은 말을 골라 동그라미 하세요.

1 _____ a cute girl she is!   **❶** How   **❷** What

2 _____ old the house is!   **❶** How   **❷** What

3 _____ an interesting story it is!   **❶** How   **❷** What

4 _____ delicious the cake is!   **❶** How   **❷** What

5 _____ a small cat this is!   **❶** How   **❷** What

6 _____ beautiful the flowers are!   **❶** How   **❷** What

7 _____ bright the moon is!   **❶** How   **❷** What

8 _____ a heavy bag it is!   **❶** How   **❷** What

9 _____ high the mountain is!   **❶** How   **❷** What

10 _____ a nice chair this is!   **❶** How   **❷** What

11 _____ kind that woman is!   **❶** How   **❷** What

12 _____ a big balloon it is!   **❶** How   **❷** What

13 _____ handsome boys they are!   **❶** How   **❷** What

14 _____ hot this soup is!   **❶** How   **❷** What

15 _____ a strong man he is!   **❶** How   **❷** What

WORDS · interesting 재미있는, 흥미로운   · bright 밝은, 빛나는   · high 높은   · strong 강한, 힘센

B 다음 문장의 괄호 안에서 알맞은 말을 골라 동그라미 하세요.

1   What ((a) / an / ×) pretty bird it is!

2   What (a / an / ×) expensive car it is!

3   What (a / an / ×) sweet oranges these are!

4   What (a / an / ×) old shirt this is!

5   What a long (river / rivers) it is!

6   What a (boy smart / smart boy) he is!

7   What (a question difficult / a difficult question) it is!

8   How (fast / fast boy) he is!

9   How (fat / a fat) the pig is!

10 How (tall / a tall) his mother is!

11 What a good girl (is she / she is)!

12 What cute puppies (it is / they are)!

13 How slow (the bus is / is the bus)!

14 How kind (are you / you are)!

15 How lazy (your brother is / is your brother)!

WORDS · expensive 비싼, 돈이 많이 드는   · river 강   · difficult 어려운   · fat 뚱뚱한, 살찐   · lazy 게으른

Grammar Jump!

A what 또는 how와 주어진 말을 사용하여 다음 문장을 완성하세요.

1 _____What_____ a _____kind_____ girl she is! (kind)

2 _____ _____ this ice cream is! (sweet)

3 _____ an _____ building this is! (old)

4 _____ _____ this game is! (exciting)

5 _____ a _____ man he is! (brave)

6 _____ an _____ story it is! (amazing)

7 _____ _____ she is! (diligent)

8 _____ a _____ boy he is! (tall)

9 _____ _____ I am! (tired)

10 _____ a _____ man he is! (big)

11 _____ _____ this classroom is! (quiet)

12 _____ a _____ boy he is! (lazy)

13 _____ _____ this rose is! (beautiful)

14 _____ a _____ girl she is! (cute)

15 _____ _____ her room is! (clean)

| WORDS | ·exciting 신 나는, 흥미진진한 | ·brave 용감한 | ·amazing 놀라운 | ·tired 피곤한, 지친 |

감탄문

B 다음 문장을 감탄문으로 바꿔 쓸 때 빈칸에 알맞은 말을 쓰세요.

1 It is a very hot day. ➡ _What a hot day_ it is!

2 It is a very fast car. ➡ _____ it is!

3 It is a very beautiful rose. ➡ _____ it is!

4 This is a very dirty room. ➡ _____ this is!

5 It is a very big plane. ➡ _____ it is!

6 This is a very fat cat. ➡ _____ this is!

7 It is a very small island. ➡ _____ it is!

8 They are very pretty babies. ➡ _____ they are!

9 It is a very long train. ➡ _____ it is!

10 That tower is very tall. ➡ _____ that tower is!

11 This box is very heavy. ➡ _____ this box is!

12 The watch is very old. ➡ _____ the watch is!

13 The dog is very ugly. ➡ _____ the dog is!

14 This pen is very cheap. ➡ _____ this pen is!

15 His class is very interesting. ➡ _____ his class is!

WORDS ·island 섬   ·ugly 못생긴   ·cheap (값이) 싼   ·class 수업

명령문과 감탄문 **213**

Grammar Fly! ·

A 다음 문장의 밑줄 친 부분을 바르게 고쳐 빈칸에 쓰세요.

1 <u>How</u> a funny movie this is! ➡ __What__

2 <u>What</u> difficult the question is! ➡ _____

3 <u>How</u> a cute boy he is! ➡ _____

4 <u>What</u> fast Tommy eats! ➡ _____

5 What a soft pillow <u>is this</u>! ➡ _____

6 What a <u>big</u> birds they are! ➡ _____

7 How lucky <u>are they</u>! ➡ _____

8 What a large room <u>is this</u>! ➡ _____

9 What <u>a</u> expensive bag this is! ➡ _____

10 What <u>a</u> exciting game it is! ➡ _____

11 What <u>a sad</u> stories they are! ➡ _____

12 <u>What</u> well she swims! ➡ _____

13 <u>What</u> boring the class is! ➡ _____

14 <u>What</u> small the kittens are! ➡ _____

15 <u>How</u> a cold day it is! ➡ _____

WORDS ·pillow 베개   ·lucky 운이 좋은, 행운의   ·large 큰   ·boring 재미없는, 지루한

B 주어진 단어들을 바르게 배열하여 감탄하는 문장을 완성하세요.

1 this / what / a nice house / is / ! ➡ _What a nice house this is!_

2 this movie / sad / how / is / ! ➡ _____

3 is / what / a boring book / this / ! ➡ _____

4 how / flies / high / the kite / ! ➡ _____

5 what / small shoes / are / these / ! ➡ _____

6 sings / well / how / she / ! ➡ _____

7 what / is / a tall building / that / ! ➡ _____

8 how / this chocolate / sweet / is / ! ➡ _____

9 a heavy chair / what / is / it / ! ➡ _____

10 how / the monkeys / smart / are / ! ➡ _____

11 are / what / big fish / they / ! ➡ _____

12 fast / how / speak / they / ! ➡ _____

13 that / what / a long bridge / is / ! ➡ _____

14 cheap / how / is / this watch / ! ➡ _____

15 it / what / a beautiful garden / is / ! ➡ _____

| WORDS | ·nice 좋은, 멋진   ·sad 슬픈   ·bridge 다리   ·garden 정원 |

REVIEW · 08

[1-2] 다음 문장의 빈칸에 알맞은 말을 고르세요.

1

> Let's _____ at the bus stop.
> 버스 정류장에서 만나자.

❶ meet   ❷ met

❸ meets   ❹ meeting

2

> _____ your brother.
> 네 남동생을 도와줘라.

❶ Helping   ❷ Helps

❸ Helped   ❹ Help

3 다음 중 잘못된 문장을 고르세요.

❶ Wash your hands.

❷ Let's don't go hiking.

❸ Let's sing together.

❹ Don't sit on the table.

4 다음 중 빈칸에 들어갈 말이 다른 문장을 고르세요.

❶ _____ difficult this book is!

❷ _____ a hot day it is!

❸ _____ bright the moon is!

❹ _____ funny the movie is!

5 다음 중 올바른 문장을 고르세요.

❶ Make not noise in class.

❷ Let's not eat after seven p.m.

❸ Please not forget your homework.

❹ Let's going on a picnic this weekend.

[6-7] 다음 문장의 빈칸에 공통으로 알맞은 말을 고르세요.

6

> • _____ a brave girl she is!
> • _____ is your name?

❶ Why   ❷ What

❸ How   ❹ When

7

> • _____ do you go to school?
> • _____ fast the car runs!

❶ What   ❷ Where

❸ How   ❹ Who

8 다음 우리말을 영어로 바르게 옮긴 것을 고르세요.

> 슬퍼하지 마라.

❶ Don't be sad.

❷ Not be sad.

❸ Be not sad.

❹ Let's not be sad.

[9-10] 다음 문장을 부정문으로 바꿔 쓸 때 괄호 안에서 알맞은 말을 고르세요.

9
> Close the door.

➡ (Not close / Don't close) the door.

10
> Let's have lunch here.

➡ (Let's don't / Let's not) have lunch here.

[11-12] 다음 문장을 아래와 같이 바꿔 쓸 때 괄호 안에서 알맞은 말을 고르세요.

11
> They are very strong men.

➡ What strong men (are they / they are)!

12
> This cake is very delicious.

➡ (How / What) delicious this cake is!

[13-14] 다음 우리말 뜻과 같도록 빈칸에 알맞은 말을 쓰세요.

13
> 여기에서 축구를 하지 말자.

➡ _____ _____ play soccer here.

14
> 이것은 굉장히 아름다운 정원이구나!

➡ _____ _____ garden this is!

[15-16] 다음 문장을 감탄문으로 바꿔 쓸 때 빈칸에 알맞은 말을 쓰세요.

15 He is a very smart student.

➡ _____ _____ _____ student he is!

16 The mountain is very high.

➡ _____ _____ the mountain is!

[17-18] 다음 중 밑줄 친 부분을 바르게 고쳐 문장을 다시 쓰세요.

17 Let's not <u>riding</u> bicycles in the park.

➡ _____

18 <u>How</u> a heavy chair this is!

➡ _____

[19-20] 주어진 말을 바르게 배열하여 문장을 쓰세요.

19 pick / don't / the flowers / .

➡ _____

20 how / his sister / pretty / is / !

➡ _____

Check! Check! ● ●

맞은 개수	평가
18~20개	😄 참 잘했어요.
15~17개	🙂 잘했어요.
9~14개	😐 노력해 봐요.
0~8개	🙁 다음에 잘할 거예요.

WRAP UP

● 다음 만화를 보면서 **Unit 08**의 내용을 정리해 봐요.

1 명령문

긍정 명령문	동사원형 ~.	**Be** quiet. 조용히 해라. **Listen** to your parents. 부모님 말씀을 잘 들어라. **Please open** the door. 문 좀 열어 주세요.
부정 명령문	Don't[Never] +동사원형 ~.	**Don't be** late. 늦지 마라. **Don't make** noise here. 여기서 떠들지 마라. **Please don't open** the window. 창문 열지 말아 주세요.

2 제안문

긍정	Let's +동사원형 ~.	**Let's go** swimming. 수영하러 가자. **Let's make** a snowman. 눈사람 만들자.
부정	Let's not +동사원형 ~.	**Let's not play** soccer. 축구를 하지 말자. **Let's not go** outside. 밖에 나가지 말자.

3 감탄문

What+(a/an)+형용사+명사+ 주어+동사!	**What a kind girl** she is! 그녀는 아주 친절한 여자아이구나! **What an expensive** watch it is! 그것은 매우 비싼 손목시계구나! **What cute babies** they are! 그들은 무척 귀여운 아기들이구나!
How+형용사[부사]+주어+ 동사!	**How big** the ship is! 그 배는 무척 크구나! **How beautiful** they are! 그것들은 굉장히 아름답구나! **How high** the bird flies! 그 새는 아주 높이 나는구나!

MEMO

Grammar, ZAP!

ANSWER KEY

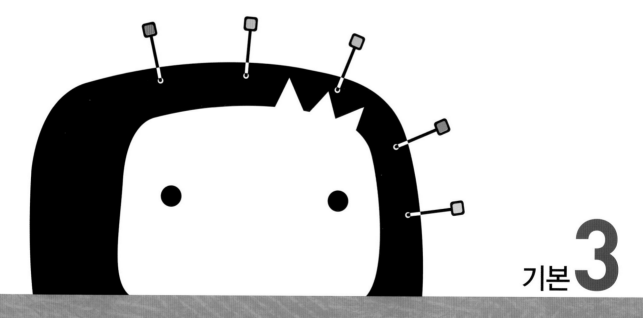

기본 **3**

CHUNJAE EDUCATION, INC.

Grammar, ZAP!

VOCABULARY
단어장

기본 3

01	**Chinese** 명 중국어	I can speak Chinese. 나는 중국어를 말할 수 있다.
02	**throw** 통 던지다	The player can throw a ball high. 그 선수는 공을 높이 던질 수 있다.
03	**roof** 명 지붕	Mr. Brown can fix roofs. 브라운 씨는 지붕을 고칠 수 있다.
04	**lift** 통 들어 올리다	Kelly can't lift the box. 켈리는 그 상자를 들어 올리지 못한다.
05	**dark** 명 어둠	Can dogs see well in the dark? 개는 어둠 속에서 잘 볼 수 있니?
06	**fence** 명 울타리	Can they jump the fence? 그들은 울타리를 뛰어오를 수 있니?
07	**pumpkin** 명 호박	Can your mom bake a pumpkin pie? 너희 엄마는 호박 파이를 구우실 수 있니?
08	**jump over** ~을 뛰어넘다	Can Billy jump over the chair? 빌리는 그 의자를 뛰어넘을 수 있니?
09	**sound** 명 소리	They can hear low sounds. 그들은 작은 소리를 들을 수 있다.
10	**wind** 명 바람	We cannot see wind. 우리는 바람을 볼 수 없다.
11	**alone** 부 혼자	My brother can't go to school alone. 내 남동생은 학교에 혼자 다니지 못한다.
12	**jungle** 명 밀림, 정글	Koalas can't live in the jungle. 코알라는 정글에서 살지 못한다.
13	**move** 통 옮기다, 움직이다	Can she move this table? 그녀가 이 탁자를 옮길 수 있니?
14	**web** 명 거미집	Many spiders can make webs. 많은 거미들이 거미집을 만들 수 있다.
15	**model** 명 모형	They can't fly a model airplane. 그들은 모형 비행기를 날리지 못한다.

01	**washing machine** 세탁기	John can't use the washing machine. 존은 세탁기를 사용하지 못한다.
02	**fried egg** 달걀 프라이	Is she able to make fried eggs? 그녀는 달걀 프라이를 만들 수 있니?
03	**bucket** 명 양동이	You are able to carry the bucket. 너는 그 양동이를 나를 수 있나.
04	**climb over** ~ 위를 타고 넘다	We are able to climb over the wall. 우리는 그 담 위를 타고 넘을 수 있다.
05	**bathe** 동 목욕시키다	They aren't able to bathe their puppy. 그들은 자기 강아지를 목욕시키지 못한다.
06	**seal** 명 물개	A seal isn't able to sing. 물개는 노래를 못 부른다.
07	**clap** 동 박수를 치다	Are dolphins able to clap? 돌고래는 박수를 칠 수 있니?
08	**wink** 동 윙크하다	Are you able to wink? 너는 윙크를 할 수 있니?
09	**calf** 명 송아지	Is she able to touch the calf? 그녀는 그 송아지를 만질 수 있니?
10	**whale** 명 고래	Whales aren't able to live on land. 고래는 육지에서 못 산다.
11	**row** 동 배를 젓다	They aren't able to row the boat. 그들은 배를 못 젓는다.
12	**pinwheel** 명 바람개비	Amy is able to make a pinwheel. 에이미는 바람개비를 만들 수 있다.
13	**peel** 동 껍질을 벗기다[깎다]	The boy is able to peel an orange. 그 남자아이는 오렌지 껍질을 벗길 수 있다.
14	**pick** 동 따다	The elephant is able to pick the apple. 그 코끼리는 그 사과를 딸 수 있다.
15	**parrot** 명 앵무새	Is the parrot able to talk? 그 앵무새는 말을 할 수 있니?

🎵 다음 영어에 알맞은 우리말 뜻을 빈칸에 쓰세요.

01 Chinese _____

02 throw _____

03 roof _____

04 lift _____

05 dark _____

06 fence _____

07 pumpkin _____

08 jump over _____

09 sound _____

10 wind _____

11 alone _____

12 jungle _____

13 move _____

14 web _____

15 model _____

〰️ 다음 우리말 뜻에 알맞은 영어를 빈칸에 쓰세요.

01 세탁기

02 달걀 프라이

03 양동이

04 ～ 위를 타고 넘다

05 목욕시키다

06 물개

07 박수를 치다

08 윙크하다

09 송아지

10 고래

11 배를 젓다

12 바람개비

13 껍질을 벗기다[깎다]

14 따다

15 앵무새

01	**leave** 통 떠나다	We must leave at eight. 우리는 8시에 떠나야 한다.
02	**make noise** 떠들다	You must not make noise. 너는 떠들면 안 된다.
03	**enter** 통 들어가다[오다]	They mustn't enter the room. 그들은 그 방에 들어가서는 안 된다.
04	**stand in line** 줄 서다	They must stand in line. 그들은 줄을 서야 한다.
05	**clear** 통 치우다	You must clear your desk. 너는 네 책상을 치워야 한다.
06	**park** 통 주차하다	He must not park here. 그는 여기에 주차하면 안 된다.
07	**lock** 통 잠그다	You must lock the door. 너는 문을 잠가야 한다.
08	**waste** 통 낭비하다	We must not waste water. 우리는 물을 낭비하면 안 된다.
09	**take care of** ~을[를] 돌보다	Phil must take care of his brother. 필은 자기 남동생을 돌봐야 한다.
10	**take off** 벗다	We don't have to take off our shoes. 우리는 신발을 벗지 않아도 된다.
11	**bring** 통 가져오다, 데려오다	Judy doesn't have to bring an umbrella. 주디는 우산을 가져오지 않아도 된다.
12	**arrive** 통 도착하다	Tommy must arrive in time. 토미는 제시간에 도착해야 한다.
13	**turn on** (전등, 기계 등을) 켜다	They don't have to turn on the light. 그들은 불을 켜지 않아도 된다.
14	**tease** 통 못살게 굴다[괴롭히다]	We must not tease animals. 우리는 동물을 괴롭히면 안 된다.
15	**tidy** 통 정돈[정리]하다	You must tidy your bedroom. 너는 네 침실을 정돈해야 한다.

01	**toothache** 몡 치통	I have a toothache. 나는 이가 아프다.
02	**stay up late** 늦게까지 자지 않고 있다	You should not stay up late. 너는 늦게까지 깨어 있지 않는 게 좋겠다.
03	**pick up** ~을 집다	We should pick up trash. 우리는 쓰레기를 줍는 것이 좋겠다.
04	**plastic bag** 비닐봉지	They should not use plastic bags. 그들은 비닐봉지를 사용하지 않는 것이 좋겠다.
05	**go out** 외출하다[나가다]	You had better go out today. 너는 오늘 외출하는 것이 좋겠다.
06	**rude** 혱 무례한	They shouldn't be rude to Sarah. 그들은 사라에게 무례하게 굴지 않는 것이 좋겠다.
07	**take a rest** 쉬다	You had better take a rest. 너는 쉬는 것이 좋겠다.
08	**throw away** 버리다	He should not throw away trash. 그는 쓰레기를 버리지 않는 것이 좋겠다.
09	**turn off** (전등, 기계 등을) 끄다	We should turn off the light. 우리는 불을 끄는 것이 좋겠다.
10	**join** 동 가입하다	You should join the club. 너는 그 동아리에 가입하는 것이 좋겠다.
11	**take** 동 가지고 가다	I should take a paper bag. 나는 종이 가방을 가져가는 것이 좋겠다.
12	**lose weight** 체중을 줄이다	You should lose some weight. 너는 살을 좀 빼는 것이 좋겠다.
13	**chew** 동 씹다	We had better not chew gum in class. 우리는 수업 중에 껌을 씹지 않는 것이 좋겠다.
14	**smell** 동 ~한 냄새가 나다	This fish smells bad. 이 생선은 나쁜 냄새가 난다.
15	**find** 동 찾다, 발견하다	I can't find him. 나는 그를 찾을 수 없다.

Unit 02 조동사 (2)

Quiz 01

다음 영어에 알맞은 우리말 뜻을 빈칸에 쓰세요.

01 leave

02 make noise

03 enter

04 stand in line

05 clear

06 park

07 lock

08 waste

09 take care of

10 take off

11 bring

12 arrive

13 turn on

14 tease

15 tidy

다음 우리말 뜻에 알맞은 영어를 빈칸에 쓰세요.

01 치통

02 늦게까지 자지 않고 있다

03 ~을 집다

04 비닐봉지

05 외출하다[나가다]

06 무례한

07 쉬다

08 버리다

09 (전등, 기계 등을) 끄다

10 가입하다

11 가지고 가다

12 체중을 줄이다

13 씹다

14 ~한 냄새가 나다

15 찾다, 발견하다

01	**cabbage** 몡 양배추	There is a big cabbage on the table. 탁자 위에 커다란 양배추 한 통이 있다.
02	**cupboard** 몡 찬장	There is a cup in the cupboard. 찬장에 컵 한 개가 있다.
03	**ladybug** 몡 무당벌레	Is there a ladybug on the window? 창문 위에 무당벌레가 한 마리 있니?
04	**tray** 몡 쟁반	Is there a knife on the tray? 쟁반 위에 칼이 하나 있니?
05	**waste basket** 쓰레기통	Is there a waste basket under the table? 탁자 아래에 쓰레기통이 하나 있니?
06	**mirror** 몡 거울	There is a mirror next to the table. 탁자 옆에 거울 한 개가 있다.
07	**drawer** 몡 서랍	There are five belts in the drawer. 서랍 안에 허리띠 다섯 개가 있다.
08	**refrigerator** 몡 냉장고	There is an apple in the refrigerator. 냉장고 안에 사과 한 개가 있다.
09	**nest** 몡 둥지	There is a nest in the tree. 나무에 둥지 하나가 있다.
10	**bean** 몡 콩	Are there any beans on the dish? 접시 위에 콩이 있니?
11	**near** 젠 ~에서 가까이	There is a river near the farm. 농장 근처에 강이 하나 있다.
12	**chick** 몡 새끼 새, 병아리	There are five chicks in the nest. 둥지에 새끼 새가 다섯 마리 있다.
13	**nut** 몡 견과	There are a lot of nuts in the bottle. 병 안에 견과가 많이 있다.
14	**garage** 몡 차고, 주차장	Are there cars in the garage? 차고에 차들이 있니?
15	**cage** 몡 우리, 새장	Is there a hamster in the cage? 우리 안에 햄스터가 한 마리 있니?

01	**o'clock** ~시	It is nine o'clock. 9시 정각이다.
02	**rain** ⑧ 비가 오다	It is raining. 비가 오고 있다.
03	**day** ⑲ 요일	What day is it? 무슨 요일이니?
04	**weather** ⑲ 날씨	How is the weather today? 오늘 날씨가 어떠니?
05	**date** ⑲ (특정한) 날짜	What's the date today? 오늘이 며칠이니?
06	**snow** ⑧ 눈이 오다	It is snowing. 눈이 오고 있다.
07	**foggy** ⑱ 안개가 낀	It is foggy. 안개가 끼었다.
08	**say goodbye** 작별 인사를 하다	It is time to say goodbye. 작별 인사를 할 시간이다.
09	**break** ⑲ 휴식 (시간)	It is time for a break. 쉬는 시간이다.
10	**exam** ⑲ 시험	Is it time for an exam? 시험 볼 시간이니?
11	**take a shower** 샤워하다	Is it time to take a shower? 샤워할 시간이니?
12	**get back** (특히 자기 집에) 돌아오다, 돌아가다	It is time to get back home. 집에 돌아갈 시간이다.
13	**wake up** 잠에서 깨다	Is it time to wake up? 잠에서 깰 시간이니?
14	**humid** ⑱ (대기 · 날씨가) 습한	It is hot and humid in summer. 여름에는 덥고 습하다.
15	**outside** ⑨ 밖에[밖에서]	It is snowing outside. 밖에 눈이 오고 있다.

다음 영어에 알맞은 우리말 뜻을 빈칸에 쓰세요.

01   cabbage   _____

02   cupboard   _____

03   ladybug   _____

04   tray   _____

05   waste basket   _____

06   mirror   _____

07   drawer   _____

08   refrigerator   _____

09   nest   _____

10   bean   _____

11   near   _____

12   chick   _____

13   nut   _____

14   garage   _____

15   cage   _____

다음 우리말 뜻에 알맞은 영어를 빈칸에 쓰세요.

01   ~시

02   비가 오다

03   요일

04   날씨

05   (특정한) 날짜

06   눈이 오다

07   안개가 낀

08   작별 인사를 하다

09   휴식 (시간)

10   시험

11   샤워하다

12   (특히 자기 집에) 돌아오다

13   잠에서 깨다

14   (대기 · 날씨가) 습한

15   밖에[밖에서]

01	**know** ⑧ 알다	Who do you know? 너는 누구를 아니?
02	**glasses** ⑨ 안경	Whose glasses are these? 이것은 누구의 안경이니?
03	**toothbrush** ⑨ 칫솔	Whose toothbrush is that? 저것은 누구의 칫솔이니?
04	**piggy bank** 돼지 저금통	Whose piggy bank is that? 저것은 누구의 돼지 저금통이니?
05	**pillow** ⑨ 베개	Whose pillow is this? 이것은 누구의 베개니?
06	**little** ⑧ 어린, 작은	Who is that little girl? 저 어린 여자아이는 누구니?
07	**vest** ⑨ 조끼	Whose vest is this? 이것은 누구의 조끼니?
08	**mask** ⑨ 가면	Whose is this mask? 이 가면은 누구의 것이니?
09	**favorite** ⑧ 매우 좋아하는	Who is your favorite singer? 네가 좋아하는 가수는 누구니?
10	**textbook** ⑨ 교과서	Whose textbook is that? 저것은 누구의 교과서니?
11	**people** ⑨ 사람들	Who are those people? 저 사람들은 누구니?
12	**secret** ⑨ 비밀	Who knows the secret? 그 비밀을 누가 아니?
13	**sharpener** ⑨ 연필깎이	Whose sharpener is that? 저것은 누구의 연필깎이니?
14	**pajamas** ⑨ 파자마, 잠옷	Whose pajamas are those? 저것들은 누구의 잠옷이니?
15	**drive** ⑧ 태워다 주다	Who drives you to school? 누가 너를 학교에 차로 데려다 주니?

01	**lizard** 명 도마뱀	It is a lizard. 그것은 도마뱀이다.	
02	**season** 명 계절	Which season do you like? 너는 어느 계절을 좋아하니?	
03	**left** 형 왼쪽의	The left one is his. 왼쪽 것이 그의 것이다.	
04	**right** 형 오른쪽의	The right one is sugar. 오른쪽 것이 설탕이다.	
05	**sketchbook** 명 스케치북	Which sketchbook is yours? 어느 스케치북이 네 것이니?	
06	**blouse** 명 블라우스	Which blouse do you want? 너는 어느 블라우스를 원하니?	
07	**among** 전 ~ 중에서	Which is Emily's among these spoons? 이 숟가락들 중에 어느 것이 에밀리의 것이니?	
08	**subject** 명 과목	What subject do you like? 너는 무슨 과목을 좋아하니?	
09	**album** 명 앨범, 사진첩	Which album is Paul's? 어느 사진첩이 폴의 것이니?	
10	**peach** 명 복숭아	I like peaches. 나는 복숭아를 좋아한다.	
11	**subway** 명 지하철	She takes the subway. 그녀는 지하철을 탄다.	
12	**paintbrush** 명 그림 붓	Which is your paintbrush? 어느 것이 네 붓이니?	
13	**soap** 명 비누	It's soap. 그것은 비누이다.	
14	**enjoy** 동 즐기다	He enjoys basketball. 그는 농구를 즐긴다.	
15	**history** 명 역사	She teaches history. 그녀는 역사를 가르친다.	

🔖 다음 영어에 알맞은 우리말 뜻을 빈칸에 쓰세요.

01 know

02 glasses

03 toothbrush

04 piggy bank

05 pillow

06 little

07 vest

08 mask

09 favorite

10 textbook

11 people

12 secret

13 sharpener

14 pajamas

15 drive

🔊 다음 우리말 뜻에 알맞은 영어를 빈칸에 쓰세요.

01   도마뱀

          _____

02   계절

          _____

03   왼쪽의

          _____

04   오른쪽의

          _____

05   스케치북

          _____

06   블라우스

          _____

07   ~ 중에서

          _____

08   과목

          _____

09   앨범, 사진첩

          _____

10   복숭아

          _____

11   지하철

          _____

12   그림 붓

          _____

13   비누

          _____

14   즐기다

          _____

15   역사

          _____

01	**Parents' Day** 어버이날	When is Parents' Day? 어버이날이 언제니?
02	**begin** ⑧ 시작하다	When does the class begin? 그 수업은 언제 시작하니?
03	**fine** ⑱ 좋은, 건강한	They are fine. 그들은 잘 지낸다.
04	**because** ⑳ ~하기 때문에	Because today is my birthday. 오늘이 내 생일이기 때문이다.
05	**on foot** 걸어서, 도보로	She comes home on foot. 그녀는 걸어서 집에 온다.
06	**have a cold** 감기에 걸리다	Because she has a cold. 그녀는 감기에 걸렸기 때문이다.
07	**tired** ⑱ 피곤한	Why are you tired? 너는 왜 피곤하니?
08	**exciting** ⑱ 신 나는	It is exciting. 그것은 신이 난다.
09	**bark** ⑧ 짖다	Why is your dog barking? 너희 개는 왜 짖고 있니?
10	**spell** ⑧ 철자를 말하다[쓰다]	How do you spell your name? 네 이름의 철자는 어떻게 되니?
11	**dolphin** ⑲ 돌고래	Where do dolphins live? 돌고래는 어디에서 사니?
12	**vacation** ⑲ 방학	Because we have vacation in summer. 여름에 방학이 있기 때문이다.
13	**sour** ⑱ (맛이) 신	They're a little sour. 맛이 약간 시다.
14	**stay** ⑧ 계속 있다[머무르다]	Why are you staying in bed? 너는 왜 침대에 누워 있니?
15	**have no school** 학교가 쉬다	Because I have no school today. 오늘 학교가 쉬기 때문이다.

01	**how many** 얼마나 많은	How many cats are there in the room? 그 방 안에 고양이가 몇 마리 있니?
02	**how old** 몇 살	How old is your father? 너희 아버지는 연세가 어떻게 되시니?
03	**how tall** 얼마나 키가 큰	How tall is Tom? 톰은 키가 얼마나 크니?
04	**how often** 얼마나 자주	How often do you visit your aunt? 너는 네 이모를 얼마나 자주 찾아뵙니?
05	**how long** 얼마나 오래	How long do you watch TV? 너는 얼마나 오래 TV를 보니?
06	**for** 전 ~ 동안	I sleep for seven hours a day. 나는 하루에 일곱 시간 잔다.
07	**from** 전 ~에서[부터]	How far is your house from here? 네 집은 여기에서 얼마나 머니?
08	**time** 명 ~번	She goes there three times a day. 그녀는 일주일에 세 번 거기에 간다.
09	**tower** 명 탑	How tall is the tower? 그 탑은 얼마나 높니?
10	**hundred** 명 백(100)	It's five hundred meters from here. 여기에서 500미터이다.
11	**twice** 부 두 번	They practice it twice a week. 그들은 일주일에 두 번 그것을 연습한다.
12	**exercise** 동 운동하다	I exercise for one hour a day. 나는 하루에 한 시간 운동을 한다.
13	**minute** 명 (시간 단위의) 분	I take a shower for thirty minutes. 나는 30분 동안 샤워를 한다.
14	**hot dog** 핫도그	How much is this hot dog? 이 핫도그는 가격이 얼마니?
15	**City Hall** 시청	How far is City Hall? 시청은 얼마나 머니?

다음 영어에 알맞은 우리말 뜻을 빈칸에 쓰세요.

01 Parents' Day _____

02 begin _____

03 fine _____

04 because _____

05 on foot _____

06 have a cold _____

07 tired _____

08 exciting _____

09 bark _____

10 spell _____

11 dolphin _____

12 vacation _____

13 sour _____

14 stay _____

15 have no school _____

다음 우리말 뜻에 알맞은 영어를 빈칸에 쓰세요.

01 얼마나 많은 _____

02 몇 살 _____

03 얼마나 키가 큰 _____

04 얼마나 자주 _____

05 얼마나 오래 _____

06 ~ 동안 _____

07 ~에서[부터] _____

08 ~번 _____

09 탑 _____

10 백(100) _____

11 두 번 _____

12 운동하다 _____

13 (시간 단위의) 분 _____

14 핫도그 _____

15 시청 _____

01	**last** 형 지난	I was short last year. 나는 지난해에 키가 작았다.
02	**then** 부 그때(과거·미래의 특정한 때)	I wasn't angry then. 나는 그때 화가 나지 않았다.
03	**gym** 명 체육관	We weren't in the gym yesterday. 우리는 어제 그 체육관에 있지 않았다.
04	**famous** 형 유명한	My mother was a famous cook. 우리 어머니는 유명한 요리사이셨다.
05	**be good at** ~을 잘하다	I was good at math. 나는 수학을 잘했다.
06	**weak** 형 약한, 힘이 없는	Dave and I were weak then. 데이브와 나는 그때 몸이 약했다.
07	**this year** 올해	We are classmates this year. 우리는 올해 같은 반 친구이다.
08	**grader** 형 ~학년생	I was a third grader last year. 나는 작년에 3학년이었다.
09	**sleepy** 형 졸리운	The children were not sleepy. 그 어린이들은 졸리지 않았다.
10	**young** 형 젊은, 어린	I was a young boy then. 나는 그때 어린 남자아이였다.
11	**elementary school** 초등학교	Kelly was not an elementary school student. 켈리는 초등학생이 아니었다.
12	**finger** 명 손가락	His fingers were very long. 그의 손가락들은 무척 길었다.
13	**neighbor** 명 이웃 (사람)	They are my neighbors. 그들은 우리 이웃이다.
14	**airport** 형 공항	She is not at the airport. 그녀는 공항에 있지 않다.
15	**wide** 형 넓은, 너른	This river is not wide. 이 강은 넓지 않다.

01	**scary** 형 무서운	It was scary. 그것은 무서웠다.
02	**gift** 명 선물	It was a gift for my mom. 그것은 우리 엄마를 위한 선물이었다.
03	**reporter** 명 기자	Was Mary a reporter? 메리는 기자였니?
04	**mall** 명 쇼핑몰	Why were you at the mall? 너는 왜 쇼핑몰에 있었니?
05	**floor** 명 층, 바닥	Were they on the second floor? 그들은 2층에 있었니?
06	**clerk** 명 (가게의) 점원, 직원	Were the clerks kind? 그 점원들은 친절했니?
07	**crocodile** 명 악어	Were crocodiles in the zoo? 악어들이 동물원에 있었니?
08	**restroom** 명 화장실	Is the restroom clean? 그 화장실은 깨끗하니?
09	**soldier** 명 군인, 병사	Are the soldiers brave? 그 군인들은 용감하니?
10	**parking lot** 주차장	Is the car at the parking lot? 그 차가 주차장에 있니?
11	**pocket** 명 주머니	What is in your pocket? 네 주머니 안에는 무엇이 있니?
12	**show** 명 쇼, 프로그램	Was the TV show interesting last night? 어젯밤에 그 TV 쇼는 재미있었니?
13	**friendly** 형 친절한, 상냥한	Was the boy friendly then? 그 남자아이는 그때 친절했니?
14	**festival** 명 축제	How was the festival yesterday? 어제 그 축제는 어땠니?
15	**Thanksgiving Day** 추수 감사절	When was Thanksgiving Day in 1998? 1998년에 추수 감사절은 언제였니?

᠓ 다음 영어에 알맞은 우리말 뜻을 빈칸에 쓰세요.

01 last _____

02 then _____

03 gym _____

04 famous _____

05 be good at _____

06 weak _____

07 this year _____

08 grader _____

09 sleepy _____

10 young _____

11 elementary school _____

12 finger _____

13 neighbor _____

14 airport _____

15 wide _____

〰 다음 우리말 뜻에 알맞은 영어를 빈칸에 쓰세요.

01   무서운   _____

02   선물   _____

03   기자   _____

04   쇼핑몰   _____

05   층, 바닥   _____

06   (가게의) 점원, 직원   _____

07   악어   _____

08   화장실   _____

09   군인, 병사   _____

10   주차장   _____

11   주머니   _____

12   쇼, 프로그램   _____

13   친절한, 상냥한   _____

14   축제   _____

15   추수 감사절   _____

01	**hairpin** 형 머리핀	Sally wanted the pink hairpin. 샐리는 그 분홍색 머리핀을 원했다.
02	**call** 통 전화하다	Alice called me last night. 앨리스는 어젯밤에 나에게 전화를 했다.
03	**drop** 통 떨어지다, 떨어뜨리다	She dropped the cup. 그녀는 그 컵을 떨어뜨렸다.
04	**stop** 통 멈추다, 서다	A car stopped in front of my house. 차 한 대가 우리 집 앞에 멈춰 섰다.
05	**worry** 통 걱정하다	Andy worried about his sister. 앤디는 자기 여동생에 대해 걱정을 했다.
06	**hug** 통 껴안다	I hugged the kitten. 나는 새끼 고양이를 껴안았다.
07	**plan** 통 계획하다	We planned a picnic together. 우리는 함께 소풍을 계획했다.
08	**shop** 통 쇼핑하다	She shopped at the market this afternoon. 그녀는 오늘 오후에 시장에서 쇼핑을 했다.
09	**headache** 명 두통	I have a headache last night. 나는 어젯밤에 머리가 아팠다.
10	**along** 전 ~을 따라	We walked along the beach. 우리는 해변을 따라 걸었다.
11	**finish** 통 끝나다, 끝내다	The musical finished at ten p.m. 그 뮤지컬은 오후 10시에 끝났다.
12	**alligator** 명 악어	The alligator closed its mouth. 그 악어는 입을 다물었다.
13	**contest** 명 대회, 시합	The contest began last week. 그 대회는 지난주에 시작했다.
14	**dry** 통 말리다, 닦다	I dry my hair before breakfast. 나는 아침 식사 전에 머리를 말린다.
15	**lake** 명 호수	We swim in the lake. 우리는 호수에서 수영을 한다.

01	**carry** ⑧ 나르다, 운반하다	She did not carry the boxes. 그녀는 그 상자들을 나르지 않았다.
02	**make** ⑧ 만들다(과거형: made)	Tommy made a robot yesterday. 토미는 어제 로봇을 만들었다.
03	**drink** ⑧ 마시다(과거형: drank)	He drank a glass of milk. 그는 우유 한 잔을 마셨다.
04	**shout** ⑧ 소리치다, 고함치다	Why did Anna shout? 애나는 왜 소리를 질렀니?
05	**plant** ⑧ (나무 · 씨앗 등을) 심다	Who planted this tree? 누가 이 나무를 심었니?
06	**family name** 성(姓)	Did you know Sue's family name? 너희들은 수의 성(姓)을 알고 있었니?
07	**lemonade** ⑱ 레모네이드	Did they drink his lemonade? 그들이 그의 레모네이드를 마셨니?
08	**country** ⑱ 시골	We don't live in the country. 우리는 시골에서 살지 않는다.
09	**cow** ⑱ 암소, 젖소	Do the farmers have any cows? 그 농부들은 소를 가지고 있니?
10	**loudly** ⑭ 큰 소리로	Did the wolf bark loudly last night? 늑대가 어젯밤에 큰 소리로 짖었니?
11	**cucumber** ⑱ 오이	He bought some cucumbers there. 그는 거기에서 오이 몇 개를 샀다.
12	**water** ⑧ (화초 등에) 물을 주다	Did they water the garden? 그들은 정원에 물을 줬니?
13	**bottle** ⑱ 병	How did she carry the heavy bottle? 그녀는 그 무거운 병들을 어떻게 날랐니?
14	**fry** ⑧ (기름에) 튀기다	My mom fried the carrots. 우리 엄마는 그 당근들을 튀기셨다.
15	**subway station** 지하철역	You saw your teacher at the subway station. 너는 지하철역에서 네 선생님을 보았다.

〽️ 다음 영어에 알맞은 우리말 뜻을 빈칸에 쓰세요.

01   hairpin   _____

02   call   _____

03   drop   _____

04   stop   _____

05   worry   _____

06   hug   _____

07   plan   _____

08   shop   _____

09   headache   _____

10   along   _____

11   finish   _____

12   alligator   _____

13   contest   _____

14   dry   _____

15   lake   _____

〰 다음 우리말 뜻에 알맞은 영어를 빈칸에 쓰세요.

01 나르다, 운반하다

_____

02 만들다

_____

03 마시다

_____

04 소리치다, 고함치다

_____

05 (나무 · 씨앗 등을) 심다

_____

06 성(姓)

_____

07 레모네이드

_____

08 시골

_____

09 암소, 젖소

_____

10 큰 소리로

_____

11 오이

_____

12 (화초 등에) 물을 주다

_____

13 병

_____

14 (기름에) 튀기다

_____

15 지하철역

_____

01	**board** 똉 칠판, 게시판	You look at the board. 너는 칠판을 본다.
02	**careful** 똉 조심하는, 주의 깊은	You are careful. 너는 조심한다.
03	**afraid** 똉 두려워하는	Don't be afraid. 두려워하지 마라.
04	**have a party** 파티를 열다	Let's have a birthday party. 생일 파티를 하자.
05	**fight** 똉 싸우다	Never fight with your brothers. 형제들과 절대 싸우지 마라.
06	**raise** 똉 들어 올리다	Raise your hand. 손을 들어라.
07	**pick** 똉 꺾다, 따다	Please don't pick the flowers. 꽃을 꺾지 마세요.
08	**touch** 똉 만지다	Don't touch the pictures. 그 그림들을 만지지 마라.
09	**light** 똉 (전깃)불, (전)등	Let's not turn on the light. 불을 켜지 말자.
10	**return** 똉 돌려주다	Return the book today. 오늘 그 책을 돌려줘라.
11	**use** 똉 사용하다	Please don't use this computer. 이 컴퓨터를 사용하지 마세요.
12	**cross** 똉 건너다	Let's cross the street. 길을 건너자.
13	**quiet** 똉 조용한	Be quiet, please. 조용히 하세요.
14	**before bed** 자기 전에	Brush your teeth before bed. 자기 전에 이를 닦아라.
15	**forget** 똉 잊다	Don't forget your homework. 숙제를 잊지 마라.

01	**palace** 몡 궁전	What an old palace this is! 이것은 굉장히 오래된 궁전이구나!
02	**funny** 혱 웃기는, 재미있는	What funny stories they are! 그것들은 무척 재미있는 이야기구나!
03	**wonderful** 혱 멋진, 훌륭한	How wonderful it is! 그것은 굉장히 멋지구나!
04	**interesting** 혱 재미있는, 흥미로운	What an interesting story it is! 그것은 무척 재미있는 이야기구나!
05	**bright** 혱 밝은, 빛나는	How bright the moon is! 달이 무척 밝구나!
06	**strong** 혱 강한, 힘센	What a strong man he is! 그는 굉장히 힘이 센 남자구나!
07	**expensive** 혱 비싼, 돈이 많이 드는	What an expensive car it is! 그것은 굉장히 비싼 자동차구나!
08	**fat** 혱 뚱뚱한, 살찐	How fat the pig is! 그 돼지는 무척 살쪘구나!
09	**brave** 혱 용감한	What a brave man he is! 그는 무척 용감한 남자구나!
10	**amazing** 혱 놀라운	What an amazing story it is! 그것은 무척 놀라운 이야기구나!
11	**island** 몡 섬	What a small island it is! 그것은 무척 작은 섬이구나!
12	**ugly** 혱 못생긴	The dog is very ugly. 그 개는 굉장히 못생겼다.
13	**cheap** 혱 값이 싼	This pen is very cheap. 이 펜은 굉장히 싸다.
14	**large** 혱 큰	What a large room this is! 이것은 굉장히 큰 방이구나!
15	**boring** 혱 재미없는, 지루한	How boring the class is! 그 수업은 무척 지루하구나!

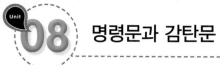
〰 다음 영어에 알맞은 우리말 뜻을 빈칸에 쓰세요.

01　board

02　careful

03　afraid

04　have a party

05　fight

06　raise

07　pick

08　touch

09　light

10　return

11　use

12　cross

13　quiet

14　before bed

15　forget

᷊ 다음 우리말 뜻에 알맞은 영어를 빈칸에 쓰세요.

01　궁전　_____

02　웃기는, 재미있는　_____

03　멋진, 훌륭한　_____

04　재미있는, 흥미로운　_____

05　밝은, 빛나는　_____

06　강한, 힘센　_____

07　비싼, 돈이 많이 드는　_____

08　뚱뚱한, 살찐　_____

09　용감한　_____

10　놀라운　_____

11　섬　_____

12　못생긴　_____

13　값이 싼　_____

14　큰　_____

15　재미없는, 지루한　_____

Answers

Unit 01 조동사 (1)

Quiz 01

1 중국어
2 던지다
3 지붕
4 들어 올리다
5 어둠
6 울타리
7 호박
8 ~을 뛰어넘다
9 소리
10 바람
11 혼자
12 밀림, 정글
13 옮기다, 움직이다
14 거미집
15 모형

Quiz 02

1 washing machine
2 fried egg
3 bucket
4 climb over
5 bathe
6 seal
7 clap
8 wink
9 calf
10 whale
11 row
12 pinwheel
13 peel
14 pick
15 parrot

Unit 02 조동사 (2)

Quiz 01

1 떠나다
2 떠들다
3 들어가다[오다]
4 줄 서다
5 치우다
6 주차하다
7 잠그다
8 낭비하다
9 ~을[를] 돌보다
10 벗다
11 가져오다, 데려오다
12 도착하다
13 (전등, 기계 등을) 켜다
14 못살게 굴다[괴롭히다]
15 정돈[정리]하다

Quiz 02

1 toothache
2 stay up late
3 pick up
4 plastic bag
5 go out
6 rude
7 take a rest
8 throw away
9 turn off
10 join
11 take
12 lose weight
13 chew
14 smell
15 find

Unit 03 there, it

Quiz 01

1 양배추
2 찬장
3 무당벌레
4 쟁반
5 쓰레기통
6 거울
7 서랍
8 냉장고
9 둥지
10 콩
11 ~에서 가까이
12 새끼 새, 병아리
13 견과
14 차고, 주차장
15 우리, 새장

Quiz 02

1 o'clock
2 rain
3 day
4 weather
5 date
6 snow
7 foggy
8 say goodbye
9 break
10 exam
11 take a shower
12 get back
13 wake up
14 humid
15 outside

Unit 04 의문사 (1)

Quiz 01

1 알다
2 안경
3 칫솔
4 돼지 저금통
5 베개
6 어린, 작은
7 조끼
8 가면
9 매우 좋아하는
10 교과서
11 사람들
12 비밀
13 연필깎이
14 파자마, 잠옷
15 태워다 주다

Quiz 02

1 lizard
2 season
3 left
4 right
5 sketchbook
6 blouse
7 among
8 subject
9 album
10 peach
11 subway
12 paintbrush
13 soap
14 enjoy
15 history

Unit 05 의문사 (2)

Quiz 01

1 어버이날
2 시작하다
3 좋은, 건강한
4 ~하기 때문에
5 걸어서, 도보로
6 감기에 걸리다
7 피곤한
8 신 나는
9 짖다
10 철자를 말하다[쓰다]
11 돌고래
12 방학
13 (맛이) 신
14 계속 있다[머무르다]
15 학교가 쉬다

Quiz 02

1 how many
2 how old
3 how tall
4 how often
5 how long
6 for
7 from
8 time
9 tower
10 hundred
11 twice
12 exercise
13 minute
14 hot dog
15 City Hall

Unit 06 과거 시제 – be동사

Quiz 01

1 지난
2 그때(과거 · 미래의 특정한 때)
3 체육관
4 유명한
5 ~을 잘하다
6 약한, 힘이 없는
7 올해
8 ~학년생
9 졸리운
10 젊은, 어린
11 초등학교
12 손가락
13 이웃 (사람)
14 공항
15 넓은, 너른

Quiz 02

1 scary
2 gift
3 reporter
4 mall
5 floor
6 clerk
7 crocodile
8 restroom
9 soldier
10 parking lot
11 pocket
12 show
13 friendly
14 festival
15 Thanksgiving Day

Unit 07 과거 시제 – 일반동사

Quiz 01

1 머리핀
2 전화하다
3 떨어지다, 떨어뜨리다
4 멈추다, 서다
5 걱정하다
6 껴안다
7 계획하다
8 쇼핑하다
9 두통
10 ~을 따라
11 끝나다, 끝내다
12 악어
13 대회, 시합
14 말리다, 닦다
15 호수

Quiz 02

1 carry
2 make
3 drink
4 shout
5 plant
6 family name
7 lemonade
8 country
9 cow
10 loudly
11 cucumber
12 water
13 bottle
14 fry
15 subway station

Unit 08 명령문과 감탄문

Quiz 01

1 칠판, 게시판
2 조심하는, 주의 깊은
3 두려워하는
4 파티를 열다
5 싸우다
6 들어 올리다
7 꺾다, 따다
8 만지다
9 (전깃)불, (전)등
10 돌려주다
11 사용하다
12 건너다
13 조용한
14 자기 전에
15 잊다

Quiz 02

1 palace
2 funny
3 wonderful
4 interesting
5 bright
6 strong
7 expensive
8 fat
9 brave
10 amazing
11 island
12 ugly
13 cheap
14 large
15 boring

Grammar, ZAP!

VOCABULARY

단어장

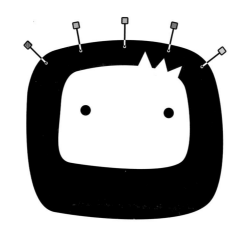

CHUNJAE EDUCATION, INC.

기본 **3**

Grammar, ZAP!

ANSWER KEY

기본 3

CHUNJAE EDUCATION, INC.

Grammar, ZAP!

ANSWER KEY

기본 3

Unit 01 조동사 (1)

Lesson 01 조동사 can

Grammar Walk!
11쪽

A
1. Tom can fly a kite.
2. My sister can play the cello.
3. Horses can swim in the river.
4. Jimmy can play baseball.
5. They can dance well.

B
1. can't[cannot]　2. can't[cannot]
3. can't[cannot]　4. can't[cannot]
5. can't[cannot]

해설 **A**
1. 톰은 연을 날릴 수 있다.
2. 내 여동생은 첼로를 켤 수 있다.
3. 말은 강에서 헤엄칠 수 있다.
4. 지미는 야구를 할 수 있다.
5. 그들은 춤을 잘 출 수 있다.

B
1. 나는 중국어를 말할 수 있다.
   → 나는 중국어를 말하지 못한다.
2. 그 선수는 공을 높게 던질 수 있다.
   → 그 선수는 공을 높게 던지지 못한다.
3. 애니는 산을 오를 수 있다.
   → 애니는 산을 오르지 못한다.
4. 우리는 빠르게 달릴 수 있다.
   → 우리는 빠르게 달리지 못한다.
5. 그 새는 하늘을 날 수 있다.
   → 그 새는 하늘을 날지 못한다.

Grammar Walk!
13쪽

A
1. Can she　2. Can they
3. Can, take　4. Can, fix
5. Can, dance

B
1. a.　2. e.　3. d.　4. b.
5. c.

해설 **A**
1. 그녀는 자동차를 운전할 수 있다.
   → 그녀는 자동차를 운전할 수 있니?

2. 그들은 자전거를 탈 수 있다.
   → 그들은 자전거를 탈 수 있니?
3. 빌은 사진을 찍을 수 있다.
   → 빌은 사진을 찍을 수 있니?
4. 브라운 씨는 지붕을 고칠 수 있다.
   → 브라운 씨는 지붕을 고칠 수 있니?
5. 그 여자아이들은 춤을 잘 출 수 있다.
   → 그 여자아이들은 춤을 잘 출 수 있니?

B
1. 그들은 수영을 할 수 있니? – a. 응, 할 수 있어.
2. 멜러니는 한국어를 읽을 수 있니?
   – e. 아니, 못해.
3. 그 고양이는 쥐를 잡을 수 있니?
   – d. 응, 할 수 있어.
4. 너희는 영어 노래를 부를 수 있니?
   – b. 아니, 못해.
5. 그는 피아노를 칠 수 있니? – c. 응, 할 수 있어.

Grammar Run!
14~15쪽

A
1. can play　2. can swim
3. can fix　4. can read
5. can ride　6. can't lift
7. can't catch　8. solve
9. cannot drive　10. carry
11. cannot　12. use
13. cannot play　14. brush
15. cannot

B
1 ❷	2 ❶	3 ❷	4 ❶
5 ❶	6 ❷	7 ❷	8 ❶
9 ❷	10 ❷	11 ❷	12 ❷
13 ❷	14 ❶	15 ❷	

해설 **A**
1. 피터는 배드민턴을 칠 수 있다.
2. 내 고양이들은 헤엄칠 수 있다.
3. 나는 자전거를 고칠 수 있다.
4. 그들은 영어 책을 읽을 수 있다.
5. 그녀의 이모는 오토바이를 타실 수 있다.
6. 켈리는 그 상자를 들어 올리지 못한다.
7. 브래드의 개들은 공을 잡지 못한다.
8. 너와 루나는 그 수학 문제를 풀지 못한다.
9. 그는 버스를 운전하지 못한다.
10. 그녀는 그 무거운 가방을 나를 수 있다.
11. 타조는 날지 못한다.

12 우리 할머니는 인터넷을 사용하실 수 있다.

13 나는 플루트를 불지 못한다.

14 그 어린 남자아이는 이를 닦을 수 있다.

15 우리는 영어로 편지를 쓰지 못한다.

B 1 너[너희]는 바이올린을 켤 수 있니?

2 켈리는 한국어를 말할 수 있니?

3 그는 바다에서 물고기를 잡을 수 있니?

4 개는 어둠 속에서 잘 볼 수 있니?

5 네 언니는 빨리 달릴 수 있니?

6 그들은 그 울타리를 점프할 수 있니?

7 너희 엄마는 호박 파이를 구우실 수 있니?

8 너는 영어로 일기를 쓸 수 있니?

9 다람쥐는 날 수 있니? – 아니, 못해.

10 켄트 씨는 춤을 잘 출 수 있니?
    – 응, 할 수 있어.

11 토끼는 나무에 올라갈 수 있니?
    – 아니, 못해.

12 네 오빠들은 테니스를 칠 수 있니?
    – 응, 할 수 있어.

13 그 아기는 걸을 수 있니? – 아니, 못해.

14 해리는 롤러코스터를 탈 수 있니?
    – 응, 할 수 있어.

15 너희 아빠는 스케이트를 잘 타실 수 있니?
    – 아니, 못하셔.

Grammar Jump! 16~17쪽

A 1 고칠 수 있다　　2 날지 못한다

3 쓸 수 있니　　　4 다이빙하실 수 있다

5 일어나지 못한다　6 뛰어넘을 수 있니

7 할 수 있다　　　8 열지 못한다

9 대답할 수 있니　10 묶을 수 있다

11 못한다　　　　12 말할 수 있니

13 만지지 못한다　14 설거지할 수 있다

15 걸을 수 있니

B 1 can　　　　　2 can't[cannot]

3 Can you　　　 4 He can

5 can't[cannot]　6 Can

7 can't[cannot]

8 She can't[cannot]

9 Can　　　　　10 can

11 can't[cannot]　12 Can he

13 can

14 can't[cannot] drink

15 Can you

Grammar Fly! 18~19쪽

A 1 speak　　　　2 can

3 Can　　　　　4 can't[cannot]

5 can't[cannot]　6 see

7 can't[cannot]　8 can make

9 can feed　　　10 Can you

11 can't[cannot] go

12 can't[cannot] live

13 he can't　　　14 can

15 can

B 1 can ski

2 can't[cannot] play

3 Can you draw　4 can touch

5 can't[cannot] swim

6 Can she move　7 can make

8 can cook　　　9 Can he speak

10 can catch

11 can't[cannot] fly

12 Can you play　13 can teach

14 can't[cannot] fix

15 Can they eat

Lesson 02 be able to

Grammar Walk! 21쪽

A 1 I am able to run fast.

2 You are able to ski.

3 A bear is able to catch fish.

4 We are able to draw a map.

5 Snakes are able to climb trees.

B 1 am　　　2 is not　　3 are

4 is not　　5 are

A 1 나는 빨리 달릴 수 있다.

2 너는 스키를 탈 수 있다.

3 곰은 물고기를 잡을 수 있다.

4 우리는 지도를 그릴 수 있다.

5 뱀은 나무를 올라갈 수 있다.

B 1 나는 중국어를 읽을 수 있다.

2 존은 세탁기를 사용하지 못한다.

3 그 강아지들은 계단을 올라갈 수 있다.

4 그녀는 팬케이크를 못 만든다.

5 우리는 축구를 할 수 있다.

Grammar Walk!
23쪽

A 1 Is she 　 2 Is Andy

3 Are they 　 4 Are tigers

5 Is that girl

B 1 b. 　 2 e. 　 3 a. 　 4 d.

5 c.

해설 **A** 1 그녀는 수영을 할 수 있다.

→ 그녀는 수영을 할 수 있니?

2 앤디는 자동차를 운전할 수 있다.

→ 앤디는 자동차를 운전할 수 있니?

3 그들은 그 봉을 뛰어넘을 수 있다.

→ 그들은 그 봉을 뛰어넘을 수 있니?

4 호랑이는 나무를 기어오를 수 있다.

→ 호랑이는 나무를 기어오를 수 있니?

5 저 여자아이는 내 공을 잡을 수 있다.

→ 저 여자아이는 내 공을 잡을 수 있니?

B 1 말은 날 수 있니? - b. 아니, 못해.

2 그들은 빨리 걸을 수 있니 - e. 아니, 못해.

3 톰은 테니스를 칠 수 있니?

- a. 응, 할 수 있어.

4 그녀는 달걀 프라이를 만들 수 있니?

- d. 응, 할 수 있어.

5 너는 이야기를 쓸 수 있니? - c. 아니, 못해.

Grammar Run!
24~25쪽

A 1 am 　 2 are 　 3 is

4 are 　 5 are 　 6 catch

7 skate 　 8 to touch 　 9 isn't

10 aren't 　 11 isn't

12 aren't 　 13 aren't 　 14 is not

15 is not

B 1 ❷ 　 2 ❷ 　 3 ❶ 　 4 ❷

5 ❷ 　 6 ❷ 　 7 ❷ 　 8 ❶

9 ❶ 　 10 ❷ 　 11 ❶ 　 12 ❷

13 ❶ 　 14 ❷ 　 15 ❷

해설 **A** 1 나는 그 상자를 열 수 있다.

2 너는 그 양동이를 나를 수 있다.

3 그녀는 영어를 가르칠 수 있다.

4 우리는 담 위를 타고 넘을 수 있다.

5 그들은 트럭을 운전할 수 있다.

6 개구리는 파리를 잡을 수 있다.

7 케빈과 낸시는 스케이트를 잘 탈 수 있다.

8 톰은 발가락 끝에 손이 닿을 수 있다.

9 그 새는 높이 날지 못한다.

10 그들은 자기 강아지를 목욕시키지 못한다.

11 수지는 내 공을 못 친다.

12 우리는 다이빙을 못한다.

13 저 남자아이들은 체스를 못 둔다.

14 그 노인은 빨리 못 달린다.

15 물개는 노래를 못 부른다.

B 1 너[너희]는 눈사람을 만들 수 있니?

2 그녀는 피아노를 칠 수 있니?

3 그들은 그 벽을 페인트칠할 수 있니?

4 너[너희]는 알파벳을 읽을 수 있니?

5 그녀는 그의 공을 잡을 수 있니?

6 돌고래는 박수를 칠 수 있니?

7 그는 컴퓨터를 사용할 수 있니?

8 그들은 물 위를 걸을 수 있니?

9 그들은 수영을 할 수 있니? - 응, 할 수 있어.

10 그들은 골프를 칠 수 있니? - 아니, 못해.

11 잭은 자전거를 탈 수 있니? - 응, 할 수 있어.

12 너는 윙크할 수 있니? - 아니, 못해.

13 폴은 높이 점프할 수 있니? - 응, 할 수 있어.

14 그녀는 그 송아지를 만질 수 있니? - 아니, 못해.

15 그는 넥타이를 맬 수 있니? - 응, 할 수 있어.

Grammar Jump!
26~27쪽

A 1 고칠 수 있다 　 2 말할 수 있다

3 못 굽는다 　 4 하지 못한다

5 그릴 수 있다   6 열 수 있다
7 쓸 수 있니   8 날 수 있니
9 못 산다   10 못 젓는다
11 들어 올릴 수 있니   12 달릴 수 있다
13 춤을 잘 출 수 있니   14 못 걷는다
15 탈 수 있니

B 1 am   2 are   3 able
4 not   5 are   6 to
7 able to   8 is, able
9 not able   10 not able to
11 Is he   12 Are
13 Are, to, they aren't
14 Is, able, she is
15 able to, they are

Grammar Fly!   28~29쪽

A 1 am   2 to play
3 am not   4 is able
5 is not   6 is able
7 to make   8 is
9 open   10 aren't
11 Eric able   12 Are
13 Is   14 Are
15 Are

B 1 is able to solve
2 is not[isn't] able to cut
3 Are, able to knit
4 is able to peel
5 am not able to play
6 Is, able to teach
7 is able to make
8 is not[isn't] able to drive
9 Are, able to catch
10 is able to build
11 are not[aren't] able to climb
12 Are, able to take
13 is able to pick

14 is not[isn't] able to read
15 Is, able to talk

해설 **A** 1 나는 바다에서 수영을 할 수 있다.
2 그는 바이올린을 켤 수 있다.
3 나는 달걀을 삶지 못한다.
4 그녀는 기타를 켤 수 있다.
5 아빠는 커피를 못 드신다.
6 헬렌은 스케이트보드를 탈 수 있다.
7 에이미는 바람개비를 만들 수 있다.
8 물고기는 눈을 감지 못한다.
9 우리 개는 그 문을 열 수 있다.
10 그 여자아이들은 사다리 위로 올라가지 못한다.
11 A: 에릭은 말을 그릴 수 있니?
   B: 응, 할 수 있어.
12 A: 너는 소금을 셀 수 있니?
   B: 아니, 못해.
13 A: 샐리는 프랑스 어를 말할 수 있니?
   B: 아니, 못해.
14 A: 그들은 테니스를 칠 수 있니?
   B: 아니, 못해.
15 A: 너는 그 울타리를 뛰어넘을 수 있니?
   B: 응, 할 수 있어.

B 1 한스는 그 문제를 풀 수 있다.
2 그녀는 그 나무를 베지 못한다.
3 너[너희]는 뜨개질을 할 수 있니?
4 그 남자아이는 오렌지 껍질을 벗길 수 있다.
5 나는 컴퓨터 게임을 하지 못한다.
6 그녀는 요가를 가르칠 수 있니?
7 우리 언니는 김치를 만들 수 있다.
8 우리 할아버지는 운전을 못하신다.
9 너는 그의 공을 잡을 수 있니?
10 크리스는 모래성을 쌓을 수 있다.
11 개는 나무를 기어오르지 못한다.
12 그들은 사진을 찍을 수 있니?
13 그 코끼리는 그 사과를 딸 수 있다.
14 켈리는 한국어를 읽지 못한다.
15 그 앵무새는 말을 할 수 있니?

REVIEW · 01   30~32쪽

1 ②	2 ③	3 ②
4 ②	5 ③	6 ④
7 ④	8 ❶	9 ④

10 ❸   11 can   12 Are
13 she can't   14 they are
15 are able to   16 can't[cannot]   17 Is
18 Jenny can tie her shoelace.
19 Are you able to draw a map?
20 Are you able to count salt?

REVIEW 해설

1 조동사 can 뒤에는 항상 동사원형이 온다.
❶ 나는 농구를 할 수 있다.
❷ He can jump high. 그는 높이 점프할 수 있다.
❸ 그녀는 영어를 말할 수 있니?
❹ 케빈은 그 상자를 나르지 못한다.

2 '~할 수 있다'의 의미로 be able to를 쓴다. 빈칸에는 주어 I에 알맞은 be동사 am을 써야 한다.
• 나는 피아노를 칠 수 있다.

3 be able to를 부정할 때는 be동사 뒤에 not을 쓴다. 주어가 Sandy이므로 빈칸에는 is not의 줄임말인 isn't가 알맞다.
• 샌디는 빨리 달리지 못한다.

4 첫 번째 문장은 현재 진행 시제이므로 빈칸에는 주어 They와 짝이 되는 be동사 are가 알맞다. 두 번째 문장 역시 be able to를 쓴 의문문으로 빈칸에는 주어 you와 짝이 되는 be동사 are가 알맞다.
• 그들은 책을 읽고 있다.
• 너[너희]는 그 의자를 옮길 수 있니?

5 조동사 can 뒤에는 언제나 동사원형이 온다. 부정문을 만들 때는 cannot 또는 can't 뒤에 동사원형을 쓰면 되고, 의문문을 만들 때는 주어와 can의 위치를 바꾸어 주면 된다.
❶ He can lift the rock. 그는 그 바위를 들어 올릴 수 있다.
❷ She can speak Korean. 그녀는 한국어를 말할 수 있다.
❸ 네[너희]는 높이 점프할 수 있니?
❹ We cannot[can't] make a sandwich. 우리는 샌드위치를 만들지 못한다.

6 be able to는 '~할 수 있다'는 의미로 to 뒤에는 동사원형이 온다. be동사가 있으므로 부정문이나 의문문을 만들 때는 be동사 뒤에 not을 붙이거나 be동사와 주어의 위치를 바꾸어 주면 된다.
❶ I'm able to use chopsticks. 나는 젓가락을 사용할 수 있다.
❷ Are you able to cook steak? 너[너희]는 스테이크를 요리할 수 있니?

❸ Emily is able to wash the dishes. 에밀리는 설거지를 할 수 있다.
❹ 그들은 스키를 못 탄다.

7 be able to 의문문에는 be동사를 사용하여 대답한다.
❶ A: 너희는 태권도를 할 수 있니?
  B: 응, 할 수 있어.
❷ A: 빌은 스케이트를 탈 수 있니?
  B: 아니, 못해.
❸ A: 그 남자아이는 영어 노래를 부를 수 있니?
  B: 아니, 못해.
❹ A: 샐리는 자전거를 탈 수 있니?
  B: Yes, she is. 응, 할 수 있어.

8 be able to는 '할 수 있다'라는 뜻으로 can으로 바꿔 쓸 수 있다.
• 그녀는 프랑스 어를 말할 수 있다.

9 「Can+주어 ~?」로 물으면 can을 사용하여 대답한다. 긍정일 때는 「Yes, 주어+can.」, 부정일 때는 「No, 주어+can't.」를 쓴다.
• 너는 다이빙을 할 수 있니? – 아니, 못해.

10 「be동사+주어+able to ~?」로 물으면 be동사를 사용하여 대답한다. 긍정일 때는 「Yes, 주어+be동사.」, 부정일 때는 「No, 주어+be동사+not.」을 쓴다.
• 그녀는 그 병을 열 수 있니? – 응, 할 수 있어.

11 '~할 수 있다'의 의미로 조동사 can을 쓸 수 있다.

12 be able to를 사용하여 물어볼 때는 be동사와 주어의 위치를 바꾼다. 주어가 dogs(복수명사)이므로 be동사는 Are를 쓴다.

13 Can으로 시작한 의문문에는 can을 사용하여 대답한다. Ms. Miller가 3인칭 단수이면서 여성이므로 주어는 대명사 she를 쓰고, 부정의 대답이므로 can't를 쓴다.
• A: 밀러 씨는 바다에서 수영을 할 수 있니?
  B: 아니, 못해.

14 be able to를 사용한 의문문에는 대답에도 be동사를 사용한다. bears가 3인칭 복수이므로 주어는 대명사 they를 쓰고, 긍정의 대답이므로 be동사 are를 쓴다.
• A: 곰은 물고기를 잡을 수 있니?
  B: 응, 할 수 있어.

15 '~할 수 있다'의 의미인 can은 be able to로 바꿔 쓸 수 있다. 주어가 We이므로 be동사는 are를 쓴다.
• 우리는 겨울에 스키를 탈 수 있다.

16 '~하지 못한다'의 의미로 can't[cannot]을 쓴다.

17 be able to를 사용하여 물어볼 때는 be동사를 주어 앞으로 보낸다. 주어가 my mother(단수명사)이므로 be 동사는 Is를 쓴다.

18 조동사 can 뒤에는 동사원형을 써야 하므로 can ties 를 can tie로 고쳐 쓴다.
 • 제니는 자기 신발끈을 묶을 수 있다.

19 be able to를 사용할 때는 be동사와 주어의 위치만 바꿔야 한다. 따라서 Are you able의 순서가 되어야 한다.
 • 너는 지도를 그릴 수 있니?

20 주어진 말이 '~할 수 있다'의 뜻을 가진 be able to이고 우리말 뜻은 '~할 수 있니?'의 의문문이므로 주어와 be동사의 위치를 바꾸어 「be동사+주어+able to 동사원형 ~?」 순으로 문장을 완성한다.

02 조동사 (2)

Lesson 01 must와 have to

Grammar Walk! 37쪽

A　1　I must brush my teeth now.
　　2　You must call your mother.
　　3　He must clean his room.
　　4　They must go to school.
　　5　We must leave at eight.

B　1　have to　　2　has to
　　3　has to　　4　have to
　　5　have to

해설　**A**　1　나는 지금 이를 닦아야 한다.
　　　　2　너는 네 어머니께 전화를 드려야 한다.
　　　　3　그는 자신의 방을 청소해야 한다.
　　　　4　그들은 학교를 가야 한다.
　　　　5　우리는 8시에 떠나야 한다.

　　　B　1　나는 잠자리에 들어야 한다.
　　　　2　우리 누나는 자기 강아지를 먹여야 한다.
　　　　3　피터는 그 식물들에게 물을 주어야 한다.
　　　　4　우리는 일기를 써야 한다.

5 우리 부모님은 자신들의 차를 세차하셔야 한다.

Grammar Walk! 39쪽

A　1　You must not make noise.
　　2　She must not wear a hat.
　　3　We must not walk on the grass.
　　4　You must not close the door.
　　5　They must not eat ice cream.

B　1　**a.**　　2　**b.**　　3　**a.**　　4　**b.**
　　5　**b.**

해설　**A**　1　너는 떠들면 안 된다.
　　　　2　그녀는 모자를 쓰면 안 된다.
　　　　3　우리는 잔디 위를 걸으면 안 된다.
　　　　4　너는 그 문을 닫으면 안 된다.
　　　　5　그들은 아이스크림을 먹으면 안 된다.

　　　B　1　그녀는 숙제를 해야 한다.
　　　　2　나는 학교에 일찍 가지 않아도 된다.
　　　　3　그들은 정원을 청소해야 한다.
　　　　4　브래드는 앤디를 만나지 않아도 된다.
　　　　5　우리는 새 펜을 사지 않아도 된다.

Grammar Run! 40~41쪽

A　1　must　　　　2　has to
　　3　don't have to　4　mustn't
　　5　have to　　　6　must
　　7　must　　　　8　have to
　　9　must not　　10　doesn't have to
　　11　must not　　12　must
　　13　must not　　14　has to
　　15　don't have to

B　1　❶　　2　❶　　3　❶　　4　❷
　　5　❷　　6　❷　　7　❶　　8　❷
　　9　❶　　10　❷　　11　❷　　12　❷
　　13　❷　　14　❶　　15　❷

해설　**B**　1　우리는 도서관에서 조용히 해야 한다.
　　　　2　앤은 매일 운동해야 한다.
　　　　3　나는 채소를 많이 먹어야 한다.

4 그들은 열심히 공부해야 한다.

5 켈리는 헬멧을 써야 한다.

6 나는 집에 일찍 와야 한다.

7 너는 네 책상을 치워야 한다.

8 그녀는 자기 손을 씻어야 한다.

9 너는 여기에서 사진을 찍으면 안 된다.

10 폴은 오늘 학교를 갈 필요가 없다.

11 그는 여기에 주차하면 안 된다.

12 그들은 영어로 말할 필요가 없다.

13 나는 TV를 너무 많이 보면 안 된다.

14 너는 샤워를 할 필요가 없다.

15 우리는 거짓말을 하면 안 된다.

Grammar Jump!
42~43쪽

A 1 잠가야 한다   2 가야 한다

3 낭비하면 안 된다   4 청소할 필요가 없다

5 돌봐야 한다   6 사야 한다

7 기다려야 한다   8 꺾으면 안 된다

9 앉아야 한다   10 연습해야 한다

11 입을 필요가 없다   12 놀면 안 된다

13 해야 한다   14 설거지를 해야 한다

15 쓸 필요가 없다

B 1 must   2 has to

3 must not   4 don't have to

5 must   6 have to

7 must not   8 doesn't have to

9 must   10 have to

11 must not   12 doesn't have to

13 must   14 must not

15 don't have to

Grammar Fly!
44~45쪽

A 1 arrive   2 has

3 waste   4 don't have

5 must   6 to send

7 to get   8 not use

9 fix   10 bring

11 doesn't   12 not

13 not run   14 to brush

15 have

B 1 must not tease   2 has to wash

3 must tidy

4 doesn't have to run

5 must not swim   6 has to stay

7 must buy   8 have to water

9 must not take   10 has to wash

11 must take

12 doesn't have to buy

13 must not eat

14 don't have to walk

15 must not make

해설 **A** 1 토미는 제시간에 도착해야 한다.

2 민호는 태권도를 연습해야 한다.

3 우리는 종이를 낭비하면 안 된다.

4 그들은 불을 켤 필요가 없다.

5 제임스는 매일 머리를 감아야 한다.

6 너는 로라에게 이메일을 보내야 한다.

7 우리는 일요일에 일찍 일어날 필요가 없다.

8 너는 젓가락을 사용하면 안 된다.

9 나는 내 의자를 고쳐야 한다.

10 너는 네 책을 가져와야 한다.

11 조지는 선글라스를 쓸 필요가 없다.

12 그들은 패스트푸드를 너무 많이 먹으면 안 된다.

13 사람들은 수영장에서 달리면 안 된다.

14 너는 잠자기 전에 이를 닦아야 한다.

15 나는 오늘 숙제를 할 필요가 없다.

B 1 우리는 동물을 괴롭히면 안 된다.

2 그녀는 자기 노란색 양말을 빨아야 한다.

3 너는 네 침실을 정돈해야 한다.

4 엄마는 달리지 않으셔도 된다.

5 그들은 그 강에서 수영하면 안 된다.

6 폴은 침대에 누워 있어야 한다.

7 그 남자아이는 자기 할아버지를 위해 카드를 사야 한다.

8 우리는 그 식물들에 물을 주어야 한다.

9 너는 여기에서 사진을 찍으면 안 된다.

10 우리 아버지는 세차를 하셔야 한다.

11 그들은 자기 애완동물들을 돌봐야 한다.

12 톰은 그것을 살 필요가 없다.

13 너는 자동차 안에서 음식을 먹으면 안 된다.

14 우리는 걸어서 거기에 갈 필요가 없다.

15 해리는 시끄럽게 해서는 안 된다.

Lesson 02 should와 had better

Grammar Walk! 47쪽

A 1 Tom's hands are dirty. He should wash his hands.

2 A: I have a toothache.
   B: You shouldn't eat sweets.

3 She is hungry. She should eat some food.

4 You shouldn't play soccer here. There are many cars.

5 It's late. We should go home now.

B 1 a.　　2 b.　　3 a.　　4 b.
　　5 b.

해설 **A** 1 톰의 손은 더럽다. 그는 손을 씻는 것이 좋겠다.

2 A: 나는 이가 아프다.
   B: 너는 단것을 먹지 않는 것이 좋겠다.

3 그녀는 배가 고프다. 그녀는 음식을 조금 먹는 것이 좋겠다.

4 너는 여기에서 축구를 하지 않는 것이 좋겠다. 차가 많이 있다.

5 늦었다. 우리는 지금 집에 가는 것이 좋겠다.

B 1 나는 불을 켜는 것이 좋겠다.

2 너는 늦게까지 깨어 있지 않는 것이 좋겠다.

3 우리는 쓰레기를 줍는 것이 좋겠다.

4 그는 너무 빨리 운전하지 않는 것이 좋겠다.

5 그들은 비닐봉지를 사용하지 않는 것이 좋겠다.

Grammar Walk! 49쪽

A 1 You had better get up now.

2 We had better invite Mr. Anderson.

3 Susie had better do her homework now.

4 They had better have breakfast.

5 I had better go to the dentist.

B 1 ❸　　2 ❸　　3 ❸　　4 ❸
　　5 ❸

해설 **A** 1 너는 지금 일어나는 것이 좋겠다.

2 우리는 앤더슨 씨를 초대하는 것이 좋겠다.

3 수지는 지금 숙제를 하는 것이 좋겠다.

4 그들은 아침 식사를 하는 것이 좋겠다.

5 나는 치과에 가는 것이 좋겠다.

B 1 나는 걸어서 학교에 가는 것이 좋겠다.
   → 나는 걸어서 학교에 가지 않는 것이 좋겠다.

2 너는 오늘 외출하는 것이 좋겠다.
   → 너는 오늘 외출하지 않는 것이 좋겠다.

3 우리는 물을 낭비하는 것이 좋겠다.
   → 우리는 물을 낭비하지 않는 것이 좋겠다.

4 그녀는 콜라를 많이 마시는 것이 좋겠다.
   → 그녀는 콜라를 많이 마시지 않는 것이 좋겠다.

5 그들은 계단을 뛰어 내려가는 것이 좋겠다.
   → 그들은 계단을 뛰어 내려가지 않는 것이 좋겠다.

Grammar Run! 50~51쪽

A 1 should　　　　2 had better

3 should not　　　4 had better

5 had better　　　6 should

7 should　　　　　8 shouldn't

9 had better　　　10 had better not

11 had better not　12 should

13 should not　　　14 had better not

15 had better not

B 1 ❶　　2 ❶　　3 ❷　　4 ❷
　　5 ❶　　6 ❷　　7 ❷　　8 ❶
　　9 ❷　　10 ❶　　11 ❶　　12 ❶
　　13 ❶　　14 ❷　　15 ❷

해설 **A** 1 너는 채소를 많이 먹는 것이 좋겠다.

2 그들은 지금 숙제를 하는 것이 좋겠다.

3 엄마는 커피를 너무 많이 드시지 않는 것이 좋겠다.

4 우리는 지금 길을 건너는 것이 좋겠다.

5 밥은 병원에 가는 것이 좋겠다. 그는 열이 있다.

6 나는 선글라스를 쓰는 것이 좋겠다. 너무 밝다.

7 그는 종이 봉지를 쓰는 것이 좋겠다.

8 그들은 사라에게 무례하게 굴지 않는 것이 좋겠다. 그녀는 친절하다.

9 너는 쉬는 것이 좋겠다.

10 샌디는 수업 중에 시끄럽게 하지 않는 것이 좋겠다.

11 너는 밤에 음식을 먹지 않는 것이 좋겠다.

12 나는 매일 책을 읽는 것이 좋겠다.

13 그는 TV를 너무 많이 보지 않는 것이 좋겠다.

14 우리는 그 개를 괴롭히지 않는 것이 좋겠다.

15 그녀는 너무 빨리 운전하지 않는 것이 좋겠다.

B 1 우리는 책을 많이 읽는 것이 좋겠다.

2 너는 네 우산을 가져오는 것이 좋겠다.

3 그들은 지금 학교에 가는 것이 좋겠다.

4 그녀는 그의 이메일에 답장을 해 주는 것이 좋겠다.

5 멀리사는 머리를 빗는 것이 좋겠다.

6 너는 벽 위에 그림을 그리지 않는 것이 좋겠다.

7 톰은 아이스크림을 먹지 않는 것이 좋겠다.

8 그는 쓰레기를 버리지 않는 것이 좋겠다.

9 우리는 불을 끄는 것이 좋겠다.

10 그들은 박물관에서 소리를 지르지 않는 것이 좋겠다.

11 마이크는 수업에 늦지 않는 것이 좋겠다.

12 너는 그 동아리에 가입하는 것이 좋겠다.

13 우리는 버스를 타는 것이 좋겠다.

14 너는 그 칼을 사용하지 않는 것이 좋겠다.

15 존은 그 상자를 열지 않는 것이 좋겠다.

Grammar Jump!

52~53쪽

A 1 먹는 것이 좋겠다   2 쉬는 것이 좋겠다

3 치우는 것이 좋겠다   4 물을 주는 것이 좋겠다

5 마시지 않는 것이 좋겠다

6 괴롭히지 않는 것이 좋겠다

7 친절하게 대하는 것이 좋겠다

8 놀지 않는 것이 좋겠다   9 마시는 것이 좋겠다

10 운동하는 것이 좋겠다

11 잠자지 않는 것이 좋겠다

12 끼는 것이 좋겠다   13 꺾지 않는 것이 좋겠다

14 가져가는 것이 좋겠다   15 타는 것이 좋겠다

B 1 should   2 had better

3 should not   4 had better not

5 should   6 had better not

7 should   8 had better

9 had better   10 should not

11 should not   12 had better not

13 should   14 had better not

15 should

Grammar Fly!

54~55쪽

A 1 had   2 stay

3 wear   4 turn

5 stand   6 lock

7 chew   8 get

9 climb   10 leave

11 fix   12 had better

13 should not   14 had better not

15 had better not

B 1 had better not go

2 should visit

3 had better not eat

4 had better study

5 had better not swim

6 should call

7 should not drink

8 had better be

9 should not go

10 should wash

해설 A 1 나는 내 침실을 정돈하는 것이 좋겠다.

2 그는 열이 있다. 그는 침대에 누워 있는 것이 좋겠다.

3 우리는 헬멧을 쓰는 것이 좋겠다.

4 저스틴은 TV를 켜지 않는 것이 좋겠다.

5 우리는 줄을 서는 것이 좋겠다.

6 밀러 씨는 그 문을 잠그는 것이 좋겠다.

7 우리는 수업 중에 껌을 씹지 않는 것이 좋겠다.

8 너는 일찍 일어나는 것이 좋겠다.

9 우리는 등산을 하지 않는 것이 좋겠다.

10 그녀는 아홉 시 전에 떠나는 것이 좋겠다.

11 그들은 지금 자신들의 차를 수리하는 것이 좋겠다.

12 수지는 먼저 자기 어머니께 여쭤 보는 것이 좋겠다.

13 너는 이 강에서 낚시를 하지 않는 것이 좋겠다.

14 너는 그것들을 만지지 않는 것이 좋겠다.

15 그들은 시끄럽게 하지 않는 것이 좋겠다.

B 1 A: 나는 감기에 걸렸다.
　　 B: 너는 스키를 타러 가지 않는 것이 좋겠다.

2 A: 나는 우리 조부모님이 그립다.
　　 B: 너는 이번 주말에 그들을 찾아뵙는 것이 좋겠다.

3 A: 이 생선은 나쁜 냄새가 난다.
　　 B: 우리는 그것을 먹지 않는 것이 좋겠다.

4 A: 제니는 내일 수학 시험이 있다.
　　 B: 그녀는 지금 수학을 공부하는 것이 좋겠다.

5 A: 바다가 매우 차다.
　　 B: 그들은 수영을 하지 않는 것이 좋겠다.

6 A: 앤디는 어디에 있니? 나는 그를 찾을 수 없다.
　　 B: 너는 그에게 전화를 하는 것이 좋겠다.

7 A: 나는 자주 밤에 잠에서 깬다.
　　 B: 너는 물을 너무 많이 마시지 않는 것이 좋겠다.

8 A: 이 바닥은 젖어 있다.
　　 B: 우리는 조심하는 것이 좋겠다.

9 A: 대니는 항상 피곤해 보인다.
　　 B: 그는 늦게 잠자리에 들지 않는 것이 좋겠다.

10 A: 밀턴 씨의 차는 너무 더럽다.
　　 B: 그녀는 세차를 하는 것이 좋겠다.

REVIEW ·· 02

56~58쪽

1 ❸	**2** ❷	**3** ❷
4 ❹	**5** ❹	**6** ❷
7 ❸	**8** ❷	**9** ❷
10 ❹	**11** ❸	**12** ❶

13 We had better not jump down the stairs.

14 She doesn't have to bring her umbrella.

15 must　　**16** should not

17 Emily has to take care of her puppy.

18 You had better not be late for class.

19 We must not take pictures here.

20 You don't have to take off your shoes in the room.

REVIEW 해설

1 have to는 주어가 3인칭 단수일 때 has to로 쓴다.
❶ 미나는 중국어를 말할 수 있다.
❷ 우리는 집을 청소해야 한다.
❸ He <u>has to</u> exercise regularly. 그는 규칙적으로 운동해야 한다.
❹ 네[너희]는 아침 식사를 하는 것이 좋겠다.

2 had better(~하는 것이 좋겠다)의 부정은 had better not(~하지 않는 것이 좋겠다)이다.
❶ 그녀는 높이 점프하지 못한다.
❷ I <u>had better not</u> go to bed late. 나는 늦게 잠자리에 들지 않는 것이 좋겠다.
❸ 우리는 물을 낭비하면 안 된다.
❹ 네[너희]는 단것을 많이 먹지 않는 것이 좋겠다.

3 ❶ She must <u>wear</u> a school uniform. 그녀는 교복을 입어야 한다.
❷ 너는 쉬는 것이 좋겠다.
❸ Bill <u>has to</u> do his homework. 빌은 숙제를 해야 한다.
❹ You <u>had better</u> get up early. 너는 일찍 일어나는 것이 좋겠다.

4 ❶ You should <u>eat</u> some salt. 너는 소금을 좀 먹는 것이 좋겠다.
❷ Jane <u>doesn't have to</u> buy books. 제인은 책을 사지 않아도 된다.
❸ Phil <u>had better not</u> watch too much TV. 필은 TV를 너무 많이 보지 않는 것이 좋겠다.
❹ 그들은 거기에서 달리면 안 된다.

5 must(~해야 한다)는 have to로 바꿔 쓸 수 있고, 이때 주어(She)가 3인칭 단수이면 has to로 쓴다.
· 그녀는 자기 방을 청소해야 한다.

6 '~하는 것이 좋겠다'는 충고의 뜻이 있는 should는 had better로 바꿔 쓸 수 있다.
· 너는 걸어서 학교에 가는 것이 좋겠다.

7 '~하는 것이 좋겠다'는 충고는 should를 쓴다.
· A: 나는 배가 아프다.
　 B: 너는 병원에 가는 것이 좋겠다.

8 '~하지 않는 것이 좋겠다'는 should not 또는 had better not을 쓴다.
· A: 나는 밤에 잠을 잘 자지 못한다.
　 B: 너는 커피를 마시지 않는 것이 좋겠다.

9 '~하는 것이 좋겠다'는 충고는 should, '~해서는 안 된다'는 금지는 must not을 쓴다.

10 '~하지 않아도 된다'는 don't[doesn't] have to를 쓰고, 일반동사의 부정문은 「주어+don't[doesn't]+동사원형 ~.」이다. 주어가 We와 I이므로 빈칸에는 공통으로 don't가 알맞다.
- 우리는 일요일에 학교에 가지 않아도 된다.
- 나는 채소를 좋아하지 않는다.

11 have to는 주어가 3인칭 단수(She)일 때 has to로 써야 한다.
- 그녀는 줄을 서야 한다[서는 것이 좋겠다].

12 ❶ A: 나는 춥다.
　　B: You had better wear a scarf. 너는 스카프를 매는 것이 좋겠다.
　❷ A: 그는 아파 보인다.
　　B: 그는 지금 집에 가는 것이 좋겠다.
　❸ A: 마리아는 의자 몇 개를 나르고 있다.
　　B: 우리는 그녀를 돕는 것이 좋겠다.
　❹ A: 그들은 일찍 일어나야 한다.
　　B: 그들은 늦게 잠자리에 들지 않는 것이 좋겠다.

13 had better(~하는 것이 좋겠다)의 부정은 had better not(~하지 않는 것이 좋겠다)이다.
- 우리는 계단을 뛰어 내려가는 것이 좋겠다.
　→ 우리는 계단을 뛰어 내려가지 않는 것이 좋겠다.

14 have to(~해야 한다)의 부정은 don't have to(~하지 않아도 된다)이다. 주어가 3인칭 단수일 때는 don't 대신 doesn't를 쓴다.
- 그녀는 자기 우산을 가져와야 한다.
　→ 그녀는 자기 우산을 가져오지 않아도 된다.

15 '~해야 한다'는 의무는 must와 have to를 쓴다. 빈칸이 한 개이므로 must가 알맞다.

16 '~하지 않는 것이 좋겠다'는 should not 또는 had better not을 쓴다. 빈칸이 두 개이므로 should not이 알맞다.

17 have to는 주어가 3인칭 단수일 때 has to로 쓴다.
- 에밀리는 자기 강아지를 돌봐야 한다.

18 had better(~하는 것이 좋겠다)의 부정은 had better not(~하지 않는 것이 좋겠다)이다.
- 너[너희]는 수업에 늦지 않는 것이 좋겠다.

19 '~하면 안 된다'는 「must not+동사원형」이다.

20 '~하지 않아도 된다'는 「don't have to+동사원형」이다.

Unit 03 there, it

Lesson 01 There is/are ~.

Grammar Walk! 63쪽

A 1 ⟨There is⟩ a cat under the sofa.
　2 ⟨There are⟩ two chairs in the room.
　3 ⟨There is⟩ a bee on the flower.
　4 ⟨There are⟩ green tomatoes in the basket.
　5 ⟨There is⟩ a big cabbage on the table.

B 1 There is a cup ⟨in the cupboard⟩.
　2 There are four tables ⟨in the room⟩.
　3 There is a kettle ⟨behind the basket⟩.
　4 There are some books ⟨in his bag⟩.
　5 There is a doghouse ⟨in the garden⟩.

해설 **A** 1 소파 아래에 고양이가 한 마리 있다.
　　　2 방 안에 의자 두 개가 있다.
　　　3 꽃 위에 벌 한 마리가 있다.
　　　4 바구니 안에 초록색 토마토들이 있다.
　　　5 탁자 위에 커다란 양배추 한 통이 있다.

　　B 1 찬장에 컵이 한 개 있다.
　　　2 방 안에 탁자가 네 개 있다.
　　　3 바구니 뒤에 주전자 한 개가 있다.
　　　4 그의 가방 안에 책 몇 권이 있다.
　　　5 정원에 개집이 하나 있다.

Grammar Walk! 65쪽

A 1 ⟨Is there⟩ a ladybug on the window?
　2 ⟨Are there⟩ two turtles in the pond?
　3 ⟨Is there⟩ a bat next to the bench?
　4 ⟨Are there⟩ chopsticks on the napkin?
　5 ⟨Is there⟩ a dog under the slide?

B 1 a.　2 b.　3 a.　4 b.
　5 a.

A 1 창문 위에 무당벌레가 한 마리 있니?

2 연못에 거북이가 두 마리 있니?

3 벤치 옆에 야구 방망이가 하나 있니?

4 냅킨 위에 젓가락이 있니?

5 미끄럼틀 아래에 개가 한 마리 있니?

B 1 쟁반 위에 칼이 하나 있니? – a.응, 있어.

2 바구니 안에 토마토가 세 개 있니? – b.응, 있어.

3 양배추 옆에 호박이 한 개 있니? – a.응, 있어.

4 바구니 안에 바나나가 두 개 있니? – b.응, 있어.

5 탁자 아래에 쓰레기통이 하나 있니?
  – a. 응, 있어.

Grammar Run! 66~67쪽

A 1 is 2 are 3 is
4 are 5 is 6 is
7 are 8 a teddy bear
9 a bed 10 three kittens
11 a mirror 12 some onions
13 a picture 14 five belts
15 a squrrel

B 1 is 2 are 3 isn't
4 aren't 5 Is 6 Are
7 Is 8 Are 9 Are
10 Is 11 there 12 there
13 there 14 there 15 there

A 1 지붕 위에 새가 한 마리 있다.

2 교실에 창문이 두 개 있다.

3 시소 아래에 공이 하나 있다.

4 쟁반 위에 오렌지가 세 개 있다.

5 유리잔에 우유가 조금 있다.

6 장미 위에 나비가 한 마리 있다.

7 필통 안에 연필이 많이 있다.

8 상자 안에 곰 인형이 하나 있다.

9 침실에 침대가 하나 있다.

10 방석 위에 새끼 고양이가 세 마리 있다.

11 탁자 옆에 거울이 한 개 있다.

12 바구니 안에 양파가 몇 개 있다.

13 벽 위에 그림이 한 점 있다.

14 서랍 안에 허리띠가 다섯 개 있다.

15 나무에 다람쥐가 한 마리 있다.

B 1 농장에 집이 한 채 있니? – 응, 있어.

2 농장에 염소가 다섯 마리 있니? – 응, 있어.

3 농장에 호랑이가 한 마리 있니? – 아니, 없어.

4 농장에 원숭이가 많이 있니? – 아니, 많이 없어.

5 운동장에 미끄럼틀이 하나 있니? – 응, 있어.

6 운동장에 그네가 두 개 있니? – 응, 있어.

7 운동장에 롤러코스터가 하나 있니?
  – 아니, 없어.

8 운동장에 자동차들이 있니? – 아니, 없어.

9 욕실에 칫솔들이 있니? – 응, 있어.

10 욕실에 변기가 하나 있니? – 응, 있어.

11 욕실에 화분이 두 개 있니? – 아니, 없어.

12 욕실에 책이 한 권 있니? – 아니, 없어.

13 마당에 개집이 하나 있니? – 아니, 없어.

14 마당에 자전거가 두 대 있니? – 응, 있어.

15 마당에 호스가 하나 있니? – 응, 있어.

Grammar Jump! 68~69쪽

A 1 There is 2 There is
3 There are 4 There are
5 There is 6 There is
7 There are 8 Is there, is
9 Are there, aren't
10 Are there, are
11 Are there, there are
12 Is there, there isn't
13 Is there, there is
14 Is there, there isn't
15 Is there, there isn't

B 1 Is there a river near the farm?

2 Are there two trees next to the river?

3 Are there five chicks in the nest?

4 Are there two rocks next to the tree?

5 Is there a snake between the rocks?

6 Is there an ant on the rock?

7 There is a pencil case on the desk.

8 There is a waste basket under the desk.

9 There are two lamps next to the bed.

10 There are two buttons in the bottle.

A 1 냉장고 안에 사과가 한 개 있다.
 2 책상 옆에 침대가 한 개 있다.
 3 벽 위에 그림이 두 점 있다.
 4 도로에 자동차들이 많이 있다.
 5 나무에 둥지가 하나 있다.
 6 바위 위에 개구리가 한 마리 있다.
 7 꽃 아래에 개미가 세 마리 있다.
 8 교실에 남자아이가 한 명 있니? – 응, 있어.
 9 상점 안에 꽃들이 많이 있니?
   – 아니, 많이 없어.
 10 탁자 아래에 고양이가 두 마리 있니?
   – 응, 있어.
 11 접시 위에 콩이 있니? – 응, 있어.
 12 침대 아래에 개가 한 마리 있니? – 아니, 없어.
 13 지붕 위에 새가 한 마리 있니? – 응, 있어.
 14 의자 위에 사전이 한 권 있니? – 아니, 없어.
 15 그릇에 밀가루가 있니? – 아니, 없어.

 B 1 농장 근처에 강이 하나 있다.
   → 농장 근처에 강이 하나 있니?
  2 강 옆에 나무가 두 그루 있다.
   → 강 옆에 나무가 두 그루 있니?
  3 둥지에 새끼 새가 다섯 마리 있다.
   → 둥지에 새끼 새가 다섯 마리 있니?
  4 나무 옆에 바위가 두 개 있다.
   → 나무 옆에 바위가 두 개 있니?
  5 바위 사이에 뱀이 한 마리 있다.
   → 바위 사이에 뱀이 한 마리 있니?
  6 바위 위에 개미가 한 마리 있다.
   → 바위 위에 개미가 한 마리 있니?
  7 책상 위에 필통이 하나 있니?
   → 책상 위에 필통이 하나 있다.
  8 책상 아래에 쓰레기통이 하나 있니?
   → 책상 아래에 쓰레기통이 하나 있다.
  9 침대 옆에 램프가 두 개 있니?
   → 침대 옆에 램프가 두 개 있다.
  10 병 안에 단추가 두 개 있니?
   → 병 안에 단추가 두 개 있다.

Grammar Fly!
70~71쪽

A 1 are   2 is   3 Is
 4 Are   5 is   6 are
 7 Is   8 is
 9 a toothbrush   10 umbrellas

11 pictures   12 a tree
13 a garden   14 flowers
15 butterflies

B 1 Is there a vase on the table?
 2 There is a letter in the mailbox.
 3 There are forty chairs in the hall.
 4 Are there mirrors in the classroom?
 5 There is a stove in the kitchen.
 6 Are there cars in the garage?
 7 There is a bathtub in the bathroom.
 8 There is a turtle on the elephant.
 9 Is there a hamster in the cage?
 10 Are there monkeys in the tree?
 11 There is some juice in the glass.
 12 Are there carrots in the basket?
 13 There are three cabbages in the box.
 14 There are three boys in the room.
 15 Is there a roller coaster in the park?

A 1 운동장에 자전거가 두 대 있다.
 2 산에 높은 탑이 하나 있다.
 3 너희 학교에는 체육관이 하나 있니?
 4 탁자 위에 깡통이 있니?
 5 탁자 아래에 바구니가 하나 있다.
 6 병 안에 견과가 많이 있다.
 7 병원 앞에 구급차가 한 대 있니?
 8 그릇 안에 쌀이 많이 있다.
 9 머그잔에 칫솔이 하나 있니?
 10 바구니 안에 우산이 세 개 있다.
 11 벽 위에 그림이 네 점 있니?
 12 집 뒤에 나무 한 그루가 있다.
 13 그 집에 정원이 있니?
 14 정원에 꽃들이 있다.
 15 꽃 근처에 나비들이 있니?

 B 1 탁자 위에 꽃병이 하나 있니?
  2 우편함에 편지가 하나 있다.
  3 강당에 의자가 사십 개 있다.
  4 교실에 거울이 있니?
  5 부엌에 가스레인지가 하나 있다.

6 차고에 자동차들이 있니?

7 욕실에 욕조가 하나 있다.

8 코끼리 위에 거북이가 한 마리 있다.

9 우리 안에 햄스터가 한 마리 있니?

10 나무에 원숭이들이 있니?

11 유리잔에 주스가 조금 있다.

12 바구니 안에 당근이 있니?

13 상자 안에 양배추가 세 통 있다.

14 방 안에 남자아이들 세 명이 있다.

15 공원에 롤러코스터가 하나 있니?

Lesson 02 비인칭 주어 it

Grammar Walk! 73쪽

A
1 It is nine o'clock.
2 It is four twenty.
3 It is raining.
4 It is Tuesday.
5 It is July 10th.
6 What time is it?
7 What day is it?

B 1 c. 2 a. 3 d. 4 b.

해설 **A** 1 9시 정각이다. 2 4시 20분이다.
3 비가 오고 있다. 4 화요일이다.
5 7월 10일이다. 6 몇 시니?
7 무슨 요일이니?

B 1 오늘 날씨가 어떠니? - c. 눈이 오고 있다.
2 무슨 요일이니? - a. 목요일이다.
3 오늘이 며칠이니? - d. 3월 2일이다.
4 몇 시니? - b. 6시 10분이다.

Grammar Walk! 75쪽

A
1 time   2 time   3 time
4 time   5 time
B 1 a., d., e.   2 b., c.

해설 **A** 1 간식 먹을 시간이다.
2 태권도를 연습할 시간이다.
3 학교에 갈 시간이다.

4 산책을 할 시간이다.

5 제인을 만날 시간이다.

B a. 피아노 수업   b. 일어나다
c. 축구를 하다   d. 아침 식사
e. 침대

Grammar Run! 76~77쪽

A
1 It   2 It
3 four o'clock   4 It is
5 Wednesday   6 fifth
7 foggy   8 September 7th
9 windy   10 for
11 to   12 to
13 a break   14 take a bath
15 breakfast

B
1 ❶   2 ❷   3 ❶   4 ❷
5 ❷   6 ❶   7 ❷   8 ❶
9 ❷   10 ❷   11 ❷   12 ❶
13 ❷

해설 **A** 1 A: 무슨 요일이니? B: 월요일이다.
2 A: 날씨가 어떠니? B: 오늘은 시원하다.
3 A: 몇 시니? B: 4시 정각이다.
4 A: 오늘은 며칠이니? B: 9월 23일이다.
5 A: 무슨 요일이니? B: 수요일이다.
6 A: 오늘은 며칠이니? B: 1월 5일이다.
7 A: 날씨가 어떠니? B: 안개가 끼었다.
8 A: 오늘은 며칠이니? B: 9월 7일이다.
9 A: 날씨가 어떠니? B: 바람이 분다.
10 영어 수업 시간이다.
11 저녁 식사를 요리할 시간이다.
12 작별 인사를 할 시간이다.
13 쉬는 시간이다.
14 A: 목욕을 할 시간이니? B: 응, 그래.
15 A: 아침 식사를 할 시간이니?
B: 아니, 그렇지 않아.

B 1 7시 정각이다.
2 월요일이다.
3 눈이 오고 있다.
4 지금은 10시 14분이다.
5 오늘은 9월 5일이다.

6 오늘은 수요일이다.

7 일어날 시간이다.

8 간식 먹을 시간이다.

9 학교에 갈 시간이다.

10 A: 무슨 요일이니? B: 금요일이다.

11 A: 몇 시니? B: 11시 정각이다.

12 A: 시험 볼 시간이니? B: 응, 그래.

13 A: 샤워할 시간이니? B: 아니, 그렇지 않아.

Grammar Jump! 78~79쪽

A
1 흐리다
2 화요일이다
3 6월 20일이다
4 7시 30분이다
5 몇 시니
6 무슨 요일이니
7 며칠이니
8 날씨가 어떠니
9 시간이다
10 춥다
11 8월 31일이다
12 아침 식사를 할
13 배드민턴을 칠
14 잘
15 잠에서 깰

B
1 It, Saturday
2 It, twelve o'clock
3 It, warm
4 It, September, twelfth
5 It, time for
6 It, to send
7 Is it, go swimming
8 It, sunny
9 It, seventh, November
10 It, ten seventeen
11 It, to buy
12 What day, it
13 It, raining
14 It, birthday party
15 It, Thursday

Grammar Fly! 80~81쪽

A
1 It is ten thirty.
2 It is Wednesday today.
3 What time is it now?

4 It is hot and humid in summer.
5 It is February sixth.
6 What day is it?
7 It is time for school.
8 How is the weather?
9 It is seven o'clock.
10 It is time to go to bed.

B
1 It is warm today.
2 It is five twenty.
3 It is Saturday.
4 It is March (the) eighth. / It is the eighth of March.
5 It is six o'clock.
6 It is time for lunch.
7 It is snowing outside.
8 It is time to get back home.
9 It is nine forty-five.
10 It is October (the) third. / It is the third of October.

REVIEW 03 82~84쪽

1 ❸	2 ❷	3 ❷
4 ❸	5 ❷	6 ❸
7 ❶	8 ❷	9 ❹
10 Is	11 to	12 ❶

13 it, It 14 there aren't 15 It is

16 Is there a stove in the kitchen?

17 Are there 18 time to

19 There are a lot of cars on the road.

20 It is time to take a bath.

REVIEW 해설

1 ❸의 there는 '거기에'라는 뜻의 부사이고 나머지는 '~이 …에 있다'라는 의미의 「There is[are]+주어+장소」에서 쓰인 there이다.
❶ 책상 위에 시계가 한 개 있다.
❷ 침실에 TV가 한 대 있니?

❸ 곰 한 마리가 거기에서 잠자고 있다.
❹ 동물원에 사자가 세 마리 있다.

2 ❷의 it은 '그것'이라는 뜻의 대명사이고 나머지는 날씨, 날짜, 시간 등을 나타내는 비인칭 주어 it이다.
❶ 오늘은 매우 덥다.
❷ 그것은 내 남동생의 가방이다.
❸ 점심 식사할 시간이다.
❹ 8월 9일이다.

3 「There is[are] ~.」 뒤에 셀 수 없는 명사(some milk)가 오면 be동사는 is를 쓴다.
❶ 방에 거울이 하나 있다.
❷ There is some milk in the bottle. 병 안에 우유가 조금 있다.
❸ 꽃 위에 벌이 한 마리 있다.
❹ 침대 아래에 모자가 하나 있니?

4 '~할 시간[때]이다'는 「It is time for+명사 ~.」 또는 「It is time to+동사원형 ~.」으로 쓸 수 있다. ❸에서 play는 동사원형이므로 for 대신 to를 써야 한다.
❶ 저녁 식사할 시간이다.
❷ 쇼핑하러 갈 시간이다.
❸ It is time to play baseball. 야구를 할 시간이다.
❹ 일어날 시간이다.

5 ❷에서 A가 요일을 묻고 있으므로 It's 뒤에 요일을 나타내는 말이 와야 한다. 며칠인지 날짜를 묻는 말은 What's the date?이다.
❶ A: 몇 시니? B: 11시 정각이다.
❷ A: 무슨 요일이니? B: 5월 5일이다.
❸ A: 날씨가 어떠니? B: 구름이 끼었다.
❹ A: 오늘은 며칠이니? B: 10월 9일이다.

6 「Is[Are] there ~?」에 대한 대답이 긍정이면 「Yes, there is[are].」, 부정이면 「No, there isn't[aren't].」로 한다.
❶ A: 미끄럼틀 아래에 개가 한 마리 있니? B: 응, 있어.
❷ A: 개수대에 칼이 하나 있니? B: 아니, 없어.
❸ A: 농장에 소들이 있니?
  B: Yes, there are. 응, 있어.
❹ A: 그의 침대 위에 장갑이 두 개 있니? B: 아니, 없어.

7 '~할 시간이다'는 「It is time for+명사 ~.」 또는 「It is time to+동사원형 ~.」을 써서 나타내고, 날씨를 나타낼 때는 비인칭 주어 it을 쓴다.
• 잘 시간이다. • 오늘 비가 오고 있다.

8 '~이 있다'는 「There is[are] ~.」이고, 날짜를 나타낼 때는 비인칭 주어 it을 쓴다.
• 지붕 위에 새 한 마리가 있다. • 4월 1일이다.

9 날씨, 날짜, 요일을 나타낼 때는 비인칭 주어 it을 쓸 수 있다. 복수명사를 대신할 때는 it이 아니라 they가 와야 하므로 ❹는 빈칸에 올 수 없다.
❶ 매우 바람이 부는 ❷ 3월 25일
❸ 일요일 ❹ 토마토들

10 there 뒤의 주어(a puppy)가 단수명사이므로 Is가 알맞다.

11 '~할 시간이다'는 「It is time for+명사 ~.」 또는 「It is time to+동사원형 ~.」을 쓸 수 있다. go가 동사원형이므로 to가 알맞다.

12 there 뒤의 주어(children)가 복수명사이므로 ❶ Is를 Are로 바꿔야 한다.
• A: 방에 아이들이 있니? B: 응, 있어.

13 요일을 나타낼 때는 비인칭 주어 it을 쓴다.
• A: 오늘은 무슨 요일이니? B: 오늘은 일요일이다.

14 「Is[Are] there+ ~?」에 대한 대답은 긍정이면 「Yes, there is[are].」, 부정이면 「No, there isn't[aren't].」이다.
• 필통에 연필이 세 자루 있니? – 아니, 없어.

15 날짜를 나타낼 때는 비인칭 주어 it을 쓴다.
• 오늘은 며칠이니? – 6월 7일이다.

16 「There is[are] ~.」의 의문문은 be동사(is)와 there의 위치를 바꾸고 문장 끝에 물음표를 쓴다.
• 부엌에 가스레인지가 하나 있다.
  → 부엌에 가스레인지가 하나 있니?

17 '~이 있니?'라고 물어볼 때는 be동사를 맨 앞에 쓰고 뒤에 there와 주어를 쓴다. there 뒤의 주어(cheetahs)가 복수명사이므로 be동사는 Are를 쓴다.

18 '~할 시간이다'는 「It is time for+명사 ~.」 또는 「It is time to+동사원형 ~.」을 쓴다. go가 동사원형이므로 to를 쓴다.

19 주어(a lot of cars)가 복수명사이므로 be동사 is를 are로 바꿔 쓴다.
• 도로에 자동차들이 많이 있다.

20 take가 동사원형이므로 for를 to로 바꿔 쓴다.
• 목욕을 할 시간이다.

Unit 04 의문사 (1)

Lesson 01 의문사 who, whose

Grammar Walk! 89쪽

A 1 A: Who are those boys?
2 A: Who cooks dinner in your home?
3 A: Who do you know?
4 A: Who does he help?
5 A: Who is your science teacher?

B 1 **a.**　2 **a.**　3 **b.**　4 **a.**
5 **b.**

해설　A 1 A: 저 남자아이들은 누구니?
B: 그들은 내 친구들이다.
2 A: 너희 집에서는 누가 저녁 식사를 요리하니?
B: 우리 엄마가 저녁 식사를 요리하신다.
3 A: 너는 누구를 아니? B: 나는 에디를 안다.
4 A: 그는 누구를 돕니?
B: 그는 자기 어머니를 도와 드린다.
5 A: 너희 과학 선생님은 누구시니?
B: 에디슨 씨가 우리 과학 선생님이시다.

　B 1 누가 네 여동생이니?
2 누가 일찍 일어나니?
3 폴은 토요일마다 누구를 만나니?
4 저 숙녀분들은 누구시니?
5 그들은 누구를 좋아하니?

Grammar Walk! 91쪽

A 1 A: Whose pet is this?
2 A: Whose is this cup?
3 A: Whose glasses are these?
4 A: Whose are these shirts?
5 A: Whose toothbrush is that?
6 A: Whose bag is black?

B 1 **a.**　2 **b.**　3 **a.**　4 **b.**
5 **a.**

해설　A 1 A: 이것은 누구의 애완동물이니?

B: 그것은 내 것이다.
2 A: 이 컵은 누구의 것이니?
B: 그것은 킴벌리의 것이다.
3 A: 이것은 누구의 안경이니?
B: 그것은 우리 아빠의 것이다.
4 A: 이 셔츠들은 누구의 것이니?
B: 그것들은 우리 엄마의 것이다.
5 A: 저것은 누구의 칫솔이니?
B: 그것은 데이비드의 것이다.
6 A: 누구의 가방이 검은색이니?
B: 린다의 가방이 검은색이다.

　B 1 저것은 누구의 돼지 저금통이니?
2 이 연은 누구의 것이니?
3 이것들은 누구의 카메라니?
4 저 크레용들은 누구의 것이니?
5 누구의 양말이 빨간색이니?

Grammar Run! 92~93쪽

A 1 Who　2 Who　3 Whose
4 Who　5 Whose　6 Who
7 Whose　8 Who　9 Who
10 Whose　11 Who　12 Who
13 Who　14 Whose　15 Who

B 1 ❶　2 ❷　3 ❶　4 ❷
5 ❶　6 ❷　7 ❷　8 ❶
9 ❶　10 ❷　11 ❷　12 ❷
13 ❶　14 ❶　15 ❶

해설　A 1 A: 그 키 큰 남자아이는 누구니?
B: 그는 우리 오빠이다.
2 A: 그들은 누구니?
B: 그들은 우리 부모님이시다.
3 A: 이것은 누구의 베개니?
B: 그것은 내 여동생의 것이다.
4 A: 데이비드가 누구니?
B: 그는 내 친구이다.
5 A: 이 블라우스는 누구의 것이니?
B: 그것은 우리 어머니의 것이다.
6 A: 네 여동생은 누구를 좋아하니?
B: 그는 마이클을 좋아한다.
7 A: 저것들은 누구의 연필이니?
B: 그것들은 그의 연필이다.
8 A: 저 어린 여자아이는 누구니?

B: 그녀는 베티이다.

9 A: 너는 오늘 누구를 만나니?
B: 나는 우리 할머니를 만난다.

10 A: 이 공책들은 누구의 것이니?
B: 그것들은 네 것이다.

11 A: 누가 그녀의 전화번호를 아니?
B: 내가 그것을 안다.

12 A: 저 여자들은 누구니?
B: 그들은 짐의 이모들이시다.

13 A: 누가 거실에 있니?
B: 빌이 거기에 있다.

14 A: 저것은 누구의 사전이니?
B: 그것은 그녀의 것이다.

15 A: 너희 선생님은 누구시니?
B: 스완 씨가 우리 선생님이시다.

B 1 너희 할아버지는 누구시니?
2 너는 누구니?
3 너는 누구를 돕니?
4 누가 늦게 잠자리에 드니?
5 이것은 누구의 오렌지니?
6 이것은 누구의 바지니?
7 저 운동화는 누구의 것이니?
8 저 보트는 누구의 것이니?
9 누가 연을 날리고 있니?
10 그는 누구를 좋아하니?
11 누가 수학을 가르치니?
12 이것들은 누구의 콩이니?
13 그들은 매달 누구를 찾아가니?
14 이 입장권은 누구의 것이니?
15 이것은 누구의 빵이니?

Grammar Jump!
94~95쪽

A 1 Susie   2 mine
3 Billy's   4 my sister
5 Sarah sings   6 her mask
7 Dad drives it.   8 likes Beth
9 Paul's friends   10 a soccer player
11 Jason feeds them.
12 my cousin   13 They're
14 Mark is my brother.
15 Jane's

B 1 Who   2 Who   3 Whose

---

4 Who   5 Who   6 Who
7 Whose   8 Who   9 Who
10 Who   11 Whose   12 Who
13 Whose   14 Who   15 Who

해설 A 1 A: 그 용감한 여자아이는 누구니?
B: 그녀는 수지이다.

2 A: 이것은 누구의 우산이니?
B: 그것은 내 것이다.

3 A: 이것은 누구의 조끼니?
B: 그것은 빌리의 것이다.

4 A: 저 아기는 누구니?
B: 그녀는 내 여동생이다.

5 A: 누가 저 노래를 부르니?
B: 사라가 그것을 부른다.

6 A: 이 가면은 누구의 것이니?
B: 그것은 그녀의 가면이다.

7 A: 누가 그 자동차를 운전하니?
B: 아빠가 운전하신다.

8 A: 데이비드는 누구를 좋아하니?
B: 그는 베스를 좋아한다.

9 A: 저 학생들은 누구니?
B: 그들은 폴의 친구들이다.

10 A: 데이비드 베컴은 누구니?
B: 그는 축구 선수이다.

11 A: 누가 소에게 먹이를 주니?
B: 제이슨이 그들에게 먹이를 준다.

12 A: 너는 일요일마다 누구를 만나니?
B: 나는 우리 사촌을 만난다.

13 A: 이것들은 누구의 책이니?
B: 그것들은 우리 할아버지의 것이다.

14 A: 누가 네 형이니?
B: 마크가 우리 형이다.

15 A: 이 장갑은 누구의 것이니?
B: 그것들은 제인의 장갑이다.

Grammar Fly!
96~97쪽

A 1 is   2 do   3 Whose
4 Who   5 does   6 are
7 Whose   8 is   9 teaches
10 do   11 Whose   12 is
13 Whose   14 Who   15 goes

B 1 Who is   2 Who are

3 Whose	4 Who
5 Whose	6 Whose
7 Who	8 Who is
9 Whose	10 Who are
11 Who	12 Whose
13 Who is	14 Whose
15 Who	

해설 **B** 1 A: 그녀는 누구니?
B: 그녀는 우리 고모이시다.

2 A: 그들은 누구니?
B: 그들은 댄의 반 친구들이다.

3 A: 이것들은 누구의 로봇이니?
B: 그것들은 네 것이다.

4 A: 그 비밀을 누가 아니?
B: 루시가 그것을 안다.

5 A: 이 책상은 누구의 것이니?
B: 그것은 내 것이다.

6 A: 저것은 누구의 연필깎이니?
B: 그것은 그녀의 것이다.

7 A: 주말에는 누가 점심 식사를 요리하니?
B: 포터 씨가 점심 식사를 요리하신다.

8 A: 네가 좋아하는 운동선수는 누구니?
B: 필이 내가 좋아하는 운동선수이다.

9 A: 이 치마들은 누구의 것이니?
B: 그것들은 에이미의 것이다.

10 A: 저 남자아이들은 누구니?
B: 그들은 메이 부인의 아들이다.

11 A: 누가 매일 거리를 청소하니?
B: 페리 씨가 청소하신다.

12 A: 이것은 누구의 샐러드니?
B: 그것은 줄리아의 것이다.

13 A: 저 남자는 누구니?
B: 그는 우리 할아버지이시다.

14 A: 저것들은 누구의 잠옷이니?
B: 그것들은 우리 언니의 것이다.

15 A: 누가 너를 학교에 차로 데려다 주니?
B: 우리 엄마가 나를 그곳에 차로 데려다 주신다.

02 의문사 what, which

Grammar Walk!
99쪽

A 1 A: What are those?

2 A: What does he do after school?
3 A: What do you need?
4 A: What is this?
5 A: What do you want?

B 1 c.   2 a.   3 d.   4 b.
5 e.

해설 **A** 1 A: 저것들은 무엇이니? B: 그것들은 양이다.

2 A: 그는 방과 후에 무엇을 하니?
B: 그는 보통 축구를 한다.

3 A: 너는 무엇이 필요하니?
B: 나는 물이 조금 필요하다.

4 A: 이것은 무엇이니? B: 그것은 모자이다.

5 A: 너는 무엇을 원하니?
B: 나는 국수를 원한다.

B 1 그녀는 무슨 꽃을 좋아하니?

2 너는 몇 시에 일어나니?

3 오늘은 무슨 요일이니?

4 샘은 무슨 색을 좋아하니?

5 그들은 매일 무슨 과일을 먹니?

Grammar Walk!
101쪽

A 1 A: Which desk is his?
2 A: Which is Peter's cap?
3 A: Which do you like, this one or that one?
4 A: Which is sugar?
5 A: Which does she want?

B 1 c.   2 e.   3 a.   4 b.
5 d.

해설 **A** 1 A: 어느 책상이 그의 것이니?
B: 더러운 것이 그의 것이다.

2 A: 어느 것이 피터의 모자니?
B: 파란 것이 그의 것이다.

3 A: 너는 이것과 저것 중 어느 것을 좋아하니?
B: 나는 이것을 좋아한다.

4 A: 어느 것이 설탕이니?
B: 오른쪽에 있는 것이 설탕이다.

5 A: 그녀는 어느 것을 원하니?
B: 그녀는 이 연필들을 원한다.

B 1 어느 스케치북이 네 것이니?

2 너는 어느 블라우스를 원하니?
3 너는 어느 계절을 좋아하니?
4 어느 가방이 네 것이니?
5 너는 어느 버스를 타니?

Grammar Run! 102~103쪽

A 1 What 2 Which 3 What
4 What 5 Which 6 What
7 Which 8 What 9 What
10 What 11 Which 12 What
13 Which 14 What 15 What

B 1 ❶ 2 ❶ 3 ❶ 4 ❷
5 ❶ 6 ❶ 7 ❷ 8 ❷
9 ❷ 10 ❶ 11 ❷ 12 ❶
13 ❷ 14 ❶ 15 ❶

해설 **B** 1 네 여동생의 이름은 무엇이니?
2 헨리의 배낭은 어느 것이니?
3 지금은 몇 시니?
4 민수는 무엇을 마시니?
5 너는 사과와 키위 중 어느 것을 원하니?
6 오늘은 며칠이니?
7 네 신발은 어느 것이니?
8 프랭크는 보통 무엇을 그리니?
9 그녀의 남동생은 무슨 과일을 좋아하니?
10 이 숟가락들 중에 어느 것이 에밀리의 것이니?
11 그녀는 손에 무엇을 가지고 있니?
12 너는 10번과 9번 버스 중 어느 버스를 타니?
13 미나는 일요일에 무엇을 하니?
14 이 셔츠는 몇 치수니?
15 너는 어느 아이스크림을 좋아하니?

Grammar Jump! 104~105쪽

A 1 무슨 꽃 2 무슨 색
3 무슨 운동 4 어느 연필
5 무슨 과목 6 어느 공책
7 어느 치마 8 무슨 요일
9 어느 말 10 무슨 영화
11 어느 오렌지들 12 어느 샌드위치
13 어느 버스 14 어느 계절

15 몇 시

B 1 What 2 Which 3 What
4 What 5 Which 6 What
7 What 8 What 9 Which
10 Which 11 What 12 What
13 What 14 Which 15 Which

해설 **A** 1 너는 무슨 꽃을 좋아하니?
2 지미는 무슨 색을 좋아하니?
3 테드는 무슨 운동을 좋아하니?
4 어느 연필이 네 것이니?
5 너는 무슨 과목을 좋아하니?
6 어느 공책이 앨리의 것이니?
7 너는 어느 치마를 원하니?
8 오늘은 무슨 요일이니?
9 어느 말이 다이너마이트니?
10 켄은 무슨 영화를 보고 있니?
11 어느 오렌지들이 그들의 것이니?
12 너는 어느 샌드위치를 원하니?
13 너는 어느 버스를 타니?
14 네 엄마는 어느 계절을 좋아하시니?
15 그녀는 몇 시에 집에 오니?

Grammar Fly! 106~107쪽

A 1 is 2 What
3 do 4 Which
5 What 6 is
7 Which 8 does
9 What 10 Which
11 Which 12 Which
13 do 14 What
15 are

B 1 What is 2 Which is
3 What is 4 What is
5 What does 6 What are
7 What do 8 Which
9 What do 10 What sport
11 What subject 12 What color
13 Which dress 14 Which shoes
15 Which car

REVIEW ·· 04

108~110쪽

1 ❹	2 ❶	3 ❷
4 ❸	5 ❹	6 ❸
7 ❹	8 ❷	9 ❶
10 ❹	11 What	12 Whose
13 What	14 Whose	
15 What sport	16 Who do	

17 What does she drink every morning?

18 Who cleans the bathroom every day?

19 Whose are these crayons?

20 Which food do you want?

REVIEW 해설

1 ❹ what time은 '몇 시'라는 뜻이다.

2 B가 that girl이 누구인지 대답하고 있으므로 빈칸에는 '누구'의 의미인 의문사 Who가 알맞다.
· A: 저 여자아이는 누구니?
B: 그녀는 우리 언니이다.

3 B가 샌드위치를 먹는다고 했으므로 빈칸에는 '무엇을'의 의미인 의문사 What이 알맞다.
· A: 너는 점심 식사로 무엇을 먹니?
B: 나는 보통 샌드위치를 먹는다.

4 whose 뒤에 명사가 오면 '누구의'라는 뜻이고 whose가 명사 없이 혼자 쓰이면 '누구의 것'이라는 뜻이다.
❶ 이것은 누구의 자전거니?
❷ 누구의 모자가 빨간색이니?
❸ 저 책들은 누구의 것이니?
❹ 저것은 누구의 재킷이니?

5 which 뒤에 명사가 오면 '어느'라는 뜻이고 which가 명사 없이 혼자 쓰이면 '어느 것'이라는 뜻이다.
❶ 네 펜은 어느 것이니?
❷ 너는 햄과 치즈 중에 어느 것을 좋아하니?
❸ 어느 것이 설탕이니?
❹ 너는 어느 계절을 좋아하니?

6 A가 동물이 '무엇'인지 묻고 있으므로 대답으로 동물의 이름을 말하는 ❸이 알맞다.
· 저 동물은 무엇이니?
❶ 응, 그래.　　　　❷ 응, 있어.
❸ 그것은 물개이다.　❹ 그것은 내 것이다.

7 A가 '누가' 수학을 가르치는지 묻고 있으므로 대답으로 가르치는 사람의 이름을 말하는 ❹가 알맞다.

· 누가 수학을 가르치니?
❶ 아니, 그렇지 않아.　❷ 응, 그래.
❸ 나는 수학을 배운다.
❹ 켄트 선생님이 수학을 가르치신다.

8 「What+do[does]+주어+동사원형 ~?」은 '무엇을 ~하니?'라는 의미로 주어가 3인칭 단수일 때는 do 대신 does를 쓴다.
❶ 이것은 누구의 자전거니?
❷ What does Tom do after school? 톰은 방과 후에 무엇을 하니?
❸ 누가 교실에 있니?
❹ 너는 어느 계절을 좋아하니?

9 「Who+be동사 ~?」는 '~는 누구니?', '누가 ~이니?'라는 의미로 be동사 뒤의 말이 복수명사(the children)일 때는 are를 쓴다.
❶ Who are the children? 그 어린이들은 누구니?
❷ 이것은 누구의 책상이니?
❸ 그녀는 어느 버스를 타니?
❹ 그들은 몇 시에 일어나니?

10 ❹에서 A는 '너는 어느 아이스크림을 좋아하니?'라고 묻고 있으므로 좋아하는 아이스크림의 종류를 말해야 자연스럽다.
❶ A: 저것은 누구의 칫솔이니?
B: 그것은 제시카의 것이다.
❷ A: 누가 너를 학교에 차로 데려다 주니?
B: 엄마가 나를 학교에 차로 데려다 주신다.
❸ A: 너는 무엇이 필요하니?
B: 나는 물이 좀 필요하다.
❹ A: 너는 어느 아이스크림을 좋아하니?
B: 아이스크림을 굉장히 좋아한다.

11 '무슨 ~'이라는 의미를 나타낼 때는 의문사 what을 쓴다.

12 '누구의 ~'라는 의미를 나타낼 때는 의문사 whose를 쓴다.

13 B가 책을 읽는다고 했으므로 빈칸에는 '무엇을'의 의미인 의문사 what이 알맞다.
· A: 톰은 저녁 식사 후에 무엇을 하니?
B: 그는 책을 읽는다.

14 B가 손목시계가 자신의 어머니의 것이라고 말하고 있으므로 빈칸에는 '누구의 것'이라는 의미의 의문사 whose가 알맞다.
· A: 이 손목시계는 누구의 것이니?
B: 그것은 우리 어머니의 것이다.

15 '무슨 ~'은 「what+명사」를 써서 나타낸다. '운동'은 영어로 sport이다.

16 '누구를 ∼하니?'는 「Who+do[does]+주어+동사원형 ∼?」의 형태로 쓴다. 주어가 you일 때는 Who 뒤에 do를 쓴다.

17 '무엇을 ∼하니?'는 「What+do[does]+주어+동사원형 ∼?」의 형태로 쓴다. 주어가 she일 때는 What 뒤에 does를 쓴다.
  · 그녀는 아침마다 무엇을 마시니?

18 의문사 who가 일반동사 앞에서 '누가'라는 의미로 주어로 쓰이면 일반동사는 3인칭 단수 현재형(cleans)을 써야 한다.
  · 누가 매일 욕실을 청소하니?

19 '∼는 누구의 것이니?'라는 의미로 「Whose+be동사+주어?」를 쓴다.
  · 이 크레용들은 누구의 것이니?

20 '어느 ∼을 …하니?'라는 의미로 「Which+명사+do[does]+주어+동사원형 ∼?」을 쓴다.
  · 너는 어느 음식을 원하니?

05 의문사 (2)

Lesson 01 의문사 when, where, how, why

Grammar Walk! 115쪽

A
1 A: (When) is Parents' Day?
2 A: (Where) is Shanghai?
3 A: (When) do you go to bed?
4 A: (Where) does she buy vegetables?
5 A: (When) do you have math class?

B 1 b. 2 a. 3 b. 4 a.
  5 b.

해설 **A** 1 A: 어버이날이 언제니? B: 5월 8일이다.
  2 A: 상하이는 어디에 있니? B: 중국에 있다.
  3 A: 너는 언제 잠자리에 드니?
    B: 나는 10시 정각에 잠자리에 든다.
  4 A: 그녀는 채소를 어디에서 사니?
    B: 그녀는 채소를 시장에서 산다.
  5 A: 너는 언제 수학 수업이 있니?
    B: 목요일에 수학 수업이 있다.

B 1 네 개는 어디에 있니?
  2 너는 언제 조깅을 하러 가니?
  3 브래드는 어디에서 책을 읽니?
  4 그 수업은 언제 시작하니?
  5 그들은 매년 어디에 가니?

Grammar Walk! 117쪽

A
1 A: (How) are you?
2 A: (Why) do you like Helen?
3 A: (How) do you go to the park?
4 A: (Why) is Anne late?
5 A: (How) is the computer?

B 1 a. 2 b. 3 a. 4 b.
  5 a.

해설 **A** 1 A: 어떻게 지내니? B: 잘 지낸다.
  2 A: 너는 헬렌을 왜 좋아하니?
    B: 그녀가 친절하기 때문이다.
  3 A: 너는 공원에 어떻게 가니?
    B: 나는 지하철로 공원에 간다.
  4 A: 앤은 왜 늦었니?
    B: 감기에 걸렸기 때문이다.
  5 A: 그 컴퓨터는 어떠니? B: 매우 좋다.

B 1 네 새로운 학교 생활은 어떠니?
  2 너는 왜 피곤하니?
  3 오늘 날씨가 어떠니?
  4 스티브는 왜 축구를 좋아하니?
  5 너는 공원에 어떻게 가니?

Grammar Run! 118~119쪽

A 1 When   2 How   3 Where
  4 Why   5 When   6 Where
  7 How   8 Why   9 When
  10 Where   11 How   12 Why

B 1 ❶   2 ❷   3 ❷   4 ❶
  5 ❷   6 ❷   7 ❷   8 ❶
  9 ❷   10 ❶   11 ❷   12 ❶

해설 **A** 1 A: 너는 언제 학교에 가니?
    B: 나는 8시 30분에 학교에 간다.

2 A: 너는 집에 어떻게 가니?
　　B: 나는 자전거로 집에 간다.

3 A: 데이비드는 어디에 있니?
　　B: 그는 교실에 있다.

4 A: 너는 겨울을 왜 좋아하니?
　　B: 스케이트를 탈 수 있기 때문이다.

5 A: 크리스마스가 언제니? / B: 12월 25일이다.

6 A: 그들은 어디에서 춤을 추고 있니?
　　B: 그들은 그 건물 뒤에서 춤을 추고 있다.

7 A: 너는 동물원에 어떻게 가니?
　　B: 나는 지하철로 거기에 간다.

8 A: 너는 왜 울고 있니?
　　B: 내 강아지가 그립기 때문이다.

9 A: 그 영화는 언제 시작하니?
　　B: 그것은 오후 3시에 시작한다.

10 A: 내 배낭은 어디에 있니?
　　　B: 의자 위에 있다.

11 A: 이 스웨터는 어떠니? / B: 그것은 예쁘다.

12 A: 너는 콩을 왜 싫어하니?
　　　B: 그것들은 맛이 없기 때문이다.

B 1 너는 네 조부모님을 언제 찾아뵙니?
　　 – 나는 그들을 일요일마다 찾아뵙는다.

2 런던은 어디에 있니? – 그것은 영국에 있다.

3 멀린은 부산에 어떻게 가니?
　　 – 그는 기차로 거기에 간다.

4 맥스는 왜 도서관에서 공부하니?
　　 – 도서관이 조용하기 때문이다.

5 그 상점은 언제 문을 닫니?
　　 – 그곳은 오후 10시에 문을 닫는다.

6 그들은 어디에서 축구를 하니?
　　 –그들은 공원에서 축구를 한다.

7 그들의 새 노래는 어떠니? – 그것은 매우 좋다.

8 너희 개는 왜 짖고 있니?
　　 – 배가 고프기 때문이다.

9 봄은 언제 시작되니? – 3월에 시작된다.

10 낙타는 어디에 사니?
　　　 – 그것들은 사막에서 산다.

11 웬디는 병원에 어떻게 가니?
　　　 – 그녀는 걸어서 간다.

12 너는 민수를 왜 좋아하니?
　　　 – 그가 친절하기 때문이다.

Grammar Jump! 120~121쪽

A 1 When　　**2** Where　　**3** How
　　4 Why　　**5** When　　**6** Where

7 How　　**8** Why　　**9** When
10 How　　**11** Where　　**12** How

B 1 do　　**2** does　　**3** do
4 do　　**5** does　　**6** do
7 does　　**8** are　　**9** is
10 are　　**11** is　　**12** is

해설 **A 1** A: 너희 학교는 언제 시작하니?
　　　B: 3월에 시작한다.

2 A: 빌리는 어디에서 사니?
　　B: 그는 뉴욕에서 산다.

3 A: 피터의 여동생은 어떠니?
　　B: 그녀는 사랑스럽다.

4 A: 너는 왜 웃고 있니?
　　B: 이 영화가 매우 재미있기 때문이다.

5 A: 설날은 언제니? / B: 1월 1일이다.

6 A: 에펠 탑은 어디에 있니?
　　B: 그것은 파리에 있다.

7 A: 네 이름의 철자는 어떻게 되니?
　　B: S, A, L, L, Y이다.

8 A: 제인은 왜 바쁘니?
　　B: 그녀가 숙제가 많기 때문이다.

9 A: 그들은 언제 태권도를 연습하니?
　　B: 그들은 방과 후에 그것을 연습한다.

10 A: 너는 거기에 어떻게 가니?
　　　B: 나는 자동차로 거기에 간다.

11 A: 네 고양이는 어디에서 잠을 자니?
　　　B: 소파에서 잠을 잔다.

12 A: 너희 할머니의 케이크는 어떠니?
　　　B: 정말 맛있다!

B 1 A: 너는 숙제를 어디에서 하니?
　　　B: 나는 집에서 숙제를 한다.

2 A: 존은 어떻게 여기에 오니?
　　B: 그는 걸어서 여기에 온다.

3 A: 돌고래들은 어디에서 사니?
　　B: 돌고래들은 바다에서 산다.

4 A: 너는 여름을 왜 좋아하니?
　　B: 여름에 방학이 있기 때문이다.

5 A: 그녀는 언제 축구를 하니?
　　B: 그녀는 방과 후에 축구를 한다.

6 A: 한국어로 "hello"는 어떻게 말하니?
　　B: "안녕"이라고 말한다.

7 A: 샘은 왜 당근을 먹니?
　　B: 그가 당근을 좋아하기 때문이다.

8 A: 그 포도는 어떠니? / B: 맛이 약간 시다.

9 A: 그녀는 왜 항상 늦니?
　　B: 그녀가 늦게 잠자리에 들기 때문이다.

10 A: 너희 부모님은 어떻게 지내시니?
　　B: 잘 지내신다.

11 A: 그 은행은 어디에 있니?
　　B: 제과점 옆에 있다.

12 A: 엄마의 생신은 언제니?
　　B: 다음 주 토요일이다.

Grammar Fly!

A
1 Where　2 When　3 is
4 How　5 Why　6 does
7 Why　8 When　9 are
10 does　11 is　12 When
13 do　14 is he
15 is the weather

B
1 When do　2 How are
3 Where does　4 Why are
5 When does　6 How does
7 Why does　8 When is
9 How is　10 When do
11 When does　12 Where is

해설 **A** 1 A: 내 양말은 어디에 있니?　B: 침대 위에.
2 A: 그 콘서트는 언제 시작하니?
　　B: 그것은 9시에 시작한다.
3 A: 조니는 어디에 있니?　B: 운동장에.
4 A: 그들은 어떻게 일본에 가니?　B: 배로.
5 A: 너는 사과를 왜 좋아하니?
　　B: 달콤하기 때문이다.
6 A: 톰은 언제 샤워를 하니?　B: 아침에.
7 A: 너는 왜 침대에 누워 있니?
　　B: 아프기 때문이다.
8 A: 너는 언제 TV를 보니?　B: 저녁 식사 후에.
9 A: 내 운동화는 어디에 있니?　B: 상자 옆에.
10 A: 그녀는 언제 쿠키를 굽니?　B: 일요일마다.
11 A: 한글날은 언제니?　B: 10월 9일이다.
12 A: 너는 언제 수영을 하러 가니?　B: 아침마다.
13 A: 그의 이름은 철자가 어떻게 되니?
　　B: P, A, T, R, I, C, K이다.
14 A: 그는 지금 어디에 있니?　B: 차고에.
15 A: 지금 날씨가 어떠니?　B: 비가 오고 있다.

B 1 A: 너희들은 언제 점심 식사를 하니?
　　B: 우리는 정오에 점심 식사를 한다.
2 A: 오늘 기분이 어떠니?　B: 좋다.
3 A: 그녀는 어디에서 사니?
　　B: 그녀는 서울에서 산다.
4 A: 너는 오늘 왜 집에 있니?
　　B: 오늘 학교가 쉬기 때문이다.
5 A: 그 제과점은 언제 문을 여니?
　　B: 아침 7시에 문을 연다.
6 A: 그는 박물관에 어떻게 가니?
　　B: 그는 버스로 간다.
7 A: 폴은 왜 자주 동물원에 가니?
　　B: 그가 동물을 좋아하기 때문이다.
8 A: 수의 생일은 언제니?
　　B: 이번 목요일이다.
9 A: 이 그림은 어떠니?　B: 아름답다.
10 A: 그들은 언제 축구를 하니?
　　B: 그들은 토요일에 축구를 한다.
11 A: 피터는 언제 책을 읽니?
　　B: 그는 저녁에 책을 읽는다.
12 A: 은행은 어디에 있니?
　　B: 슈퍼마켓 옆에 있다.

Lesson 02 how+형용사/부사

Grammar Walk!

A
1 A: How many cats are there in the room?
2 A: How much honey do you put in the tea?
3 A: How many bananas do you eat a day?
4 A: How much milk do you want?
5 A: How many umbrellas do you have?

B 1 b.　2 a.　3 a.　4 b.
5 a.

해설 **A** 1 A: 방 안에 고양이가 몇 마리 있니?
　　B: 세 마리 있다.
2 A: 너는 차에 꿀을 얼마나 많이 넣니?
　　B: 나는 꿀 두 숟가락을 넣는다.
3 A: 너는 하루에 바나나를 몇 개 먹니?
　　B: 나는 하루에 바나나 두 개를 먹는다.

정답 및 해설 **25**

4 A: 너는 우유를 얼마나 많이 원하니?
   B: 나는 우유 한 잔을 원한다.
5 A: 너는 우산을 몇 개 가지고 있니?
   B: 나는 두 개를 가지고 있다.

B 1 병 안에 우유가 얼마나 많이 있니?
2 방에 얼마나 많은 남자아이들이 있니?
3 너는 한 달에 책을 몇 권 읽니?
4 그들은 버터를 얼마나 많이 먹니?
5 너는 모자를 몇 개 가지고 있니?

Grammar Walk! 127쪽

A 1 A:⟨How old⟩is your father?
2 A:⟨How often⟩do you visit your aunt?
3 A:⟨How far⟩is the gym?
4 A:⟨How tall⟩is Tom?
5 A:⟨How long⟩do you watch TV?

B 1 b.　2 c.　3 a.　4 e.
5 d.

해설 A 1 A: 너희 아버지는 연세가 어떻게 되시니?
   B: 그는 마흔다섯 살이시다.
2 A: 너는 너희 이모를 얼마나 자주 찾아뵙니?
   B: 한 달에 한 번.
3 A: 그 체육관은 얼마나 머니?
   B: 여기에서 100미터이다.
4 A: 톰은 키가 얼마나 크니?
   B: 그는 165센티미터이다.
5 A: 너는 얼마나 오래 TV를 보니?
   B: 한 시간 동안.

B 1 민호는 키가 얼마나 크니?
2 그녀는 얼마나 자주 시장에 가니?
3 그 과학자는 몇 살이니?
4 네 머리카락은 길이가 얼마나 기니?
5 너희 학교는 여기에서 얼마나 머니?

Grammar Run! 128~129쪽

A 1 many　2 much　3 old
4 long　5 far　6 many
7 often　8 pens　9 tall
10 tall　11 long　12 time

B 1 ❶　2 ❷　3 ❷　4 ❶
5 ❷　6 ❶　7 ❷　8 ❶
9 ❷　10 ❶　11 ❷　12 ❶

해설 A 1 A: 음식점에 탁자가 몇 개 있니?
   B: 열 개 있다.
2 A: 너는 하루에 물을 얼마나 많이 마시니?
   B: 하루에 1리터.
3 A: 에밀리는 몇 살이니?
   B: 그녀는 열한 살이다.
4 A: 너는 얼마나 오래 배드민턴을 치니?
   B: 나는 한 시간 동안 배드민턴을 친다.
5 A: 여기에서 부산은 얼마나 머니?
   B: 부산까지 100킬로미터이다.
6 A: 너는 하루에 몇 끼를 먹니?
   B: 나는 하루에 세 끼 먹는다.
7 A: 너는 얼마나 자주 머리를 감니?
   B: 나는 매일 머리를 감는다.
8 A: 너는 펜을 몇 자루 가지고 있니?
   B: 나는 다섯 자루를 가지고 있다.
9 A: 그 탑은 얼마나 높니? / B: 30미터이다.
10 A: 네 남동생은 얼마나 키가 크니?
   B: 120센티미터이다.
11 A: 그 자는 길이가 얼마나 기니?
   B: 그것은 30센티미터이다.
12 A: 그들은 얼마나 많은 시간이 필요하니?
   B: 그들은 두 시간이 필요하다.

B 1 농장에 소들이 몇 마리 있니?
  – 소가 열두 마리 있다.
2 그 셔츠는 가격이 얼마니? – 20달러이다.
3 너희 개는 몇 살이니? – 여덟 살이다.
4 그는 얼마나 자주 세차를 하니?
  – 그는 한 달에 한 번 세차를 한다.
5 너는 얼마나 많은 버터가 필요하니?
  – 나는 50그램이 필요하다.
6 너희 여동생은 얼마나 키가 크니?
  – 그녀는 80센티미터이다.
7 너는 가방을 몇 개 가지고 있니?
  – 나는 세 개를 가지고 있다.
8 경찰서는 여기에서 얼마나 머니?
  – 여기에서 500미터이다.
9 그 다리는 얼마나 길이가 기니?
  – 200미터이다.
10 그들은 얼마나 자주 태권도를 연습하니?
  – 그들은 일주일에 두 번 그것을 연습한다.
11 너는 하루에 얼마나 오래 수학을 공부하니?
  – 나는 하루에 두 시간 수학을 공부한다.

12 그 공원은 여기서 얼마나 머니?
  – 그것은 여기에서 4킬로미터이다.

Grammar Jump! 130~131쪽

A
1 가격	2 개수	3 나이
4 키	5 횟수	6 기간
7 거리	8 기간	9 길이
10 양	11 횟수	12 개수
13 나이		

B
1 many	2 much	3 old
4 tall	5 often	6 much
7 far	8 long	9 much
10 many	11 long	12 often
13 much	14 old	15 tall

해설 **A** 1 A: 이 공책은 가격이 얼마니?
  B: 1,000원이다.
2 A: 너는 여자 형제가 몇 명 있니?
  B: 두 명 있다.
3 A: 너희 엄마는 연세가 어떻게 되시니?
  B: 그녀는 마흔 살이시다.
4 A: 그 축구 선수는 얼마나 키가 크니?
  B: 그는 180센티미터이다.
5 A: 너희는 얼마나 자주 하이킹을 가니?
  B: 우리는 한 달에 두 번 하이킹을 하러 간다.
6 A: 너는 하루에 얼마나 오래 운동을 하니?
  B: 나는 하루에 한 시간 운동을 한다.
7 A: 그 기차역은 얼마나 머니?
  B: 여기에서 400미터이다.
8 A: 너는 얼마나 오래 샤워를 하니?
  B: 나는 30분 동안 샤워를 한다.
9 A: 그 강은 얼마니 길이가 기니?
  B: 100킬로미터이다.
10 A: 그는 얼마나 많은 커피를 파니?
  B: 그는 하루에 200잔을 판다.
11 A: 그들은 얼마나 자주 소풍을 가니?
  B: 그들은 한 달에 한 번 소풍을 간다.
12 A: 탁자 위에 당근들이 몇 개 있니?
  B: 당근이 다섯 개 있다.
13 A: 그녀의 고양이는 몇 살이니?
  B: 두 살이다.

B 1 A: 책상 위에 책이 몇 권 있니?
  B: 세 권 있다.

2 A: 이 핫도그는 가격이 얼마니? B: 2달러이다.
3 A: 저 피아니스트는 몇 살이니?
  B: 그녀는 서른 살이다.
4 A: 제임스는 얼마나 키가 크니?
  B: 그는 150센티미터이다.
5 A: 그들은 얼마나 자주 이를 닦니?
  B: 하루에 세 번.
6 A: 그녀는 커피를 얼마나 많이 마시니?
  B: 그녀는 하루에 커피 두 잔을 마신다.
7 A: 그 버스 정류장은 여기에서 얼마나 머니?
  B: 여기에서 100미터이다.
8 A: 그 허리띠는 얼마나 길이가 기니?
  B: 1미터이다.
9 A: 너는 얼마나 많은 빵을 가지고 있니?
  B: 나는 빵 여섯 덩이를 가지고 있다.
10 A: 그녀는 인형을 몇 개 가지고 있니?
  B: 그녀는 인형을 다섯 개 가지고 있다.
11 A: 너는 얼마나 오래 컴퓨터 게임을 하니?
  B: 하루에 한 시간 동안.
12 A: 앤은 얼마나 자주 도서관에 가니?
  B: 그녀는 일주일에 세 번 거기에 간다.
13 A: 이 신발은 가격이 얼마니?
  B: 그것들은 20달러이다.
14 A: 유나는 몇 살이니?
  B: 그녀는 스무 살이다.
15 A: 그 나무는 얼마나 키가 크니?
  B: 4미터이다.

Grammar Fly! 132~133쪽

A
1 How much		2 How many	
3 How tall		4 How often	
5 How tall		6 How old	
7 How far		8 How many	
9 How much		10 How long	
11 How far		12 How much	

B
1 How old		2 How long	
3 How tall		4 How often	
5 How much		6 How often	
7 How old		8 How much	
9 How long		10 How many	
11 How far		12 How many	

해설 **A** **1** A: 저 빨간색 모자는 가격이 얼마니?
B: 10,000원이다.

2 A: 그 동물원에는 기린이 몇 마리 있니?
B: 두 마리 있다.

3 A: 그 건물은 얼마나 높니?
B: 20미터이다.

4 A: 너는 얼마나 자주 그 수영장에 가니?
B: 나는 일주일에 한 번 그 수영장에 간다.

5 A: 너는 얼마나 키가 크니?
B: 나는 160센티미터이다.

6 A: 그 아기는 몇 살이니? B: 6개월이다.

7 A: 그 공원은 여기에서 얼마나 머니?
B: 그 공원까지 400미터이다.

8 A: 너는 남자 형제가 몇 명 있니?
B: 한 명 있다.

9 A: 너는 밀가루가 얼마나 많이 필요하니?
B: 나는 밀가루 1킬로가 필요하다.

10 A: 그들은 얼마나 오래 산책을 하니?
B: 그들은 한 시간 동안 산책을 한다.

11 A: 시청은 얼마나 머니?
B: 여기서 2킬로미터이다.

12 A: 너는 차를 얼마나 많이 마시니?
B: 나는 하루에 차 세 잔을 마신다.

B **1** A: 그 가수는 몇 살이니?
B: 그는 서른두 살이다.

2 A: 그 리본은 얼마나 길이가 기니?
B: 1미터이다.

3 A: N 서울 타워는 얼마나 높니?
B: 그것은 360미터이다.

4 A: 너는 얼마나 자주 자전거를 타니?
B: 나는 자전거를 매일 탄다.

5 A: 너는 치즈를 얼마나 많이 사니?
B: 나는 매일 두 덩이를 산다.

6 A: 톰은 자기 고양이에게 얼마나 자주 먹이를 주니?
B: 그는 하루에 두 번 고양이에게 먹이를 준다.

7 A: 너희 영어 선생님은 연세가 어떻게 되시니?
B: 그녀는 마흔 살이시다.

8 A: 너는 차에 설탕을 얼마나 많이 넣니?
B: 나는 설탕 한 숟가락을 넣는다.

9 A: 에이미는 얼마나 오래 축구를 하니?
B: 두 시간 동안.

10 A: 너는 샌드위치를 몇 개 만드니?
B: 나는 하루에 100개를 만든다.

11 A: 그 상점은 여기서 얼마나 머니?
B: 여기에서 1킬로미터이다.

12 A: 연못에는 오리가 몇 마리 있니?
B: 열한 마리가 있다.

REVIEW ~ 05

134~136쪽

1 ❷   **2** ❹   **3** ❸
4 ❹   **5** ❷   **6** ❸
7 ❸   **8** ❷   **9** ❹
10 ❸   **11** long   **12** much
13 When   **14** How   **15** How often
16 How tall
17 How long does David play baseball?
18 How many pens does David have?
19 Where is your computer?
20 How old is your sister?

REVIEW 해설

1 B의 대답이 '언제'에 해당하므로 시간이나 때를 묻는 의문사 When이 알맞다.
• A: 폴은 언제 일어나니?
  B: 그는 7시 정각에 일어난다.

2 B가 because(~하기 때문에)를 사용하여 '왜'에 해당하는 내용으로 대답했으므로 이유를 묻는 의문사 Why가 알맞다.
• A: 그녀는 왜 늦니?
  B: 그녀가 늦게 일어나기 때문이다.

3 얼마나 먼지 거리를 물을 때는 how far를, 몇 살인지 나이를 물을 때는 how old를 쓴다.
• 도서관은 여기에서 얼마나 머니?
• 폴라는 몇 살이니?

4 의문사와 be동사가 함께 쓰인 의문문은 「의문사+be동사+주어 ~?」의 형태로 쓴다.
❶ 네 가방은 어디에 있니?
❷ 이 책은 어떠니?
❸ 네 생일은 언제니?
❹ Why is Tom at home? 톰은 왜 집에 있니?

5 의문사와 일반동사가 함께 쓰인 의문문은 「의문사+do[does]+주어+동사원형 ~?」으로 쓴다. ❷는 주어(Emily)가 3인칭 단수이므로 do가 아니라 does를 써야 한다.
❶ 너는 얼마나 자주 축구를 하니?
❷ How long does Emily read a book a day? 에밀리는 하루에 얼마나 오래 책을 읽니?
❸ 그들은 개를 몇 마리 가지고 있니?
❹ 너는 얼마나 많은 시간이 필요하니?

6 how many 뒤에는 셀 수 있는 명사의 복수형(sisters)이 오고, how much 뒤에는 셀 수 없는 명사(milk)가 온다.

- A: 너는 여자 형제가 몇 명 있니?
  B: 한 명 있다.
- A: 그녀는 얼마나 많은 우유를 마시니?
  B: 그녀는 우유 한 병을 마신다.

7 일반동사가 있는 의문사 의문문은 「의문사+does+주어+동사원형~?」으로 쓴다. does 뒤에는 동사원형이어야 하므로 ❸has가 아니라 have를 써야 한다.
- A: 수는 언제 저녁 식사를 하니?
  B: 그녀는 오후 6시에 저녁 식사를 한다.

8 ❷에서 「How tall ~?」은 얼마나 키가 큰지 묻는 말이므로 He's 160 centimeters tall.(그는 160센티미터이다.)처럼 키를 나타내는 말로 대답해야 한다.
- ❶ A: 그 다리는 얼마나 길이가 기니?
  B: 그것은 50미터이다.
- ❷ A: 로이는 얼마나 키가 크니?
  B: 그는 20살이다.
- ❸ A: 너는 몇 살이니?
  B: 나는 열 살이다.
- ❹ A: 그 역은 여기에서 얼마나 머니?
  B: 여기서 500미터이다.

9 because(~하기 때문에)로 대답하고 있으므로 why(왜)를 이용하여 이유를 묻는 의문문이 알맞다.
- 겨울에 눈이 오기 때문이다.
- ❶ 너는 무엇을 좋아하니?
- ❷ 너는 겨울에 어떻게 노니?
- ❸ 언제 눈이 오니?
- ❹ 너는 왜 겨울을 좋아하니?

10 높이로 대답하고 있으므로 건물의 높이를 묻는 「How tall ~?」의 의문문이 알맞다.
- 그것은 100미터이다.
- ❶ 그 건물은 얼마나 오래 됐니?
- ❷ 그 건물은 얼마나 머니?
- ❸ 그 건물은 얼마나 높니?
- ❹ 그 건물은 얼마니?

11 '얼마나 오래'인지 기간을 물어볼 때는 how long을 쓴다.

12 셀 수 없는 명사(water)의 양이 '얼마나 많은'지 물어볼 때는 how much를 쓴다.

13 B가 '언제'에 해당하는 때(on Saturday)로 대답했으므로 시간이나 때를 묻는 의문사 when이 알맞다.
- A: 너는 언제 하이킹을 가니?
  B: 나는 토요일에 하이킹을 간다.

14 B가 날씨가 어떤지 대답하고 있으므로 날씨가 어떤지 묻는 how가 알맞다.
- A: 서울 날씨는 어떠니?
  B: 구름이 끼었어.

15 '얼마나 자주' 하는지 횟수를 물어볼 때는 how often을 쓴다.

16 '얼마나 키가 큰'지 물어볼 때는 how tall을 쓴다.

17 의문사와 일반동사가 함께 쓰이는 의문문은 「의문사(How long)+do[does]+주어+동사원형 ~?」의 형태로 쓴다. 주어(David)가 3인칭 단수이므로 조동사는 does를 쓴다.
- 데이비드는 얼마나 오래 야구를 하니?

18 how many 뒤에는 셀 수 있는 명사의 복수형(pens)이 와야 한다.
- 데이비드는 펜을 몇 자루 가지고 있니?

19 be동사와 의문사가 함께 쓰인 의문문은 「의문사(Where)+be동사(is)+주어(your computer)?」의 형태로 쓴다.
- 네 컴퓨터는 어디에 있니?

20 how old는 '몇 살'이란 뜻으로 「의문사(How old)+be동사(is)+주어(your sister)?」의 형태로 쓴다.
- 네 여동생은 몇 살이니?

(Unit)**06** 과거 시제 – be동사

Lesson **01** be동사 과거형의 긍정문과 부정문

Grammar Walk!   141쪽

A 1 Tommy (was) eleven years old last year.
2 You (were) very cute.
3 I (was) at home yesterday.
4 The peaches (were) sweet.
5 They (were) in the kitchen.

B
1 현재	2 과거	3 현재
4 과거	5 현재	6 과거
7 현재	8 과거	

해설 **A** 1 토미는 작년에 열한 살이었다.
2 너는 매우 귀여웠다.
3 나는 어제 집에 있었다.
4 그 복숭아들은 달콤했다.

5 그들은 부엌에 있었다.

B 1 우리 누나는 학생이다.
2 우리 누나는 학생이었다.
3 나는 키가 크다.
4 나는 작년에 키가 작았다.
5 너는 교실에 있다.
6 너는 교실에 있었다.
7 우리 삼촌들은 빠르시다.
8 우리 삼촌들을 빠르셨다.

Grammar Walk!

143쪽

A 1 I ⌐wasn't¬ angry then.
2 He ⌐wasn't¬ a firefighter last year.
3 We ⌐weren't¬ in the gym yesterday.
4 The bicycle ⌐wasn't¬ fast.
5 Her hamburgers ⌐weren't¬ so delicious.

B 1 ❷　　2 ❷　　3 ❷　　4 ❸
5 ❷

해설 **A** 1 나는 그때 화가 나지 않았다.
2 그는 작년에는 소방관이 아니었다.
3 우리는 어제 체육관에 있지 않았다.
4 그 자전거는 빠르지 않았다.
5 그녀의 햄버거는 그렇게 맛있지 않았다.

B 1 나는 어제 아팠다.
→ 나는 어제 아프지 않았다.
2 그 아기는 무척 작았다.
→ 그 아기는 그렇게 작지 않았다.
3 그들은 박물관에 있었다.
→ 그들은 박물관에 있지 않았다.
4 그 여자아이들은 정원에 있었다.
→ 그 여자아이들은 정원에 있지 않았다.
5 우리 어머니는 유명한 요리사이셨다.
→ 우리 어머니는 유명한 요리사가 아니셨다.

Grammar Run!

144~145쪽

A 1 was　　　　2 were
3 was　　　　4 Tommy
5 We　　　　6 A boy

7 were　　　　8 The box
9 were　　　　10 was not
11 weren't　　　12 wasn't
13 wasn't　　　14 were not
15 weren't

B 1 ❷　　2 ❶　　3 ❶　　4 ❶
5 ❷　　6 ❶　　7 ❷　　8 ❶
9 ❷　　10 ❷　　11 ❶　　12 ❷
13 ❶　　14 ❶　　15 ❷

해설 **A** 1 나는 작년에 게으른 아이였다.
2 너는 그때 배가 고팠다.
3 그녀는 자기 방에 있었다.
4 토미는 작년에 나와 같은 반 친구였다.
5 우리는 어제 행복했다.
6 한 남자아이가 제과점 앞에 있었다.
7 그 아기들은 매우 귀여웠다.
8 그 상자는 무거웠다.
9 우리 엄마와 아빠는 훌륭한 가수이셨다.
10 나는 예쁘지 않았다.
11 너와 데이비드는 빠르지 않았다.
12 그는 과학자가 아니었다.
13 그 비행기는 그렇게 크지 않았다.
14 그들은 키가 크지 않았다.
15 그 자전거들은 새것이 아니었다.

B 1 나는 어제 늦었다.
2 당신은 비행기 조종사였다.
3 그녀는 앤의 친구였다.
4 그것은 지도였다.
5 그 노래들은 아름다웠다.
6 그 고양이는 소파 위에 있었다.
7 우리 오빠들은 정원에 있었다.
8 나는 수학을 잘했다.
9 그 책들은 어려웠다.
10 너는 부지런하지 않았다.
11 에밀리는 착한 학생이 아니었다.
12 우리는 피곤하지 않았다.
13 어제는 춥지 않았다.
14 그는 그때 친절하지 않았다.
15 너와 제시는 교실에 있지 않았다.

Grammar Jump!

146~147쪽

A 1 was 2 was 3 was
4 were 5 was 6 were
7 were 8 was not 9 were
10 was not 11 was not
12 was not 13 were not
14 was not 15 were not

B 1 Annie was not[wasn't] my friend.
2 You were diligent.
3 I was not[wasn't] a third grader last year.
4 Her hairpin was pink.
5 We were not[weren't] in the park.
6 They were kind.
7 The stadium was not[wasn't] near the park.
8 The children were sleepy.
9 Peter was not[wasn't] a good swimmer.
10 I was happy then.
11 She was not[wasn't] lovely.
12 We were hungry.
13 The computer was not[wasn't] old.
14 The comic books were funny.
15 Paul and Judy were not[weren't] in the park.

해설 **A** 1 테일러 씨는 작년에 가수였다. 그는 지금 선생님이다.
2 어제는 금요일이었다. 오늘은 토요일이다.
3 유진이는 작년에 열한 살이었다. 그녀는 지금 열두 살이다.
4 너는 아침에 아팠다. 지금은 괜찮니?
5 어제는 비가 왔다. 오늘은 화창하다.
6 그와 샌디는 지난주에 미국에 있었다. 그들은 지금 한국에 있다.
7 데이브와 나는 그때 몸이 약했다. 우리는 지금 튼튼하다.
8 이 나무는 지난달에는 키가 크지 않았다. 지금 그 나무는 키가 크다.
9 그들은 운동장에 있었다. 그들은 그때 교실에 있지 않았다.
10 나는 아침에 바쁘지 않았다. 나는 지금 바쁘다.
11 우리 개는 작년에 무겁지 않았다. 지금은 무겁다.
12 이 방은 아침에는 깨끗하지 않았다. 지금은 깨끗하다.
13 수와 나는 작년에는 같은 반 친구가 아니었다. 우리는 올해 같은 반 친구이다.
14 어젯밤에는 춥지 않았다. 오늘은 춥다.
15 그들은 어제 도서관에 있지 않았다. 그들은 공원에 있었다.

B 1 애니는 내 친구였다.
→ 애니는 내 친구가 아니었다.
2 너는 부지런하지 않았다.
→ 너는 부지런했다.
3 나는 작년에 3학년이었다.
→ 나는 작년에 3학년이 아니었다.
4 그녀의 머리핀은 분홍색이 아니었다.
→ 그녀의 머리핀은 분홍색이었다.
5 우리는 공원에 있었다.
→ 우리는 공원에 있지 않았다.
6 그들은 친절하지 않았다.
→ 그들은 친절했다.
7 그 경기장은 공원 근처에 있었다.
→ 그 경기장은 공원 근처에 있지 않았다.
8 그 어린이들은 졸려 하지 않았다.
→ 그 어린이들은 졸려 했다.
9 피터는 훌륭한 수영 선수였다.
→ 피터는 훌륭한 수영 선수가 아니었다.
10 나는 그때 행복하지 않았다.
→ 나는 그때 행복했다.
11 그녀는 사랑스러웠다.
→ 그녀는 사랑스럽지 않았다.
12 우리는 배고프지 않았다.
→ 우리는 배고팠다.
13 그 컴퓨터는 낡았다.
→ 그 컴퓨터는 낡지 않았다.
14 그 만화책들은 재미있지 않았다.
→ 그 만화책들은 재미있었다.
15 폴과 주디는 공원에 있었다.
→ 폴과 주디는 공원에 있지 않았다.

Grammar Fly!

148~149쪽

A 1 were 2 was 3 was
4 were 5 was 6 were
7 were 8 was 9 was

10 was not　　**11** was
12 were not　　**13** was
14 were　　　　**15** was not

B　**1**　I was in my room then.
　　2　You were sleepy last night.
　　3　The book was on the desk yesterday.
　　4　Molly was thirteen years old last year.
　　5　The blouse was new last year.
　　6　We were in Busan last weekend.
　　7　His socks were under the sofa then.
　　8　They were my neighbors last spring.
　　9　I was not late for school yesterday.
　　10　She was not at the airport last Friday.
　　11　You were not a student last year.
　　12　It was not so hot last summer.
　　13　This river was not wide then.
　　14　We were not at the zoo last Saturday.
　　15　The boys were not tired last night.

해설　**B**　**1**　나는 내 방에 있다. (그때)
　　　　　　→ 나는 그때 내 방에 있었다.
　　2　너는 졸리다. (어젯밤에)
　　　　→ 너는 어젯밤에 졸렸다.
　　3　그 책은 책상 위에 있다. (어제)
　　　　→ 그 책은 어제 책상 위에 있었다.
　　4　몰리는 열세 살이다. (지난해에)
　　　　→ 몰리는 지난해에 열세 살이었다.
　　5　그 블라우스는 새것이다. (지난해에)
　　　　→ 그 블라우스는 지난해에 새것이었다.
　　6　우리는 부산에 있다. (지난 주말에)
　　　　→ 우리는 지난 주말에 부산에 있었다.
　　7　그의 양말은 소파 아래에 있다. (그때)
　　　　→ 그의 양말은 그때 소파 아래에 있었다.
　　8　그들은 우리 이웃이다. (지난 봄에)
　　　　→ 그들은 지난 봄에 우리 이웃이었다.
　　9　나는 학교에 늦지 않는다. (어제)
　　　　→ 나는 어제 학교에 늦지 않았다.
　　10　그녀는 공항에 있지 않다. (지난 금요일에)

　　　　→ 그녀는 지난 금요일에 공항에 있지 않았다.
　　11　너는 학생이 아니다. (지난해에)
　　　　→ 너는 지난해에 학생이 아니었다.
　　12　그렇게 덥지 않다. (지난 여름에)
　　　　→ 지난 여름은 그렇게 덥지 않았다.
　　13　이 강은 넓지 않다. (그때)
　　　　→ 이 강은 그때 넓지 않았다.
　　14　우리는 동물원에 있지 않다. (지난 토요일에)
　　　　→ 우리는 지난 토요일에 동물원에 있지 않았다.
　　15　그 남자아이들은 피곤하지 않다. (어젯밤에)
　　　　→ 그 남자아이들은 어젯밤에 피곤하지 않았다.

Lesson 02 be동사 과거형의 의문문

Grammar Walk!　　　151쪽

A　**1**　(Was) she your English teacher last year?
　　2　(Were) you at home this morning?
　　3　(Was) the cat on the roof?
　　4　(Were) they your classmates?
　　5　(Were) the snakes long?

B　**1** c.　　**2** e.　　**3** d.　　**4** a.
　　5 b.

해설　**A**　**1**　그녀는 지난해에 너희 영어 선생님이셨니?
　　2　너[너희]는 오늘 아침에 집에 있었니?
　　3　그 고양이는 지붕 위에 있었니?
　　4　그들은 너희 반 친구들이었니?
　　5　그 뱀들은 길이가 길었니?

　　B　**1**　당신은 소방관이었습니까?
　　　　　　– c. 아니요, 아니었어요.
　　2　닉이 너에게 친절했니? – e. 응, 그랬어.
　　3　그들은 체육관에 있었니? – d. 아니, 없었어.
　　4　그 기차는 느렸니? – a. 아니, 그러지 않았어.
　　5　그 여자아이는 버스 정류장에 있었니?
　　　　　　– b. 응, 그랬어.

Grammar Walk!　　　153쪽

A　**1**　(Who) was the lady?
　　2　(What) was in the basket?
　　3　(Where) were you last night?

4 (How) was the musical?
5 (Why) were you sad?

B 1 c.   2 e.   3 d.   4 a.
   5 b.

해설 **A** 1 그 부인은 누구였니?
   2 그 바구니 안에는 무엇이 있었니?
   3 너는 어젯밤에 어디에 있었니?
   4 그 뮤지컬은 어땠니?
   5 너는 왜 슬펐니?

   B 1 누가 부엌에 있었니?
      – c. 우리 어머니가 거기에 계셨다.
   2 그것은 무엇이었니?
      – e. 그것은 우리 엄마를 위한 선물이었다.
   3 너는 어제 어디에 있었니?
      – d. 나는 내 방에 있었다.
   4 그 영화는 어땠니? – a. 그것은 무서웠다.
   5 그들은 왜 늦었니? – b. 비가 왔기 때문이다.

Grammar Run!   154~155쪽

A 1 Were   2 Mary
   3 Were   4 Was
   5 was   6 the books
   7 was   8 the horses
   9 were   10 was
   11 was   12 you
   13 were   14 were
   15 was

B 1 ❶   2 ❷   3 ❷   4 ❶
   5 ❷   6 ❷   7 ❶   8 ❷
   9 ❷   10 ❶   11 ❶   12 ❷

해설 **A** 1 너는 도서관에 있었니?
   2 메리는 기자였니?
   3 그들은 그때 운동장에 있었니?
   4 베티는 작년에 5학년이었니?
   5 서랍 안에 무엇이 있었니?
   6 그 책들은 재미있었니?
   7 어제는 날씨가 어땠니?
   8 그 말들은 빨랐니?
   9 그 남자아이들은 누구였니?

10 톰은 어젯밤에 어디에 있었니?
11 그 여자아이의 이름이 무엇이었니?
12 너는 왜 쇼핑몰에 있었니?
13 너는 작년에 몇 살이었니?
14 그 경찰관들은 그때 어디에 있었니?
15 작년에 너희 수학 선생님은 누구셨니?

B 1 그는 너희 영어 선생님이셨니? – 응, 그랬어.
   2 너는 어제 어디에 있었니?
      – 나는 병원에 있었다.
   3 너는 오늘 아침에 바빴니?
      – 아니, 그러지 않았어.
   4 그는 작년에 몇 살이었니?
      – 그는 열한 살이었다.
   5 그들은 2층에 있었니? – 응, 그랬어.
   6 그 경기는 어땠니? – 그것은 흥미진진했다.
   7 어제는 구름이 끼었니? – 아니, 그러지 않았어.
   8 너는 왜 늦었니? – 내가 아팠기 때문이다.
   9 너는 바이올린 연주자였니? – 아니, 아니었어.
  10 그 사자들은 어디에 있었니?
      – 그것들은 동물원에 있었다.
  11 그녀는 부지런했니? – 응, 그랬어.
  12 그녀의 생일은 언제였니? – 지난 토요일이었다.

Grammar Jump!   156~157쪽

A 1 Were   2 Was   3 was
   4 was   5 were   6 was
   7 Were   8 were   9 wasn't
  10 was   11 weren't 12 wasn't

B 1 Was she late for class?
   2 Were you in the yard?
   3 Was the restroom clean?
   4 Were their grapes sweet?
   5 Were the soldiers brave?
   6 Was Ally a good daughter?
   7 Were they in the supermarket?
   8 Was the concert exciting?
   9 Was the car at the parking lot?
  10 How long was the basketball game?
  11 What was in your pocket?
  12 When was Chuseok?

13 Where were your shoes?
14 Who was in the bathroom?
15 Why were your parents angry?

Grammar Fly!
158~159쪽

A 1 Were   2 Was   3 Was
4 doll   5 Were   6 Was
7 Was   8 kites
9 were you   10 was   11 was
12 Were   13 was   14 were
15 was he

B 1 Where were
2 Were the children
3 How tall was   4 Was it
5 Who was   6 Were they
7 Were you   8 Was your mom
9 Who was   10 Where were
11 What was   12 How were
13 When was   14 Why was
15 Where was

해설 **A** 1 그 남자아이들은 작년에 너희 반 친구들이었니?
2 그의 아빠는 그때 택시 운전기사셨니?
3 지난 여름에 캐나다는 더웠니?
4 그 인형은 소파 위에 있었니?
5 너는 어제 아팠니?
6 어젯밤에 그 TV 쇼는 재미있었니?
7 그 남자아이는 그때 친절했니?
8 그 연들은 네 것이었니?
9 너는 어제 어디에 있었니?
10 작년에 지미는 몇 살이었니?
11 작년에 네가 좋아하는 과목은 무엇이었니?
12 지난달에 너는 한국에 있었니?
13 어제 그 축제는 어땠니?
14 오늘 아침에 너는 왜 그녀의 방에 있었니?
15 그는 작년에 키가 얼마나 컸니?

B 1 그들은 지난 일요일에 어디에 있었니?
2 그 어린이들은 그때 행복했니?
3 민수는 작년에 키가 얼마나 컸니?
4 오늘 아침에 구름이 끼었었니?
5 어제 누가 아팠니?
6 그들은 지난주에 프랑스에 있었니?
7 너는 어제 아침에 바빴니?

해설 **A** 1 A: 너는 오늘 아침에 차고에 있었니?
B: 응, 그랬어.
2 A: 캐시는 그때 열 살이었니?
B: 아니, 아니었어.
3 A: 팀은 작년에 축구 선수였니? B: 응, 그랬어.
4 A: 누가 어제 미술실에 있었니?
B: 에디가 거기에 있었다.
5 A: 그 점원들은 친절했니? B: 응, 그랬어.
6 A: 그 야구 경기는 언제였니?
B: 지난 목요일이었다.
7 A: 그 여자아이들이 네 친구들이었니?
B: 아니, 아니었어.
8 A: 그 남자아이들은 방과 후에 어디에 있었니?
B: 그들은 체육관에 있었다.
9 A: 그 잔디는 초록색이었니?
B: 아니, 그러지 않았어.
10 A: 그때 날씨가 어땠니? B: 바람이 불었다.
11 A: 그 악어들은 컸니? B: 아니, 그러지 않았어.
12 A: 너희 엄마는 어젯밤에 화가 나셨니?
B: 아니, 그러지 않으셨어.

B 1 그녀는 수업에 늦니? → 그녀는 수업에 늦었니?
2 너는 마당에 있니? → 너는 마당에 있었니?
3 그 화장실은 깨끗하니?
→ 그 화장실은 깨끗했니?
4 그들의 포도는 달콤하니?
→ 그들의 포도는 달콤했니?
5 그 군인들은 용감하니?
→ 그 군인들은 용감했니?
6 앨리는 착한 딸이니? → 앨리는 착한 딸이었니?
7 그들은 슈퍼마켓에 있니?
→ 그들은 슈퍼마켓에 있었니?
8 그 콘서트는 신 나니? → 그 콘서트는 신 났니?
9 그 차가 주차장에 있니?
→ 그 차가 주차장에 있었니?
10 그 농구 경기는 얼마나 걸리니?
→ 그 농구 경기는 얼마나 걸렸니?
11 네 주머니 안에는 무엇이 있니?
→ 네 주머니 안에는 무엇이 있었니?
12 추석이 언제니? → 추석이 언제였니?
13 네 신발은 어디에 있니?
→ 네 신발은 어디에 있었니?
14 욕실에 누가 있니? → 욕실에 누가 있었니?

8 너희 엄마는 어젯밤에 피곤해하셨니?

9 누가 그때 지붕 위에 있었니?

10 너와 네 형은 지난 주말에 어디에 있었니?

11 그때 그 형형색색의 상자는 무엇이었니?

12 어제 너희 조부모님은 어떠셨니?

13 1998년에 추수 감사절은 언제였니?

14 그녀는 어제 왜 늦었니?

15 그 신문은 어제 어디에 있었니?

❸ 지난 일요일에 케빈은 어디에 있었니?

❹ 그 고양이들은 그때 소파 위에 있었니?

5 과거를 나타내는 말(last year, then)이 있고, 주어 (They, The men)가 복수이므로 are의 과거형인 were가 알맞다.
  • 그들은 작년에 같은 반 친구였다.
  • 그 남자들은 그때 행복하지 않았다.

6 과거를 나타내는 말(last year)이 있고, 주어(What, your teacher)가 3인칭 단수이므로 is의 과거형인 was가 알맞다.
  • 그 상자 안에 무엇이 있었니?
  • 작년에 너희 선생님은 누구셨니?

7 주어인 The children은 복수이므로 are의 과거형 were를 쓰고 뒤에 not을 붙여 부정문을 만든다.
  • 그 어린이들은 배고프지 않다.
  → 그 어린이들은 배고프지 않았다.

8 주어인 the festival은 3인칭 단수이므로 is의 과거형인 was를 쓴다.
  • 그 축제는 어떠니? → 축제는 어땠니?

9 be동사 과거형 was는 주어가 I 또는 3인칭 단수일 때 쓴다. ❸ they는 복수이므로 was를 쓸 수 없다.
  ❶ 그녀는 우리 영어 선생님이셨다.
  ❷ 그는 우리 영어 선생님이셨다.
  ❹ 그 남자는 우리 영어 선생님이셨다.

10 과거 시제는 주로 yesterday(어제), then(그때), last ~(지난 ~), ~ ago(~ 전에)처럼 과거를 나타내는 말과 함께 쓴다. now(지금)는 현재 또는 현재 진행 시제와 함께 쓰는 말이다.
  ❶ 너는 어제 피곤했니?   ❸ 너는 그때 피곤했니?
  ❹ 너는 어젯밤에 피곤했니?

11 be동사 과거형의 부정문은 be동사의 과거형 were 뒤에 not을 붙여 만든다. were not의 줄임말은 weren't 이다.

12 과거를 나타내는 말(yesterday)이 있고, 주어(she)가 3인칭 단수이므로 is의 과거형인 was가 알맞다.

13 be동사 과거형의 부정문은 be동사의 과거형 뒤에 not 을 붙여 만든다. was not은 wasn't로 줄여 쓸 수 있다.
  • 나는 그때 게을렀다. → 나는 그때 게으르지 않았다.

14 be동사의 과거형의 의문문에서 의문사가 없는 경우에는 be동사 과거형(were)을 문장 맨 앞에 쓰고 그 뒤에 주어(they)를 써서 의문문을 만든다.
  • 그들은 좋은 학생들이었다.
  → 그들은 좋은 학생들이었니?

REVIEW ~ 06
160~162쪽

1 ❹	2 ❷	3 ❸
4 ❷	5 ❹	6 ❷
7 ❸	8 ❶	9 ❸
10 ❷	11 weren't	

12 Why was she

13 I was not[wasn't] lazy then.

14 Were they good students?   15 was

16 weren't   17 Was he   18 wasn't

19 My sister was not a student last year.

20 Who was in the kitchen?

REVIEW 해설

1 과거를 나타내는 말(last Monday)이 있고, 주어가 We 이므로 are의 과거형인 were를 써야 한다.
  • 우리는 지난 월요일에 체육관에 있었다.

2 과거를 나타내는 말(yesterday)이 있고, 주어가 Paul 이므로 is의 과거형인 was 뒤에 not을 붙인 was not 을 써야 한다.
  • 폴은 어제 바쁘지 않았다.

3 ❸의 주어는 복수(The boys)이므로 were가 알맞다.
  ❶ 나는 작년에 6학년이었다.
  ❷ 사라는 그때 키가 크지 않았다.
  ❸ The boys were in the park yesterday. 그 남자 아이들은 어제 공원에 있었다.
  ❹ 그들은 지난주에는 빠르지 않았다.

4 ❷는 어제(yesterday)의 날씨를 묻고 있으므로 is의 과거형인 was를 써야 한다.
  ❶ 그녀는 오늘 아침에 친절했니?
  ❷ How was the weather yesterday? 어제 날씨는 어땠니?

15 be동사 과거형의 의문문에서 의문사가 없는 경우, 대답이 긍정이면 「Yes, 주어(대명사)+was[were].」로 하고, 부정이면 「No, 주어(대명사)+wasn't[weren't].」로 한다.
 • A: 너는 작년에 열한 살이었니? B: 응, 그랬어.

16 대답이 부정이고, 주어가 they이므로 weren't를 쓴다.
 • A: 그 상자들은 무거웠니?
  B: 아니, 그러지 않았어.

17 be동사의 과거형(was)을 문장 맨 앞에 쓰고 그 뒤에 주어(he)를 써서 의문문을 만든다.

18 주어가 The movie로 3인칭 단수이므로 was를 쓰고 뒤에 not을 붙여 부정문을 만든다. 빈칸이 한 칸이므로 was not의 줄임말인 wasn't를 쓴다.

19 과거를 나타내는 말(last year)이 있고, 주어(My sister)가 3인칭 단수이므로 were를 is의 과거형인 was로 고쳐 쓴다.
 • 내 여동생은 작년에 학생이 아니었다.

20 be동사 과거형의 의문문에서 의문사가 있는 경우에는 문장 맨 앞에 의문사가 와야 한다. 따라서 의문사 who가 앞에 쓰여야 한다.
 • 누가 부엌에 있었니?

Unit 07 과거 시제 – 일반동사

Lesson 01 일반동사의 과거형

Grammar Walk!   167쪽

A 1 My father (cooked) dinner yesterday.
 2 I (visited) my grandparents last Saturday.
 3 Sally (wanted) the pink hairpin.
 4 We (arrived) there in time.
 5 They (closed) the bookstore last year.

B 1 ed, helped   2 d, hated
 3 ed, showed   4 d, liked
 5 ed, walked   6 ed, looked
 7 ed, needed   8 d, danced
 9 ed, played   10 d, loved

해설 A 1 우리 아버지는 어제 저녁 식사를 요리하셨다.
 2 나는 지난 토요일에 우리 조부모님을 찾아뵈었다.
 3 샐리는 그 분홍색 머리핀을 원했다.
 4 우리는 거기에 제시간에 도착했다.
 5 그들은 작년에 그 서점 문을 닫았다.

B 1 돕다   2 몹시 싫어하다
 3 보여 주다   4 좋아하다
 5 걷다   6 보다
 7 필요로 하다   8 춤추다
 9 놀다, (게임 등을) 하다
 10 사랑하다

Grammar Walk!   169쪽

A 1 We (studied) English hard yesterday.
 2 John (hugged) the child then.
 3 The boy (cried) loudly last night.
 4 They (carried) the boxes in the morning.
 5 She (shopped) at the market this afternoon.

B 1 y, ied, copied   2 ped, dropped
 3 y, ied, dried   4 y, ied, worried
 5 ged, jogged   6 y, ied, tried
 7 ped, clapped   8 y, ied, replied
 9 y, ied, fried   10 ped, stopped

해설 A 1 우리는 어제 영어를 열심히 공부했다.
 2 존은 그때 그 아이를 껴안았다.
 3 그 남자아이는 어젯밤에 큰 소리로 울었다.
 4 그들은 아침에 그 상자들을 날랐다.
 5 그녀는 오늘 오후에 시장에서 쇼핑을 했다.

B 1 복사하다, 베끼다
 2 떨어뜨리다
 3 말리다, 건조하다   4 걱정하다
 5 조깅하다   6 시도하다
 7 박수를 치다   8 답하다
 9 튀기다, 볶다   10 멈추다

Grammar Walk!   171쪽

A 1 She (came) to Korea last year.

2 I slept well last night.

3 Mom put some sugar in her tea.

4 They met Susie this morning.

5 He wrote a letter yesterday.

B 1 d.   2 e.   3 f.   4 a.
   5 g.   6 b.   7 c.

해설 **A** 1 그녀는 작년에 한국에 왔다.
   2 나는 어젯밤에 잘 잤다.
   3 엄마는 차에 설탕을 조금 넣으셨다.
   4 그들은 오늘 아침에 수지를 만났다.
   5 그는 어제 편지를 썼다.

   B 1 시작하다   2 자르다
     3 떠나다   4 알다
     5 읽다   6 만들다
     7 보다

Grammar Run!
172~173쪽

A 1 lived   2 called
   3 visited   4 liked
   5 snowed   6 practiced
   7 loved   8 baked
   9 closed   10 dropped
   11 stopped   12 shopped
   13 studied   14 carried
   15 worried

B 1 ➋   2 ➊   3 ➋   4 ➋
   5 ➊   6 ➋   7 ➊   8 ➋
   9 ➋   10 ➊   11 ➋   12 ➊
   13 ➋   14 ➋   15 ➋

해설 **A** 1 나는 2007년에 전주에서 살았다.
   2 앨리스는 어젯밤에 나에게 전화를 했다.
   3 대니는 어제 도버 씨를 찾아갔다.
   4 그녀의 남동생은 그때 축구를 좋아했다.
   5 어제 하루 종일 눈이 왔다.
   6 팀과 나는 지난 토요일에 태권도를 연습했다.
   7 우리 개는 내 신발을 무척 좋아했다.
   8 우리 이모는 지난 주말에 맛있는 쿠키를 구우
     셨다.
   9 그 경찰관이 창문을 닫았다.

10 그녀가 그 컵을 떨어뜨렸다.

11 차 한 대가 우리 집 앞에 멈춰 섰다.

12 그는 오늘 오후에 자기 아버지와 함께 쇼핑을
했다.

13 그들은 어젯밤에 과학을 공부했다.

14 우리는 그 무거운 가방들을 날랐다.

15 앤디는 자기 여동생에 대해 걱정을 했다.

   B 1 나는 어젯밤에 머리가 아팠다.
     2 그녀는 오늘 8시에 학교에 갔다.
     3 민호는 어제 모자를 하나 샀다.
     4 너는 거짓말을 했다.
     5 우리는 그녀의 이름을 알고 있었다.
     6 그 콘서트는 오후 8시에 시작했다.
     7 그는 가위로 밧줄을 잘랐다.
     8 그들은 그 강을 따라 자전거를 탔다.
     9 내 남동생은 계단을 뛰어 올라갔다.
     10 나는 어제 청바지를 입었다.
     11 스미스 씨는 작년에 편지들을 썼다.
     12 나는 어제 공원에서 그들을 만났다.
     13 우리는 마당에 눈사람을 만들었다.
     14 그녀는 오늘 아침에 그 잘생긴 남자아이를 보
       았다.
     15 아빠는 오늘 오후에 바다에서 수영을 하셨다.

Grammar Jump!
174~175쪽

A 1 걸었다   2 열었다
   3 비가 왔다   4 켰다
   5 시청했다[보았다]   6 떨어뜨렸다
   7 끝났다   8 머물렀다[있었다]
   9 달렸다   10 했다
   11 팔았다   12 떠났다
   13 마셨다   14 (잠을) 잤다
   15 썼다

B 1 started   2 arrived
   3 hugged   4 studied
   5 helped   6 closed
   7 cried   8 stopped
   9 cut   10 knew
   11 went   12 put
   13 sang   14 read
   15 bought

B **1** 그 수업은 9시 정각에 시작했다.

    2 그들은 어젯밤에 서울에 도착했다.

    3 나는 새끼 고양이를 껴안았다.

    4 우리는 지난주에 열심히 공부했다.

    5 그는 아픈 어린이들을 도왔다.

    6 그 악어는 입을 다물었다.

    7 내 어린 여동생은 종종 밤에 울었다.

    8 트럭 한 대가 버스 정류장에 멈춰 섰다.

    9 아빠가 생일 케이크를 자르셨다.

    10 토니는 그녀의 이름을 알고 있었다.

    11 나는 지난 토요일에 우리 엄마와 함께 쇼핑하러 갔다.

    12 에밀리는 탁자 위에 자기 가방을 올려놓았다.

    13 새 한 마리가 지붕 위에서 지저귀었다.

    14 너는 지난주에 그 책을 읽었다.

    15 그녀는 오늘 아침에 달걀 여섯 개를 샀다.

Grammar Fly!

176~177쪽

A **1** learned   **2** used

    3 carried   **4** jogged

    5 listened   **6** loved

    7 studied   **8** dropped

    9 made   **10** ate

    11 began   **12** ran

    13 came   **14** cut

    15 left

B **1** He rode a bicycle after lunch.

    2 We played soccer after school.

    3 My aunt lived in Gwangju.

    4 I dried my hair before breakfast.

    5 He stopped in front of the store.

    6 My brother cooked dinner.

    7 Jessica washed her cat.

    8 They went to school by bus.

    9 Mike had a new camera.

    10 She wrote a letter to her friend.

    11 The bus came late.

    12 I met her in the park.

    13 Mom bought some flowers.

    14 Mr. Baker taught math.

    15 We swam in the lake.

A **1** 그는 작년에 중국어를 배웠다.

    2 제이크는 그때 젓가락을 사용했다.

    3 그 트럭은 작년에 종종 음식을 운반했다.

    4 그녀는 어제 아침에 조깅을 했다.

    5 우리는 그때 라디오를 들었다.

    6 나는 작년에 힙합 음악을 무척 좋아했다.

    7 그들은 어제 함께 과학을 공부했다.

    8 나는 아침에 내 가방을 떨어뜨렸다.

    9 그녀는 지난달에 로봇 몇 개를 만들었다.

    10 우리는 어제 저녁 식사로 피자를 조금 먹었다.

    11 그 대회는 지난주에 시작했다.

    12 토미는 그때 병원으로 달려갔다.

    13 그녀는 지난 겨울에 여기에 왔다.

    14 그의 할아버지가 지난 일요일에 그 나무를 베셨다.

    15 나는 어제 8시에 집을 떠났다.

B **1** 그는 점심 식사 후에 자전거를 탄다.

    → 그는 점심 식사 후에 자전거를 탔다.

    2 우리는 방과 후에 축구를 한다.

    → 우리는 방과 후에 축구를 했다.

    3 우리 이모는 광주에 사신다.

    → 우리 이모는 광주에 사셨다.

    4 나는 아침 식사 전에 머리를 말린다.

    → 나는 아침 식사 전에 머리를 말렸다.

    5 그는 상점 앞에 멈춰 선다.

    → 그는 상점 앞에 멈춰 섰다.

    6 우리 오빠가 저녁 식사를 요리한다.

    → 우리 오빠가 저녁 식사를 요리했다.

    7 제시카는 자신의 고양이를 씻긴다.

    → 제시카는 자신의 고양이를 씻겼다.

    8 그들은 버스로 학교에 간다.

    → 그들은 버스로 학교에 갔다.

    9 마이크는 새 카메라를 가지고 있다.

    → 마이크는 새 카메라를 가지고 있었다.

    10 그녀는 자기 친구에게 편지를 쓴다.

    → 그녀는 자기 친구에게 편지를 썼다.

    11 그 버스는 늦게 온다.

    → 그 버스는 늦게 왔다.

    12 나는 공원에서 그녀를 만난다.

    → 나는 공원에서 그녀를 만났다.

    13 엄마가 꽃 몇 송이를 사신다.

    → 엄마가 꽃 몇 송이를 사셨다.

    14 베이커 선생님은 수학을 가르치신다.

    → 베이커 선생님은 수학을 가르치셨다.

    15 우리는 호수에서 수영을 한다.

    → 우리는 호수에서 수영을 했다.

Lesson 02 일반동사 과거형의 부정문과 의문문

Grammar Walk! 179쪽

A
1 I (did not) go to the museum yesterday.
2 She (did not) carry the boxes.
3 We (did not) wear hats.
4 Danny (did not) close the door.
5 They (did not) have lunch today.

B
1 didn't brush   2 didn't go
3 didn't open   4 didn't study
5 didn't run

해설
A
1 나는 어제 박물관에 가지 않았다.
2 그녀는 그 상자들을 나르지 않았다.
3 우리는 모자를 쓰지 않았다.
4 대니는 문을 닫지 않았다.
5 그들은 오늘 점심 식사를 하지 않았다.

B
1 너는 오늘 아침에 머리를 빗지 않았다.
2 그는 어제 도서관에 가지 않았다.
3 그들은 그 상자를 열지 않았다.
4 나는 어젯밤에 영어를 공부하지 않았다.
5 그녀는 공원에서 달리지 않았다.

Grammar Walk! 181쪽

A
1 Did   2 Did   3 play
4 drink   5 Did, dance

B
1 c.   2 a.   3 d.   4 e.
5 b.

해설
A
1 토미는 어제 로봇을 만들었다.
→ 토미는 어제 로봇을 만들었니?
2 너는 목욕탕에서 네 고양이를 말렸다.
→ 너는 목욕탕에서 네 고양이를 말렸니?
3 그들은 방과 후에 테니스를 쳤다.
→ 그들은 방과 후에 테니스를 쳤니?
4 그는 우유 한 잔을 마셨다.
→ 그는 우유 한 잔을 마셨니?
5 그녀는 어제 춤을 잘 췄다.
→ 그녀는 어제 춤을 잘 췄니?

B
1 내가 어젯밤에 너한테 전화를 걸었니?
– 응, 그랬어.
2 너는 늦게 일어났니? – 아니, 그러지 않았어.
3 그녀는 우산을 샀니? – 아니, 그러지 않았어.
4 그들은 버스로 학교에 갔니? – 응, 그랬어.
5 네 남동생은 그 장난감을 가지고 놀았니?
– 응, 그랬어.

Grammar Walk! 183쪽

A
1 did   2 did   3 did
4 did   5 did

B
1 (Who) planted this tree?
2 (Who) made this snowman?
3 (Who) sang last night?
4 (Who) went to the supermarket with you?
5 (Who) visited you last Sunday?

해설
A
1 A: 너는 그 상점에서 무엇을 샀니?
B: 나는 펜 한 자루를 샀다.
2 A: 그들은 언제 소풍을 갔니?
B: 그들은 지난 토요일에 소풍을 갔다.
3 A: 애나는 왜 소리를 질렀니?
B: 그녀가 화가 났기 때문이다.
4 A: 그는 여기에 어떻게 왔니?
B: 그는 여기에 지하철로 왔다.
5 A: 제임스는 어디에서 수영을 했니?
B: 그는 수영장에서 수영을 했다.

B
1 누가 이 나무를 심었니?
2 누가 이 눈사람을 만들었니?
3 누가 어젯밤에 노래를 불렀니?
4 누가 너와 함께 슈퍼마켓에 갔니?
5 누가 지난 일요일에 너를 찾아왔니?

Grammar Run! 184~185쪽

A
1 didn't   2 didn't
3 didn't   4 didn't
5 walk   6 arrive
7 study   8 have
9 Did   10 Did
11 ride   12 did

13 sleep   **14** climb

15 sang

B **1** ❶   **2** ❷   **3** ❶   **4** ❷

    5 ❷   **6** ❷   **7** ❷   **8** ❶

    9 ❷   **10** ❶   **11** ❶   **12** ❷

해설 **A** **1** 나는 그때 그 청바지를 원하지 않았다.

    2 그녀는 작년에 춤을 잘 추지 못했다.

    3 그들은 어제 쿠키를 굽지 않았다.

    4 샘은 지난 주말에 자신의 조부모님을 찾아뵙지 않았다.

    5 너는 어제 학교에 걸어가지 않았다.

    6 로라는 제시간에 도착하지 않았다.

    7 우리는 수학을 열심히 공부하지 않았다.

    8 그는 아침 식사를 하지 않았다.

    9 톰은 지난주에 생선을 먹었니?

    10 너는 지난달에 그에게 편지를 보냈니?

    11 네 여동생은 공원에서 자전거를 탔니?

    12 너는 어제 무엇을 입었니?

    13 그녀는 왜 소파 위에서 잠을 잤니?

    14 그 개가 어떻게 사다리에 올라갔니?

    15 누가 어젯밤에 노래를 불렀니?

   B **1** 너는 네 방을 청소했니? - 응, 그랬어.

    2 그들은 공원에서 줄넘기를 했니?

      - 아니, 그러지 않았어.

    3 저 쥐가 그 치즈를 먹었니?

      - 응, 그랬어.

    4 그는 작년에 뉴욕에서 살았니?

      - 아니, 그러지 않았어.

    5 너희들은 수의 성(姓)을 알고 있었니?

      - 응, 그랬어.

    6 그들이 그의 레모네이드를 마셨니?

      - 아니, 그러지 않았어.

    7 빌은 어제 무엇을 입었니?

      - 그는 청바지를 입었다.

    8 너는 내게 언제 전화를 걸었니?

      - 나는 어제 네게 전화를 걸었다.

    9 그들은 어디에 갔니?

      - 그들은 동물원에 갔다.

    10 그는 어떻게 서울에 왔니?

      - 그는 배로 왔다.

    11 그녀는 왜 늦게 일어났니?

      - 그녀가 아팠기 때문이다.

    12 누가 그 샌드위치들을 만들었니?

      - 제인이 그것들을 만들었다.

Grammar Jump! 186~187쪽

A **1** didn't clean   **2** didn't want

    3 didn't use   **4** didn't live

    5 didn't ride   **6** didn't fly

    7 Did, play   **8** Did, stop

    9 Did, have   **10** did, begin

    11 did, like   **12** did, get

B **1** I didn't   **2** he did

    3 she didn't   **4** she did

    5 they didn't   **6** it did

    7 visited   **8** studied

    9 arrived   **10** dropped

    11 met   **12** went

    13 made   **14** read

    15 bought

해설 **A** **1** 너는 네 방을 청소하지 않는다.

     → 너는 어제 네 방을 청소하지 않았다.

    2 나는 저 신발을 원하지 않는다.

     → 나는 그때 저 신발을 원하지 않았다.

    3 그는 그 컴퓨터를 사용하지 않는다.

     → 그는 오늘 그 컴퓨터를 사용하지 않았다.

    4 우리는 시골에서 살지 않는다.

     → 우리는 작년에 시골에서 살지 않았다.

    5 우리 아빠는 자전거를 타지 않는다.

     → 우리 아빠는 지난 일요일에 자전거를 타지 않았다.

    6 나는 언덕에서 연을 날리지 않는다.

     → 나는 어제 언덕에서 연을 날리지 않았다.

    7 너는 방과 후에 피아노를 치니?

     → 너는 방과 후에 피아노를 쳤니?

    8 그 버스는 여기에 서니?

     → 그 버스는 그때 여기에 섰니?

    9 그 농부들은 소를 가지고 있니?

     → 그 농부들은 지난달에 소를 가지고 있었니?

    10 그 연주회는 언제 시작하니?

     → 그 연주회는 지난 토요일에 언제 시작했니?

    11 그 여자아이는 톰을 왜 좋아하니?

     → 그 여자아이는 톰을 왜 좋아했니?

    12 너는 몇 시에 일어나니?

     → 너는 오늘 아침에 몇 시에 일어났니?

   B **1** 너는 오늘 늦게 집에 왔니?

      - 아니, 그러지 않았어.

2 너희 아빠는 지난 주말에 낚시를 하러 가셨니?
　 – 응, 그러셨어.
3 네 여동생은 그때 배낭을 가지고 있었니?
　 – 아니, 그러지 않았어.
4 그녀가 생일 케이크를 구웠니? – 응, 그랬어.
5 그들이 그에게 이메일을 보냈니?
　 – 아니, 그러지 않았어.
6 늑대가 어젯밤에 큰소리로 짖었니?
　 – 응, 그랬어.
7 다이애나는 지난 토요일에 누구를 찾아갔니?
　 – 그녀는 자신의 삼촌을 찾아뵈었다.
8 그는 어제 어디에서 공부를 했니?
　 – 그는 도서관에서 공부를 했다.
9 너는 언제 서울에 도착했니?
　 – 나는 정오에 도착했다.
10 제임스 씨는 오늘 아침에 무엇을 떨어뜨렸니?
　 – 그녀는 자신이 좋아하는 머그잔을 떨어뜨렸다.
11 그녀는 언제 로버트를 만났니?
　 – 그녀는 오늘 아침에 그를 만났다.
12 그들은 어떻게 박물관에 갔니?
　 – 그들은 지하철로 거기에 갔다.
13 너는 지난주에 무엇을 만들었니?
　 – 나는 로봇을 만들었다.
14 그녀는 언제 그 잡지를 읽었니?
　 – 그녀는 어제 그것을 읽었다.
15 크리스는 그 상점에서 무엇을 샀니?
　 – 그는 거기에서 오이 몇 개를 샀다.

Grammar Fly!
188~189쪽

A　1　didn't play　　　2　didn't like
　　3　didn't run　　　4　didn't learn
　　5　didn't climb　　6　didn't hug
　　7　didn't go　　　 8　Did
　　9　Did　　　　　 10　water
　　11　did　　　　　 12　leave
　　13　sell　　　　　 14　carry
　　15　played

B　1　I did not[didn't] play the guitar
　　　 after school.
　　2　Andy did not[didn't] close the
　　　 windows last night.
　　3　My mom did not[didn't] fry the

carrots.
4　She did not[didn't] clap her
　　hands then.
5　I did not[didn't] write a letter to
　　my dad yesterday.
6　He did not[didn't] eat spaghetti
　　for dinner.
7　Did the math class begin at one
　　p.m.?
8　Did you see your teacher at the
　　subway station?
9　Did they swim in the river
　　yesterday?
10　Did she visit the island last
　　summer?
11　Did he drink my apple juice in
　　the morning?
12　Did his grandpa ride a horse this
　　afternoon?

해설　A　1　우리는 지난 금요일에 축구를 하지 않았다.
　　　　2　린은 어제 그 노란색 셔츠를 좋아하지 않았다.
　　　　3　너는 어제 빨리 달리지 않았다.
　　　　4　우리 형은 작년에 중국어를 배우지 않았다.
　　　　5　우리 개는 그때 탁자 위에 올라가지 않았다.
　　　　6　나는 어제 그 강아지를 껴안지 않았다.
　　　　7　나는 지난 토요일에 쇼핑을 하러 가지 않았다.
　　　　8　너는 어젯밤에 이를 닦았니?
　　　　9　그는 어제 자기 여동생을 도왔니?
　　　　10　그들은 정원에 물을 줬니?
　　　　11　맥스는 지난주에 어디에서 머물렀니?
　　　　12　그들은 언제 파리로 떠났니?
　　　　13　그들은 자신들의 상점에서 무엇을 팔았니?
　　　　14　그녀는 그 무거운 병들을 어떻게 날랐니?
　　　　15　누가 어젯밤에 피아노를 연주했니?

　　　 B　1　나는 방과 후에 기타를 쳤다.
　　　　　　→ 나는 방과 후에 기타를 치지 않았다.
　　　　2　앤디는 어젯밤에 창문들을 닫았다.
　　　　　　→ 앤디는 어젯밤에 창문들을 닫지 않았다.
　　　　3　우리 엄마는 당근을 튀기셨다.
　　　　　　→ 우리 엄마는 당근을 튀기지 않으셨다.
　　　　4　그녀는 그때 박수를 쳤다.
　　　　　　→ 그녀는 그때 박수를 치지 않았다.
　　　　5　나는 어제 우리 아빠께 편지를 썼다.

→ 나는 어제 우리 아빠께 편지를 쓰지 않았다.

6 그는 저녁 식사로 스파게티를 먹었다.
→ 그는 저녁 식사로 스파게티를 먹지 않았다.

7 수학 수업은 오후 1시에 시작했다.
→ 수학 수업은 오후 1시에 시작했니?

8 너는 지하철역에서 네 선생님을 보았다.
→ 너는 지하철역에서 네 선생님을 보았니?

9 그들은 어제 강에서 수영을 했다.
→ 그들은 어제 강에서 수영을 했니?

10 그녀는 지난 여름에 그 섬을 방문했다.
→ 그녀는 지난 여름에 그 섬을 방문했니?

11 그가 아침에 내 사과 주스를 마셨다.
→ 그가 아침에 내 사과 주스를 마셨니?

12 그의 할아버지는 오늘 오후에 말을 타셨다.
→ 그의 할아버지는 오늘 오후에 말을 타셨니?

REVIEW ᐧ 07

190~192쪽

1 ❸	2 ❹	3 ❸
4 ❶	5 ❹	6 ❷
7 ❸	8 ❹	9 ❸
10 ❷	11 met	

12 didn't study 13 saw 14 Did, begin

15 lived 16 did, arrive 17 she did

18 made

19 I carried the boxes yesterday.

20 He didn't walk to school this morning.

REVIEW 해설

1 drop은 「단모음+단자음」으로 끝나는 동사이므로 동사원형에 마지막 자음을 한 번 더 쓰고 -ed를 붙여 과거형을 만들어야 한다. 따라서 dropped가 알맞다.
❶ 필요하다 ❷ 말리다 ❸ 떨어뜨리다 ❹ 읽다

2 ❹run의 과거형은 불규칙하게 바뀌는 형태로 ran이다.
❶ 떠나다 ❷ 가지다 ❸ 하다 ❹ 달리다

3 과거를 나타내는 말(yesterday)이 있으므로 help의 과거형인 helped가 알맞다.
• 나는 어제 우리 엄마를 도와 드렸다.

4 '~하지 않았다'라는 뜻으로 과거의 일을 부정할 때는 주어에 상관없이 did not(=didn't)을 쓰고 그 뒤에 동사원형(bake)을 쓴다.
• 폴은 그 케이크를 굽지 않았다.

5 ❹에 과거를 나타내는 말(yesterday)이 있으므로 go의 과거형인 went를 써야 한다.
❶ 나는 5시에 집에 왔다.
❷ 그녀는 오늘 노란색 치마를 입었다.
❸ 그는 어젯밤에 그 책을 읽었다.
❹ They went hiking yesterday. 그들은 어제 하이킹을 갔다.

6 ❷일반동사 과거형의 의문문에서 의문사가 있는 경우에는 「의문사+did+주어+동사원형 ~?」의 순서로 쓴다.
❶ 나는 방과 후에 축구를 하지 않았다.
❷ When did he go to school? 그는 언제 학교에 갔니?
❸ 그들이 그 노래를 불렀니?
❹ 그녀는 그 책을 어디에서 샀니?

7 일반동사 과거형의 의문문은 do의 과거형인 did를 쓴다.
• 너는 어제 제니를 만났니?
• 그는 언제 학교에 갔니?

8 「Did+주어+동사원형 ~?」에 대한 대답이 긍정이면 「Yes, 주어(대명사)+did.」, 부정이면 「No, 주어(대명사)+didn't.」로 한다. B의 주어진 대답이 부정이므로 didn't가 알맞다.
• A: 너는 일기를 썼니? B: 아니, 그러지 않았어.

9 「의문사+did+주어+동사원형 ~?」에 대한 대답은 동사의 과거형(swam)을 사용해서 구체적으로 해야 한다.
• A: 제임스는 어디에서 수영을 했니?
  B: 그는 수영장에서 수영을 했다.

10 ❷에서는 「Did+주어+동사원형 ~?」으로 물어봤으므로 대답도 과거인 did를 사용해서 해야 한다.
❶ A: 너는 머리를 말렸니? B: 응, 그랬어.
❷ A: 네 여동생은 어젯밤에 울었니?
  B: No, she didn't. 아니, 그러지 않았어.
❸ A: 누가 내 샌드위치를 먹었니?
  B: 토너 씨가 그것을 먹었다.
❹ A: 너는 어제 무엇을 입었니?
  B: 나는 흰 셔츠를 입었다.

11 과거를 나타내는 말(last Saturday)이 있으므로 meet의 과거형인 met이 알맞다.

12 '~하지 않았다'라는 뜻으로 과거의 일을 부정할 때는 주어에 상관없이 did not(=didn't)을 쓰고 그 뒤에 동사원형(study)을 쓴다.

13 see(보다)의 과거형은 saw이다.
• 수는 거기에서 그를 보지 않았다.
→ 수는 거기에서 그를 보았다.

14 일반동사 과거형의 의문문은 「Did+주어(the concert)+동사원형(begin) ~?」의 순서로 쓴다.

• 그 콘서트는 6시에 시작했다.
  → 그 콘서트는 6시에 시작했니?

15 과거를 나타내는 말(in 2010)이 있으므로 live의 과거형인 lived가 알맞다.

16 일반동사 과거형의 의문문에서 의문사가 있는 경우 「의문사(When)+did+주어(you)+동사원형(arrive) ~?」의 순서로 쓴다.

17 일반동사 과거형의 의문문이므로 did를 사용하여 대답하고, 주어는 your sister로 3인칭 단수이고 여자이므로 대명사는 she를 쓴다.
  • A: 네 여동생은 자전거를 탔니? B: 응, 그랬어.

18 일반동사 과거형의 의문문에서 의문사(what)가 있을 경우에는 일반동사의 과거형을 사용하여 구체적으로 대답해야 한다. make의 과거형은 made이다.
  • A: 너는 어제 무엇을 만들었니?
    B: 나는 로봇을 만들었다.

19 과거를 나타내는 말(yesterday)이 있으므로 동사의 과거형(carried)을 쓴다. carry는 「자음+y」로 끝나는 동사이므로 -y를 -i로 바꾸고 -ed를 붙여 과거형을 만든다.
  • 나는 어제 그 상자들을 운반했다.

20 '~하지 않았다'라는 뜻으로 과거의 일을 부정할 때는 주어에 상관없이 did not(=didn't)을 쓰고 그 뒤에 동사원형(walk)을 쓴다.
  • 그는 오늘 아침에 학교에 걸어가지 않았다.

^{Unit}08 명령문과 감탄문

^{Lesson}01 명령문과 제안문

Grammar Walk!
197쪽

A 1 Open   2 Look at   3 Do
   4 Help   5 Be

B 1 Don't   2 Don't   3 Don't
   4 Don't   5 Don't

해설 **A** 1 너는 책을 편다. → 책을 펴라.
      2 너는 칠판을 본다. → 칠판을 봐라.

3 너는 숙제를 한다. → 숙제를 해라.
4 너는 너희 오빠를 도와준다.
  → 너희 오빠를 도와줘라.
5 너는 조심한다. → 조심해라.

B 1 박수를 쳐라. → 박수를 치지 마라.
   2 문을 닫아라. → 문을 닫지 마라.
   3 여기에 앉아라. → 여기에 앉지 마라.
   4 TV를 켜라. → TV를 켜지 마라.
   5 그림을 그려라. → 그림을 그리지 마라.

Grammar Walk!
199쪽

A 1 Let's take   2 Let's go
   3 Let's play   4 Let's sing
   5 Let's have

B 1 ❶   2 ❷   3 ❶   4 ❷
   5 ❶

해설 **A** 1 산책을 해라. → 산책하자.
      2 도서관에 가라. → 도서관에 가자.
      3 방과 후에 테니스를 쳐라.
        → 방과 후에 테니스를 치자.
      4 그 노래를 불러라. → 그 노래를 부르자.
      5 저녁 식사를 해라. → 저녁 식사를 하자.

B 1 시장에 가자. → 시장에 가지 말자.
   2 여기에서 샌드위치를 먹자.
     → 여기에서 샌드위치를 먹지 말자.
   3 서점을 찾자. → 서점을 찾지 말자.
   4 일찍 일어나자. → 일찍 일어나지 말자.
   5 오늘은 농구를 하자.
     → 오늘은 농구를 하지 말자.

Grammar Run!
200~201쪽

A 1 Clean   2 eat
   3 Don't   4 not
   5 Practice   6 make
   7 listen   8 Let's not
   9 feed   10 drink
   11 Let's ride   12 not
   13 Be   14 go
   15 meet

B 1 ❶ 2 ❷ 3 ❶ 4 ❷
5 ❶ 6 ❷ 7 ❶ 8 ❷
9 ❷ 10 ❶ 11 ❷ 12 ❶
13 ❷ 14 ❷ 15 ❶

해설 **A** 1 지금 네 방을 청소해라.
2 도넛을 좀 먹자.
3 교실에서 뛰지 마라.
4 그를 기다리지 말자.
5 피아노를 연습해라.
6 떠들지 마라.
7 주의 깊게 듣자.
8 컴퓨터 게임을 하지 말자.
9 개들에게 먹이를 주세요.
10 찬물을 마시지 마라.
11 공원에서 자전거를 타자.
12 여기에서 축구를 하지 말자.
13 도서관에서는 조용히 해 주세요.
14 늦게 잠자리에 들지 마라.
15 금요일 오후에 만나자.

Grammar Jump!
202~203쪽

A 1 들어라 2 만지지 마라
3 조깅하러 가자 4 달리지 말자
5 집에 와라 6 소리 지르지 마라
7 소풍 가자 8 보지 말자
9 말해 주세요 10 들어가지 마라
11 심자 12 켜지 말자
13 먹지 마라 14 빗어라
15 수영하지 마세요

B 1 Let's not go to the park.
2 Don't run fast.
3 Open your eyes.
4 Let's take a bus.
5 Don't return the book today.
6 Throw the ball.
7 Let's not play badminton.
8 Please use this computer.
9 Let's sit here.

10 Don't close your book.
11 Let's not cross the street.
12 Climb the tree.
13 Let's get up late tomorrow.
14 Don't eat this cake.
15 Let's not walk to school.

해설 **B** 1 공원에 가자. → 공원에 가지 말자.
2 빨리 달려라. → 빨리 달리지 마라.
3 눈을 뜨지 마라. → 눈을 떠라.
4 버스를 타지 말자. → 버스를 타자.
5 오늘 그 책을 돌려줘라.
→ 오늘 그 책을 돌려주지 마라.
6 공을 던지지 마라. → 공을 던져라.
7 배드민턴을 치자. → 배드민턴을 치지 말자.
8 이 컴퓨터를 사용하지 마세요.
→ 이 컴퓨터를 사용하세요.
9 여기에 앉지 말자. → 여기에 앉자.
10 책을 덮어라. → 책을 덮지 마라.
11 길을 건너자. → 길을 건너지 말자.
12 나무에 올라가지 마라.
→ 나무에 올라가라.
13 내일은 늦게 일어나지 말자.
→ 내일은 늦게 일어나자.
14 이 케이크를 먹어라.
→ 이 케이크를 먹지 마라.
15 학교에 걸어서 가자.
→ 학교에 걸어서 가지 말자.

Grammar Fly!
204~205쪽

A 1 Be 2 take 3 Let's
4 go 5 Drink 6 call
7 help 8 not 9 Do
10 be 11 sing 12 ride
13 Brush 14 don't 15 dance

B 1 Don't play the flute.
2 Raise your hand.
3 Let's go swimming.
4 Buy some notebooks.
5 Let's fly the kites on the hill.

6 Wash your hands.

7 Please don't fix the bike.

8 Let's drink some milk.

9 Don't play in the street.

10 Clean your room today.

11 Let's have dinner together.

12 Let's not play soccer today.

13 Please help poor children.

14 Don't forget your homework.

15 Let's learn kung fu.

Lesson 02 감탄문

Grammar Walk!

A 1 What a small dog it is!

2 What an old palace this is!

3 What strong men they are!

4 What funny stories they are!

5 What a big elephant it is!

B 1 ❶   2 ❶   3 ❷   4 ❹
5 ❹

해설 A 1 그것은 무척 작은 개구나!
2 이것은 굉장히 오래된 궁전이구나!
3 그들은 굉장히 힘이 센 남자들이구나!
4 그것들은 무척 재미있는 이야기구나!
5 그것은 굉장히 큰 코끼리구나!

B 1 그는 무척 용감한 남자구나!
2 이것은 매우 긴 리본이구나!
3 저것은 무척 키가 큰 나무구나!
4 이것은 아주 재미있는 영화구나!
5 그것은 아주 빠른 기차구나!

Grammar Walk!

A 1 How wonderful it is!

2 How fast the cheetah runs!

3 How pretty the girl is!

4 How smart the dog is!

5 How cold the water is!

B 1 ❶   2 ❶   3 ❷   4 ❷
5 ❹

해설 A 1 그것은 굉장히 멋지구나!
2 그 치타는 무척 빨리 달리는구나!
3 그 여자아이는 무척 예쁘구나!
4 그 개는 무척 영리하구나!
5 그 물은 무척 차갑구나!

B 1 그녀의 방은 무척 더럽구나!
2 이 초콜릿은 아주 맛있구나!
3 그녀는 아주 천천히 걷는구나!
4 그 사과는 굉장히 달콤하구나!
5 이 음식은 굉장히 맛있구나!

Grammar Run!

A 1 ❷   2 ❶   3 ❷   4 ❶
5 ❷   6 ❶   7 ❶   8 ❷
9 ❶   10 ❷   11 ❶   12 ❷
13 ❷   14 ❶   15 ❷

B 1 a   2 an
3 ×   4 an
5 river   6 smart boy
7 a difficult question
8 fast   9 fat
10 tall   11 she is
12 they are   13 the bus is
14 you are   15 your brother is

해설 A 1 그녀는 굉장히 귀여운 여자아이구나!
2 그 집은 굉장히 오래되었구나!
3 그것은 무척 재미있는 이야기구나!
4 그 케이크는 아주 맛있구나!
5 이것은 무척 작은 고양이구나!
6 그 꽃들은 무척 아름답구나!
7 달이 무척 밝구나!
8 그것은 굉장히 무거운 가방이구나!
9 그 산은 무척 높구나!
10 이것은 매우 멋진 의자구나!

정답 및 해설 45

11 저 여자는 매우 친절하구나!

12 그것은 무척 큰 풍선이구나!

13 그들은 무척 잘생긴 남자아이들이구나!

14 이 수프는 굉장히 뜨겁구나!

15 그는 굉장히 힘이 센 남자구나!

B 1 그것은 무척 예쁜 새구나!

2 그것은 굉장히 비싼 자동차구나!

3 이것들은 무척 달콤한 오렌지구나!

4 이것은 아주 오래된 셔츠구나!

5 그것은 무척 긴 강이구나!

6 그는 굉장히 영리한 남자아이구나!

7 그것은 매우 어려운 문제구나!

8 그는 무척 빠르구나!

9 그 돼지는 무척 살쪘구나!

10 그의 어머니는 아주 키가 크시구나!

11 그녀는 무척 착한 여자아이구나!

12 그것들은 굉장히 귀여운 강아지구나!

13 그 버스는 굉장히 느리구나!

14 너는 무척 친절하구나!

15 네 남동생은 아주 게으르구나!

Grammar Jump!

212~213쪽

A 1 What, kind   2 How sweet

3 What, old   4 How exciting

5 What, brave   6 What, amazing

7 How diligent   8 What, tall

9 How tired   10 What, big

11 How quiet   12 What, lazy

13 How beautiful   14 What, cute

15 How clean

B 1 What a hot day

2 What a fast car

3 What a beautiful rose

4 What a dirty room

5 What a big plane

6 What a fat cat

7 What a small island

8 What pretty babies

9 What a long train

10 How tall   11 How heavy

12 How old   13 How ugly

14 How cheap   15 How interesting

해설 A 1 그녀는 무척 친절한 여자아이구나!

2 이 아이스크림은 무척 달콤하구나!

3 이것은 굉장히 오래된 건물이구나!

4 이 게임은 굉장히 신 나는구나!

5 그는 무척 용감한 남자구나!

6 그것은 무척 놀라운 이야기구나!

7 그녀는 무척 부지런하구나!

8 그는 무척 키가 큰 남자아이구나!

9 나는 굉장히 피곤하구나!

10 그는 무척 덩치가 큰 남자구나!

11 이 교실은 굉장히 조용하구나!

12 그는 굉장히 게으른 남자아이구나!

13 이 장미는 무척 아름답구나!

14 그녀는 무척 귀여운 여자아이구나!

15 그녀의 방은 굉장히 깨끗하구나!

B 1 매우 더운 날이다. → 매우 더운 날이구나!

2 그것은 아주 빠른 자동차이다.
→ 그것은 아주 빠른 자동차구나!

3 그것은 매우 아름다운 장미이다.
→ 그것은 매우 아름다운 장미구나!

4 이것은 매우 더러운 방이다.
→ 이것은 매우 더러운 방이구나!

5 그것은 아주 큰 비행기이다.
→ 그것은 아주 큰 비행기구나!

6 이것은 무척 뚱뚱한 고양이다.
→ 이것은 무척 뚱뚱한 고양이구나!

7 그것은 무척 작은 섬이다.
→ 그것은 무척 작은 섬이구나!

8 그들은 무척 예쁜 아기들이다.
→ 그들은 무척 예쁜 아기들이구나!

9 그것은 아주 긴 기차이다.
→ 그것은 아주 긴 기차구나!

10 저 탑은 무척 높다. → 저 탑은 무척 높구나!

11 이 상자는 무척 무겁다.
→ 이 상자는 무척 무겁구나!

12 그 손목시계는 매우 오래되었다.
→ 그 손목시계는 매우 오래되었구나!

13 그 개는 굉장히 못생겼다.
→ 그 개는 굉장히 못생겼구나!

14 이 펜은 굉장히 싸다. → 이 펜은 굉장히 싸구나!

15 그의 수업은 무척 재미있다.
→ 그의 수업은 무척 재미있구나!

Grammar Fly!

214~215쪽

A
1	What	2	How
3	What	4	How
5	this is	6	big
7	they are	8	this is
9	an expensive	10	an exciting
11	sad	12	How
13	How	14	How
15	What		

B
1 What a nice house this is!
2 How sad this movie is!
3 What a boring book this is!
4 How high the kite flies!
5 What small shoes these are!
6 How well she sings!
7 What a tall building that is!
8 How sweet this chocolate is!
9 What a heavy chair it is!
10 How smart the monkeys are!
11 What big fish they are!
12 How fast they speak!
13 What a long bridge that is!
14 How cheap this watch is!
15 What a beautiful garden it is!

해설 **A** 1 이것은 굉장히 재미있는 영화구나!
2 그 질문은 매우 어렵구나!
3 그는 무척 귀여운 남자아이구나!
4 토미는 무척 빨리 먹는구나!
5 이것은 무척 부드러운 베개구나!
6 그것들은 아주 큰 새들이구나!
7 그들은 굉장히 운이 좋구나!
8 이것은 굉장히 큰 방이구나!
9 이것은 매우 비싼 가방이구나!
10 그것은 매우 신 나는 게임이구나!
11 그것들은 무척 슬픈 이야기구나!
12 그녀는 수영을 굉장히 잘하는구나!
13 그 수업은 무척 지루하구나!
14 그 새끼 고양이들은 매우 작구나!
15 무척 추운 날이구나!

B 1 이것은 매우 멋진 집이구나!
2 이 영화는 매우 슬프구나!
3 이것은 아주 지루한 책이구나!
4 그 연은 아주 높이 나는구나!
5 이것은 매우 작은 신발이구나!
6 그녀는 굉장히 노래를 잘하는구나!
7 저것은 무척 높은 건물이구나!
8 이 초콜릿은 아주 달콤하구나!
9 그것은 매우 무거운 의자구나!
10 그 원숭이들은 무척 영리하구나!
11 그것들은 무척 큰 물고기들이구나!
12 그들은 매우 빨리 말하는구나!
13 저것은 굉장히 긴 다리구나!
14 이 손목시계는 무척 싸구나 !
15 그것은 굉장히 아름다운 정원이구나!

REVIEW ~ 08

216~218쪽

1 ❶		2 ❹		3 ❷	
4 ❷		5 ❷		6 ❷	
7 ❸		8 ❶		9 Don't close	

10 Let's not 11 they are 12 How
13 Let's not 14 what a beautiful
15 What a smart 16 How high
17 Let's not ride bicycles in the park.
18 What a heavy chair this is!
19 Don't pick the flowers.
20 How pretty his sister is!

REVIEW 해설

1 상대방에게 '～하자'라고 제안하거나 권유할 때는 「Let's+동사원형 ～.」으로 쓴다. 따라서 빈칸에는 동사원형 meet을 써야 한다.

2 상대방에게 무엇인가를 하라고 할 때는 주어를 쓰지 않고 동사원형을 문장의 맨 앞에 쓴다.

3 상대방에게 '～하지 말자'라고 제안할 때는 「Let's not+동사원형 ～.」으로 쓴다. 따라서 ❷의 don't를 not으로 써야 맞다.
 ❶ 손을 씻어라.
 ❷ Let's not go hiking. 하이킹을 가지 말자.
 ❸ 함께 노래하자. ❹ 그 탁자 위에 앉지 마라.

정답 및 해설 **47**

4 감탄문은 what과 how를 사용하여 만들 수 있다. what은 뒤에 「(a/an)+형용사+명사」가 나오고 how는 뒤에 형용사나 부사가 나온다. ❷의 빈칸에는 what, 나머지 빈칸에는 how가 알맞다.
  ❶ 이 책은 매우 어렵구나! ❷ 매우 더운 날이구나!
  ❸ 달이 무척 밝구나! ❹ 그 영화는 굉장히 재미있구나!

5 '~하지 말자'라고 제안할 때는 「Let's not+동사원형 ~.」으로 말한다.
  ❶ Don't make noise in class. 수업 시간에 떠들지 마라.: '~하지 마라' 라고 명령하거나 지시할 때는 「Don't+동사원형 ~.」으로 말한다.
  ❷ 오후 7시 이후에는 먹지 말자.
  ❸ Please don't forget your homework. 숙제를 잊지 마세요.
  ❹ Let's go on a picnic this weekend. 이번 주말에 소풍 가자.: '~하자'라고 제안할 때는 「Let's+동사원형 ~.」으로 말한다.

6 what은 「(a/an)+형용사+명사」와 함께 감탄문에도 쓰일 수 있고, '무엇'이라는 뜻의 의문사로 의문문에도 쓰일 수 있다.
  • 그녀는 매우 용감한 여자아이구나!
  • 네 이름은 무엇이니?

7 how는 '어떻게'라는 뜻의 의문사로 의문문에 쓰이기도 하고, 형용사 또는 부사와 함께 감탄문에 쓰이기도 한다.
  • 너는 학교에 어떻게 가니?
  • 그 자동차는 무척 빨리 달리는구나!

8 상대방에게 무엇인가를 하지 말라고 할 때는 주어를 쓰지 않고 「Don't+동사원형 ~.」으로 쓴다.

9 긍정 명령문은 주어를 쓰지 않고 동사원형을 문장의 맨 앞에 쓰고, 부정 명령문은 「Don't+동사원형 ~.」으로 쓴다.
  • 문을 닫아라. → 문을 닫지 말아라.

10 '~하자'는 「Let's+동사원형 ~.」으로, '~하지 말자'는 「Let's not+동사원형 ~.」으로 쓴다.
  • 여기에서 점심 식사를 하자.
    → 여기에서 점심 식사를 하지 말자.

11 what을 사용하여 평서문을 감탄문으로 바꿔 쓸 때는 「What+(a/an)+형용사+명사+(주어+동사)!」의 순서로 쓴다.
  • 그들은 매우 힘이 센 남자들이다.
    → 그들은 매우 힘이 센 남자들이구나!

12 감탄문에서 명사 없이 「형용사[부사]+주어+동사!」가 나오는 경우에는 how를 쓴다.
  • 이 케이크는 매우 맛있다.
    → 이 케이크는 매우 맛있구나!

13 '~하지 말자'라고 제안할 때는 「Let's not+동사원형 ~.」으로 쓴다.

14 뒤에 명사가 있으므로 what으로 시작하는 감탄문으로 써야 한다. garden은 단수명사이므로 a를 쓰고 '아름다운'의 의미를 가진 형용사 beautiful을 쓴다.

15 student가 단수명사이므로 「What+(a/an)+명사+주어+동사!」의 형태로 써야 한다.
  • 그는 무척 영리한 학생이다.
    → 그는 무척 영리한 학생이구나!

16 빈칸 뒤에 주어와 동사가 나와 있으므로 「how+형용사」를 써서 감탄문을 완성해야 한다.
  • 그 산은 굉장히 높다. → 그 산은 굉장히 높구나!

17 상대방에게 '~하지 말자'라고 말할 때는 「Let's not+동사원형 ~.」으로 써야 한다.
  • 공원에서 자전거를 타지 말자.

18 「a+형용사(heavy)+명사(chair)」가 있으므로 what으로 시작하는 감탄문으로 써야 한다.
  • 이것은 무척 무거운 의자구나!

19 상대방에게 무엇인가를 하지 말라고 할 때는 주어를 쓰지 않고 「Don't+동사원형 ~.」의 순서로 쓴다.
  • 꽃을 꺾지 마라.

20 how가 있는 감탄문은 「How+형용사[부사]+주어+동사!」의 순서로 쓴다.
  • 그의 여동생은 매우 예쁘구나!